# 中国建筑业改革与发展研究报告(2007)

——构建和谐与创新发展

建设部工程质量安全监督与行业发展司  编著
建设部政策研究中心

中国建筑工业出版社

图书在版编目(CIP)数据

中国建筑业改革与发展研究报告(2007)——构建和谐与创新发展/建设部工程质量安全监督与行业发展司,建设部政策研究中心编著. —北京:中国建筑工业出版社,2007
ISBN 978-7-112-09525-4

Ⅰ.中… Ⅱ.①建…②建… Ⅲ.①建筑业-经济体制改革-研究报告-中国-2007②建筑业-经济发展-研究报告-中国-2007 Ⅳ.F426.9

中国版本图书馆 CIP 数据核字(2006)第 137283 号

---

# 中国建筑业改革与发展研究报告
## (2007)
### ——构建和谐与创新发展

建设部工程质量安全监督与行业发展司
建 设 部 政 策 研 究 中 心　编著

\*

中国建筑工业出版社出版、发行(北京西郊百万庄)
各地新华书店、建筑书店经销
北 京 天 成 排 版 公 司 制 版
北京市彩桥印刷有限责任公司印刷

\*

开本:787×960 毫米　1/16　印张:18¾　字数:366 千字
2007 年 9 月第一版　　2007 年 9 月第一次印刷
印数:1—4 500 册　　定价:38.00 元
ISBN 978-7-112-09525-4
(16189)

版权所有　翻印必究
如有印装质量问题,可寄本社退换
(邮政编码 100037)

本书由建设部工程质量安全监督与行业发展司和建设部政策研究中心组织，围绕"构建和谐与创新发展"这一主题进行编写。具体内容包括综合篇、对外承包篇、专题篇、行业篇及5个相关附件。

　　本书对于建筑业企业领导层及管理人员了解国际国内建筑行业宏观发展，确定企业建设管理与改革发展等有重要参考价值。

＊　　＊　　＊

责任编辑：王　梅
责任设计：崔兰萍
责任校对：陈晶晶　刘　钰

# 《中国建筑业改革与发展研究报告》(2007) 编委会

**编委会主任：** 黄 卫

**编委会副主任：** 王铁宏　陈 重　王素卿　陈 淮
　　　　　　　　　张鲁风

**编委会成员：**（以姓氏笔画为序）

| | | | | | |
|---|---|---|---|---|---|
| 丁 健 | 刁春和 | 万利国 | 王 宁 | 王早生 | 王树平 |
| 王 俊 | 王祥明 | 田世宇 | 孙建平 | 孙维林 | 刘 灿 |
| 刘宇昕 | 刘翠乔 | 吕华祥 | 曲俊义 | 迟长海 | 陆红星 |
| 吴慧娟 | 吴 涛 | 吴晓勤 | 肖家保 | 杜 波 | 陈英松 |
| 何 雄 | 张其光 | 张 雁 | 张兴野 | 张克华 | 张 桦 |
| 张增寿 | 易 军 | 周宇琨 | 武孟灵 | 郑春源 | 庞宝根 |
| 范集湘 | 赵如龙 | 洪 波 | 修 璐 | 徐 征 | 贾衍邦 |
| 袁湘江 | 夏国斌 | 翁玉耀 | 高学斌 | 曹金彪 | 曾少华 |
| 程志毅 | 谭新亚 | 戴和根 | | | |

**编著单位：** 建设部工程质量安全监督与行业发展司
　　　　　　　建设部政策研究中心

**编写统筹：** 赵宏彦　李德全　许瑞娟　郑 培

**报告统撰：** 李德全　许瑞娟

# 编写说明

继 2005、2006 版《中国建筑业改革与发展研究报告》之后,《中国建筑业改革与发展研究报告（2007）》在编著单位的努力和协会、企业、媒体、相关单位的大力支持下，继续得以面世。

本期报告有如下几个特点：

**1. 围绕既定主题编写。**本期报告的主题是"构建和谐与创新发展"。2006 年以来，政府主管部门及其建筑企业在贯彻落实党和国家构建和谐社会的重大历史任务过程中，做了大量的工作，付出了艰辛的努力，解决拖欠工程款、农民工工资，改善农民工的工作生活条件，建立构建和谐的相关体制和机制，是 2006 年行业、企业工作的一个亮点。经过近 30 年的改革开放，我国建筑业取得了令人瞩目的建设业绩，行业也相应快速发展，为国民经济的发展作出了巨大贡献，切实发挥着支柱产业的作用。但是，作为一个从计划体制走过来的传统产业，面对新的发展环境和市场形势，如何走上持续、健康、稳定发展之路，亟须进行思考、研究和探索，总结企业经验，把握发展方向，走创新发展之路，是建筑业面临的重大课题。

**2. 报告的框架内容。**围绕主题，报告由综合篇、对外承包篇、专题篇、行业篇四个板块组成，四个板块相互独立又具有内在联系。综合篇全面反映了 2006 年以来，建筑施工、勘察设计、建设监理等行业的基本情况和新的发展动态；综述了建筑市场、工程质量、安全管理的举措及效果；概括了行业发展中存在的突出问题和对策思考。对外工程承包是我国建筑业近几年发展的一个亮点，对外承包篇对 2006 年我国建筑业对外承包的发展状况进行回顾、总结和思考，是广大企业、政府和社会有关单位、人员极为关注的内容。专题篇试图就建筑业未来发展的道路，介绍一些新的研究成果，报告集中在建筑工业化、创新型建筑业建设、建筑业伙伴关系等几个问题上，以引起读者的思考。行业篇是一种尝试，试图通过相关办会的行业研究报告，展现 2006 年以来部分行业的发展状况，以期提供信息，扩大交流，服务企业和社会，引导企业发展。

3. **以广义的工程建设活动为对象**。2007报告仍然坚持以广义的工程建设活动为对象。建筑业和勘察设计业是两个相互联系，但又分属不同产业分类的领域。为了全面反映我国建筑行业的情况，在本报告中，我们仍然按照广义的建筑业范围展开阐述，即包括建筑业、勘察设计业和相关产业。

4. **以既有课题成果为基础**。以课题研究为基础，仍是本次报告编撰过程中采用的做法。报告由建设部工程质量安全监督与行业发展司组织，建设部政策研究中心、中国对外承包工程商会、东南大学、相关行业协会等单位完成的研究成果为基本素材加以编撰。对于各单位的大力支持，我们表示由衷的感谢。

5. **充分吸收最新的研究成果**。报告还采用了《中国建设报》、《建筑时报》、《建筑经济》、《建筑》等媒体和有关单位的一些信息和研究成果，在引用成果时，署了作者姓名、引文出处和参考文献，在这里也向相关媒体和文章作者一并致谢。

由于时间紧迫，工作量巨大，在编写过程中，难免有一些疏漏和不完善的地方，敬请读者加以指正。

建设部工程质量安全监督与行业发展司<br>
建设部政策研究中心

# 目　　录

**综合篇** ·················································································· 1
 一、产业发展形势 ································································· 2
  （一）宏观形势与政策环境 ··················································· 2
  （二）建筑施工 ······························································ 5
  （三）勘察设计 ······························································ 16
  （四）建设工程监理 ························································· 20
  （五）建设工程质量 ························································· 22
 二、创新体制，构建和谐 ························································· 26
  （一）清理拖欠工程款和农民工工资 ······································· 26
  （二）农民工管理及权益保护 ··············································· 29
  （三）建设工程安全 ························································· 35
  （四）工程担保及信用体系建设 ············································· 40
  （五）治理建设系统商业贿赂 ··············································· 47
  （六）加强建筑节能管理 ···················································· 49
 三、创新发展，探索新路 ························································· 52
  （一）政策引导，加快转型 ················································· 53
  （二）业务调整，链条延伸 ················································· 56
  （三）联合重组，做强做大 ················································· 58
  （四）市场开拓，"两外"并举 ··············································· 61
  （五）组织调整，集合扁平 ················································· 64
  （六）整合资源，集约发展 ················································· 64
  （七）产权改革，增强活力 ················································· 73
 四、前景、问题和对策 ··························································· 76
  （一）市场前景 ······························································ 76
  （二）行业发展面临问题 ···················································· 78
  （三）把握方向，创新发展 ················································· 80

# 对外承包篇 ·········································································· 83
## 一、2006年中国对外承包工程概述 ························································ 84
### （一）总体发展环境 ······················································ 84
### （二）业务简况 ·························································· 84
### （三）发展特点 ·························································· 88
## 二、对外承包工程地区市场分析 ·············································· 94
### （一）亚洲地区市场 ······················································ 94
### （二）海湾地区 ·························································· 96
### （三）非洲地区市场 ······················································ 97
### （四）拉丁美洲市场 ······················································ 98
### （五）欧洲、北美及大洋洲市场 ············································ 100
## 三、我国对外承包工程当前面临的形势 ········································ 101
### （一）有利因素 ·························································· 101
### （二）不利因素 ·························································· 103
## 四、需要关注的几个问题 ···················································· 104

# 专题篇 ············································································ 107
## 专题一：关于建筑工业化发展的探讨 ·········································· 108
### 一、引言 ······································································ 108
### 二、建筑工业化的内涵 ······················································ 108
#### （一）建筑工业化的含义 ·················································· 108
#### （二）建筑工业化的内容 ·················································· 109
### 三、国内外建筑工业化历程、发展现状和趋势 ·································· 111
#### （一）建筑工业化发展历程 ················································ 111
#### （二）建筑工业化发展现状 ················································ 112
#### （三）建筑工业化发展趋势 ················································ 116
### 四、建筑工业化的发展构想 ·················································· 117
#### （一）新型建筑工业化的背景 ·············································· 117
#### （二）建筑工业化的发展道路 ·············································· 118
#### （三）建筑工业化发展的技术支撑体系 ······································ 119
#### （四）建筑工业化应发展的内容 ············································ 120
#### （五）建筑工业化基地建设 ················································ 121

五、建筑工业化的发展建议 ················································ 123
专题二：关于创新型建筑业建设问题的探讨 ································ 125
　　一、引言 ·································································· 125
　　二、技术创新理论分析 ················································ 125
　　三、建筑业技术创新现状 ·············································· 128
　　　　（一）技术创新投入 ················································ 128
　　　　（二）技术创新产出 ················································ 131
　　四、发达国家建筑业创新模式借鉴 ···································· 134
　　　　（一）日本 ··························································· 134
　　　　（二）美国 ··························································· 136
　　　　（三）英国 ··························································· 137
　　五、创新型建筑业建设的总体构想 ···································· 138
　　　　（一）建筑业技术及技术创新特点 ······························· 138
　　　　（二）创新型建筑业内涵 ·········································· 139
　　　　（三）创新型建筑业建设构想 ···································· 139
　　六、结论分析与评价 ···················································· 143
　　　　（一）缺乏创新的资金能力，企业的利润空间继续缩小 ······ 143
　　　　（二）缺乏创新的技术能力 ········································ 143
　　　　（三）缺乏有利于建筑业创新的政策体系与外部支持 ········ 143
　　七、创新型建筑业建设的发展策略建议 ······························ 144
　　　　（一）建立以企业为主体、市场为导向、产学研相结合的
　　　　　　　技术创新体系 ················································ 144
　　　　（二）以人为本，实施人才兴业战略 ···························· 144
　　　　（三）加强对知识产权的保护 ···································· 144
　　　　（四）完善风险投资机制 ·········································· 145
　　　　（五）注重中小企业的发展 ······································· 145
　　　　（六）鼓励创新主体间的合作创新 ······························· 145
专题三：建筑业伙伴关系管理模式研究 ······································ 147
　　一、建筑业应用伙伴关系管理模式的必要性 ······················· 147
　　二、伙伴关系理论、应用及发展方向 ································ 148
　　三、建筑业伙伴关系管理模型 ········································ 151
　　　　（一）伙伴关系网络 ················································ 152

（二）决策体系 ······················································· 154
　　（三）组织设计 ······················································· 155
　　（四）企业能力 ······················································· 157
　　（五）利益关系者评价与激励 ···································· 158
四、结论 ·································································· 160

## 行业篇 ·································································· 165

### 工程勘察设计咨询业改革发展调研报告 ···························· 166
一、勘察设计咨询业改革发展的基本情况 ···························· 166
　　（一）勘察设计咨询业发展概况 ···································· 166
　　（二）勘察设计咨询业体制改革的简要回顾 ···················· 168
　　（三）国务院办公厅两个文件及《建设工程勘察设计管理条例》
　　　　 的贯彻落实情况 ··············································· 169
　　（四）勘察设计咨询业体制改革的主要成效 ···················· 171
二、勘察设计咨询业存在的主要问题 ································· 175
　　（一）一些工程的设计未能反映基本国情要求 ················ 175
　　（二）市场秩序不够规范 ··········································· 176
　　（三）监管制度不够完善 ··········································· 176
　　（四）行业结构不够合理 ··········································· 177
　　（五）企业改革不够到位 ··········································· 177
三、推进工程勘察设计咨询业改革发展的若干建议 ················ 178
　　（一）改革发展的基本思路与主要目标 ·························· 179
　　（二）改革发展的主要政策措施 ··································· 179

### 中国建筑装饰行业改革发展报告 ···································· 185
一、前言 ·································································· 185
二、建筑装饰行业2006年发展概述 ···································· 185
　　（一）建筑装饰行业总规模与发展速度 ·························· 185
　　（二）建筑装饰行业市场状况及发展变化 ······················ 188
　　（三）建筑装饰行业年度内的重要事件 ·························· 193
三、建筑装饰行业2007年改革与发展的思路 ························ 198
　　（一）以提高行业产业化水平为主线，全面提升行业的
　　　　 运行品质 ······················································· 198

（二）以建设资源节约、环境友好型行业为目标，调整
　　　　行业的经济增长方式 …………………………………………… 202
　　（三）加强行业诚信体系建设，促进和谐型行业建设 ……………… 206
**中国安装行业改革发展报告** …………………………………………………… 210
　一、安装行业的概况 ………………………………………………………… 210
　二、安装企业组织结构调整和现代企业制度改革 ………………………… 211
　　（一）安装企业进一步调整完善专业结构 ……………………………… 211
　　（二）安装企业从单一的专业施工向施工总承包、工程
　　　　总承包发展 …………………………………………………………… 212
　　（三）安装企业民营化的发展趋势 ……………………………………… 213
　　（四）设计施工一体化生产组织方式的推行 …………………………… 213
　三、以科技创新为先导，增强安装企业发展活力 ………………………… 214
　　（一）制定科技发展目标，建立创新科技体系 ………………………… 216
　　（二）以工程为载体，加大科技投入 …………………………………… 217
　　（三）以关键技术为重点，创新施工工艺技术 ………………………… 218
　　（四）延伸安装企业服务领域，创新设备运行管理技术 ……………… 219
　　（五）重视科技投入与成果总结，拓宽经营领域 ……………………… 220
　　（六）以信息化建设为基础，推进核心技术创新 ……………………… 221
　　（七）提炼内功、敢于投入、勇于创新 ………………………………… 222
　　（八）注重技术总结与积累，积极制定国家标准和企业标准 ………… 222
　　（九）多措并举，加快培养复合型技术人才 …………………………… 224
　四、问题与对策 ……………………………………………………………… 225
　　（一）建筑市场秩序尚不规范，安装企业负担沉重 …………………… 225
　　（二）技术创新投入不足，影响着安装行业核心竞争力的提升 ……… 226
　　（三）努力实现建筑市场秩序根本好转 ………………………………… 226
　　（四）努力开创安装行业科技创新新局面 ……………………………… 227
**中国建筑钢结构行业改革发展报告** …………………………………………… 229
　一、建筑钢结构行业发展现状 ……………………………………………… 229
　二、钢结构行业存在的问题 ………………………………………………… 232
　三、促进科技进步，重点研究方向 ………………………………………… 234
　四、加强钢结构行业管理，发挥协会的重要作用 ………………………… 237
　五、钢结构专业技术政策与钢结构行业展望 ……………………………… 239

**中国预拌混凝土行业改革发展报告** ·················· 241
  一、我国预拌混凝土行业的现状 ························· 241
    （一）产业政策推动行业发展 ························ 245
    （二）区域发展极不平衡 ···························· 246
    （三）行业集中度低，过度竞争现象严重 ················ 246
    （四）预拌混凝土生产应用技术水平有待进一步提高 ········ 247
    （五）预拌混凝土的行业管理监督体系不完善 ············ 248
    （六）预拌混凝土机械发展现状 ······················ 249
    （七）混凝土外加剂发展现状 ························ 250
    （八）影响和制约我国预拌混凝土发展的主要因素 ·········· 251
  二、预拌混凝土发展趋势 ······························ 251
    （一）混凝土机械发展趋势 ·························· 252
    （二）混凝土外加剂市场需求依然很大 ·················· 252
    （三）预拌混凝土搅拌站发展方向 ···················· 253
  三、促进我国预拌混凝土发展的建议 ···················· 254
    （一）完善预拌混凝土行业政策体系 ···················· 254
    （二）明确监督管理执法主体，提高预拌混凝土生产及
         使用等环节的监管力度 ······················ 254
    （三）避开市场竞争的众矢之的，开辟新的市场领域 ········ 254
    （四）生产特种混凝土满足市场的特殊需求 ·············· 255
    （五）预拌混凝土发展模式建议 ······················ 255

**附件1：2006～2007年建筑行业最新政策法规概览** ·········· 256
**附件2：国家认定企业技术中心管理办法** ···················· 270
**附件3：工程建设工法管理办法** ···························· 276
**附件4：国家级工法编写与申报指南** ························ 279
**附件5：2006年勘察设计企业营业收入100强** ················ 284

# 综 合 篇

2006～2007年，建筑业继续处于前所未有的良好需求环境之中，建筑业企业生产规模普遍较快增长，**围绕和谐产业建设、发展模式转变、市场领域拓展、组织结构调整、建造方式革命、产权制度改革六大主题**，从企业层面到行业层面，都展现出了快速变革发展的勃勃生机。政府即时发挥了引导行业加快科技进步、鼓励树立诚信形象的明确政策导向作用。企业从上下游、国际国内市场拓展中得到了持续的发展动力。与此同时，相当一部分施工企业表达了对利润水平持续走低的困惑，渴望实现公平交易也反映了建筑市场竞争仍然激烈，企业处在加速发展与相对困难两种不同境况之中的现状。

## 一、产业发展形势

### (一) 宏观形势与政策环境

**国民经济保持平稳较快增长。** 2006年是"十一五"时期的开局之年，在住宅、汽车等新需求形成，出口强劲，多元化投资旺盛，产业结构全面调整升级，消费水平逐步提高等因素推动下，我国经济继续保持平稳较快增长。全年国内生产总值209407亿元，同比增长10.7%；全社会固定资产投资109870亿元，同比增长24%。2007年上半年，经济仍然呈现稳定快速发展的势头，国内生产总值106768亿元，同比增长11.5%，比上年同期加快0.5个百分点；全社会固定资产投资54168亿元，同比增长25.9%。

**和谐社会建设全面展开。** 2006年10月，党的十六届六中全会审议通过了《中共中央关于构建社会主义和谐社会若干重大问题的决定》。《决定》指出，我国已进入改革发展的关键时期，必须坚持以经济建设为中心，切实把构建社会主义和谐社会作为贯穿中国特色社会主义事业全过程的长期历史任务和全面建设小康社会的重大现实课题抓紧抓好，将构建社会主义和谐社会摆在更加突出的地位。2006～2007年，党和国家统筹兼顾，关注民生。坚持以人为本，搞好"五个统筹"，更加注重城乡、区域协调发展，更加注重社会事业建设，更加注重社会公平和社会稳定，让全体人民共享改革发展成果。在教育、医疗、就业、社会保障等方面，关注民生的新政策积极酝酿，频频出台。

**继续加强宏观调控。** 2006～2007年，国家着力进行宏观调控，通过项目清理、上调人民币存贷款基准利率及金融机构存款准备金率、密集出台一系列土地供应和房地产方面的调控政策等多项措施，使投资增长速度有所回落，经济发展保持了平稳快速的势头。在加强和改善宏观调控中，继续坚持分类指导、区别对待、有保有压，着力加强薄弱环节建设。重点支持发展的领域主要有：一是支持农业发展。支农政策力度进一步加大。在全国范围内取消了农业税，继续增加对种粮农民的补贴。二是支持区域经济协调发展。加大对西部地区的资金投入，积极支持东北地区等老工业基地资源型城市经济转型试点、采煤沉陷区治理和棚户区改造。三是支持发展高技术产业和装备制造业。四是加大节能减排工作力度。安排专项资金支持重点节能项目以及城市污水处理设施和工业治污项目。

**新农村建设扎实推进。** 2006年2月，中共中央国务院发布了《关于推进社会主义新农村建设的若干意见》，从统筹城乡经济社会发展、推进现代农业建设、促进农民持续增收、加强农村基础设施建设、加快发展农村社会事业、全面深化农村改革等8个方面提出了支农、惠农的具体措施。2006年，农村基础设施建设得到明显加强，《农村公路建设管理办法》2006年3月1日起施行，各地加快了推进"通达"工程和"通畅"工程建设。中央还适度加大了对水利的投入力度，投资重点向新农村水利建设倾斜。以服务为中心的送图送技下乡活动也相继在各地全面铺开，为新农村工程建设营造了良好的氛围，与此同时，国家制定并实施解决农民工问题的政策措施，维护农民工的合法权益。

**重点领域改革取得新进展。** 2006～2007年，改革继续向深度和广度推进，在各个重点领域都取得不同程度的新突破。农村体制改革力度加大，综合改革向深层推进。国有经济布局战略性调整和国有企业改革步伐加快，所有制结构进一步优化，国有大型企业股份制改革加快，国有资产监管体制进一步完善。垄断行业和公用事业改革迈出新步伐。非公有制经济发展的政策和体制环境进一步改善。金融、财税、投资、价格体制的改革稳步推进，宏观调控体系进一步完善。

**节能降耗摆在更加突出的战略位置。** 2006～2007年，国家更加重视节能工作。完善节能降耗、污染减排政策，普遍建立节能减排目标责任制，积极推进重点行业、重点企业和重点工程的节能工作。2006年8月，国务院颁布《国务院关于加强节能工作的决定》。《决定》指出，解决我国能源问题，根本出路是坚持开发与节约并举、节约优先的方针，大力推进节能降耗，提高能源利用效率。《决定》要求，通过大力调整产业结构、推动服务业加快发展、积极调整工业结构、优化用能结构，加快构建节能型产业体系。要强化工业节能，推进建筑节能，加强交通运输节能，引导商业和民用节能，抓好农村节能，推动政府机构节能。《决定》强调要建立节能目标责任制和评价考核体系，并规定建立固定资产投资项目节能评估和审查制度，对未进行节能审查或未能通过节能审查的项目一律不得审批、核准，从源头杜绝能源的浪费。

**党和国家领导人十分关注重点工程建设及建筑企业发展。**2006年10月1日,在举国欢庆中华人民共和国成立57周年之际,中共中央总书记、国家主席、中央军委主席胡锦涛视察了国家体育场、国家游泳中心、国家体育馆、国家会议中心等奥运会工程建设现场,看望节日期间坚持工作的工程建设者,向他们致以节日祝贺和亲切慰问。胡锦涛强调,举办奥运会,是我国各族人民的共同心愿,是中华民族的百年企盼,是全国的一件大事。我们一定要尽最大努力把奥运会办好,以增强全国各族人民的自信心和奋斗精神,增强中华民族的自豪感和凝聚力,共同为实现中华民族的伟大复兴而奋斗。被称为"鸟巢"的国家体育场是北京奥运会的主会场,工程难度大,科技含量高。建设者们破解了不少技术难题,取得了多项自主创新成果。胡锦涛来到工地现场,听取了工程建设中科技创新情况的介绍。胡锦涛对工程技术人员说,你们坚持精心设计、精心施工、勇于创新,以顽强拼搏的精神和科学严谨的态度攻克了一个又一个难关,取得了出色成绩,谱写了中国建筑史上的光辉一页。希望大家高质量地完成后期工程,努力把奥运场馆建设成精品工程。奥运会建设工程启动以来,全国数十万技术人员和工人参与了工程建设。胡锦涛牵挂着广大建设者们。在国家体育馆工地考察时,他特地来到工人生活区,走进简易宿舍,同工人们坐在一起亲切地拉起家常。从来自哪个地方、做什么工种,到一个月能挣多少钱、是不是都有工伤保险,总书记问得十分仔细。胡锦涛还特地来到工地食堂了解工人的伙食情况。他对在场的工人们说,大家能够参加奥运场馆建设是很光荣的,希望你们进一步增强为国争光的责任感和使命感,再接再厉,勤奋工作,注意安全,全力以赴把奥运场馆建设好。

2007年6月3日,中共中央政治局常委、国务院总理温家宝就百家建筑企业来信作出重要批示。温家宝总理指出,当前建筑企业面临的主要任务:一是提高建筑工程质量和效益,满足经济、社会发展和人民生活的需要;二是广泛应用节能环保技术,推进建筑业可持续发展;三是深化改革,加强管理,提高企业经营水平和竞争能力;四是加强领导班子建设和干部职工培训,提高建筑队伍整体素质。同时,温总理向建筑战线广大干部职工致以问候和敬意。改革开放近30年来,建筑企业为国家经济社会发展作出了重大贡献,建筑业发挥着重要的支柱作用,面向未来,温家宝总理的重要批示为企业的发展指明了方向,其核心是进一步满足经济社会发展的需求，适应国家建设资源节约型、环境友好型社会的要求，抓住企业领导班子建设、深化改革、加强管理等关键问题，提高企业的竞争力，取得建筑业的可持续发展。

### (二) 建筑施工

2006年，尽管受国家宏观调控政策等因素的影响，建筑业的发展在一定程度上受到了抑制，但国民经济的持续稳定增长为建筑业发展提供了良好的环境和空间，以国家重点项目建设、城市公共交通等基础设施建设、房地产开发、交通能源建设、工业项目建设、社会主义新农村建设等为主体的建筑市场继续呈现勃勃生机，建筑业企业保持了良好的发展势态。生产规模和经济效益同步增长，企业改革不断深化，产业结构调整成效显著，支柱产业的作用更加显著。

**产业贡献率提高，支柱产业的作用更加显著。**2006年全社会建筑业增加值占全国国内生产总值209407亿元的5.56%，比2005年的5.49%又有增长；2006年，仅具有施工总承包和专业承包资质的企业，上缴税金1404亿元，增长21%；2006年，全国具有施工总承包和专业承包资质建筑业企业从业人员达到2836.9万人，比2005年的2699.9万人新增137万人，占全国新增加就业人员的23.83%，增长5.07%。仅这部分建筑业从业人员就占全国就业人员比例的3.71%，比2005年的3.56%又有提高。建筑业吸纳社会就业人员，尤其是农村转移富余劳动力就业的作用更加突出。湖南省2006年从事建筑劳务的农村富余劳动力达237万人，比上年增加20万人；创劳务收入133.6亿元，比上年增长20%。农民人均收入中的11.4%来自从事建筑业。2006年江苏省建筑业从业人员的85%来自农村，达337万人，比上年增加35万人。农民从建筑业获得的收入约占全省农民收入的25%。

**生产规模和经济效益同步增长，经济指标再创新高。**2006年，全国建筑业企业完成建筑业总产值40975.46亿元，比上年同期增长18.6%；完成竣工产值26051.23亿元，比上年同期增长9.2%；建筑业企业签订合同额65568.16亿元，比上年同期增长17.2%，其中国有及国有控股企业签订合同额30050.48亿元，增长16%；建筑业企业完成房屋建筑施工面积399605.77万 m²，比上年同期增长13.3%；其中，新开工房屋面积

218850.03万$m^2$，比上年同期增长10.7%；完成房屋建筑竣工面积164122.52万$m^2$，比上年同期增长3%。

2006年，全社会建筑业实现增加值11653亿元，比上年增长12.4%；全国建筑业企业实现利润突破千亿元，达到1071亿元，增长18.1%；劳动生产率达到130015元/人；2006年，建筑业的产值利润率为2.6%，产值利税率为6%，均与2005年持平。随着建筑业总体规模的连创新高，建筑业的总体利润水平近四年也有一定增幅，产值利润率也有所增长，但由于往年利润水平过低，近年全行业利润相对于规模的扩大，相对利润水平提高缓慢且不明显（表1-1、图1-1～图1-3、图1-5、图1-6）。

2003～2006年建筑业企业主要经济指标比较　　　　表1-1

| 年　份 | 2003 | 2004 | 2005 | 2006 |
| --- | --- | --- | --- | --- |
| 建筑业企业个数（个） | 48688 | 59018 | 58750 | 56717 |
| 建筑业总产值（亿元） | 23083.87 | 29021.45 | 34552.10 | 40975.46 |
| 建筑业增加值（亿元） | 8181.2 | 9572.1 | 10018 | 11653 |
| 利润总额（亿元） | 519.87 | 719.25 | 906.66 | 1071 |
| 税金总额（亿元） | 758.65 | 936.19 | 1159.79 | 1404 |
| 劳动生产率（按总产值计算）（元/人） | 86666 | 107942 | 117317 | 130015 |
| 产值利润率（%） | 2.3 | 2.5 | 2.6 | 2.6 |
| 产值利税率（%） | 5.5 | 5.7 | 6.0 | 6.0 |

注：数据引自《中国统计年鉴》（2005）、《中国统计年鉴》（2006）、《2006年建筑业企业生产情况统计快报》、《国民经济和社会发展统计公报》。

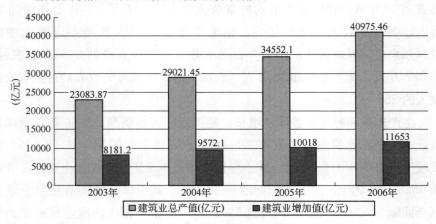

图1-1　2003～2006年建筑业总产值、建筑业增加值图示

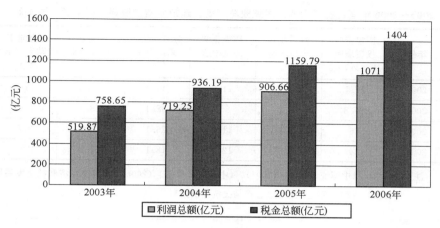

图 1-2　2003～2006 年建筑业利润总额、税金总额图示

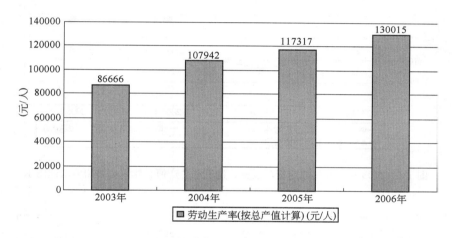

图 1-3　2003～2006 年建筑业企业劳动生产率发展图示

值得注意的是，在固定资产投资规模、建筑业总体规模不断扩大的前提下，固定资产投资规模增速近四年逐年有所下降，建筑业总产值增速近三年、总利润与总税金增速近四年逐年下降，反映了我国工程建设市场规模虽仍在扩大，但扩大的速度有降低的趋势和特点（表 1-2、图 1-4）。

**企业发展势头强劲，保持持续高速增长。** 2006 年，建筑业企业在市场竞争日趋激烈的情况下，进一步深化改革，调整产业结构，整合优势资源，拓展经营思路，转变经营模式，生产经营再创新高。从部分企业提供的统计数据看，一些企业的营业收入、工程承包收入、工程利润总额超高

2003～2006年固定资产投资、建筑业总产值、建筑业增加值等指标增速　　表1-2

| 年份 | 固定资产投资增速（%） | 建筑业总产值增速（%） | 建筑业增加值增速（%） | 建筑业利润总额增速（%） | 建筑业税金总额增速（%） | 建筑业劳动生产率增速 |
|---|---|---|---|---|---|---|
| 2003 | 27.7 | 24.6 | 11.9 | 40.4 | 26.6 | 13.8 |
| 2004 | 26.8 | 25.7 | 8.1 | 38.4 | 23.4 | 24.5 |
| 2005 | 26 | 19.1 | 11.9 | 26.1 | 23.9 | 8.7 |
| 2006 | 24 | 18.6 | 12.4 | 18.1 | 21.1 | 10.8 |

注：数据引自《中国统计年鉴》(2004)、《中国统计年鉴》(2006)、《国民经济和社会发展统计公报》、《2006年建筑业企业生产情况统计快报》。

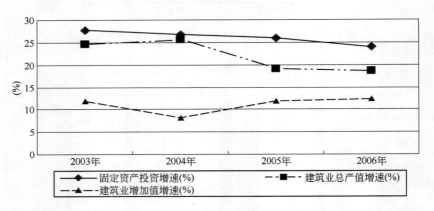

图1-4　2003～2006年固定资产投资、建筑业总产值、建筑业增加值增速图示

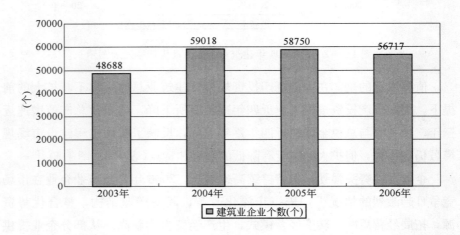

图1-5　2003～2006年建筑业企业数量发展图示

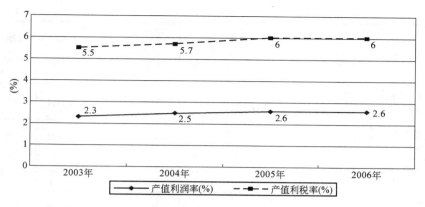

图1-6 2003~2006年建筑业产值利润率、产值利税率图示

速增长,大部分呈现两位数增长,营业收入增幅有的高达60%~70%,利润总额有的增长高达一倍以上(表1-3)。同时,由于多方面的原因,也出现了收入与利润增长方向不一致情况。总体上,建筑业企业各项经济指标依然保持了较高的增长速度。

部分企业2006年经济指标　　　　　表1-3

| 企业 | 营业收入 | | 工程承包收入 | | 对外承包工程营业收入 | | 工程利润总额 | |
|---|---|---|---|---|---|---|---|---|
| | 数额(万元) | 增速(%) | 数额(万元) | 增速(%) | 数额(万元) | 增速(%) | 数额(万元) | 增速(%) |
| 中国铁路工程总公司 | 15828609 | 32.80 | 15645152 | 32.50 | 54713 | 5.9 | 991828 | 19.3 |
| 中国建筑工程总公司 | 13550876 | 17.11 | 12106277 | 17.44 | 2169256 | 20.72 | 429000 | 29.73 |
| 中国水利水电建设集团公司 | 4105400 | 28 | 3680000 | 23.9 | 708000 | 66.98 | 90100 | 129.1 |
| 中国有色矿业集团有限公司 | 835300 | 68.03 | 345003 | 1.87 | 105682 | 49.31 | 10388 | -31.24 |
| 中国铁路通信信号集团公司 | 108844 | 17.8 | 98524 | 11.7 | 4419 | 278 | 18283 | 20.7 |
| 中国葛洲坝集团公司 | 1229000 | 23.16 | 1125000 | 29.13 | 77476 | 36.39 | 21500 | 117.42 |

续表

| 企 业 | 营业收入 | | 工程承包收入 | | 对外承包工程营业收入 | | 工程利润总额 | |
|---|---|---|---|---|---|---|---|---|
| | 数额(万元) | 增速(%) | 数额(万元) | 增速(%) | 数额(万元) | 增速(%) | 数额(万元) | 增速(%) |
| 上海建工集团总公司 | 3161177 | 15.28 | 3135540 | 21.40 | 120801 | 135.70 | 34644 | 13 |
| 北京市政集团 | 219941 | 16.9 | | | 7579 | 7.5 | 13471 | 181 |
| 河北建筑集团有限公司 | 429075 | 58.22 | 428420 | 58.10 | | | 9881 | −12.25 |
| 安徽建工集团 | 338798 | 49.5 | 310973 | 59.6 | 44409 | 34.3 | 11269 | 3.9 |
| 青岛建设集团公司 | 842533 | 36.77 | 563412 | 11.56 | 124192 | 8.56 | 7169 | 3.79 |
| 武汉建工股份有限公司 | 265000 | 45.1 | 265000 | 45.1 | | | 1250 | −33.5 |
| 福建省闽南建筑工程有限公司 | 295853 | 18 | 295853 | 18 | | | 6385 | 8 |
| 中冶集团上海宝冶建设有限公司 | 719600 | 8.39 | 601542 | −8.97 | 568932 | 3.86 | 12200 | 62.8 |
| 中冶成工建设有限公司 | 584000 | 16 | 460793 | 7.2 | 13888 | 13.15 | 5115 | 6.2 |

**上市公司经营业绩总体增长，明星股璀璨夺目。**2006 年，建筑类的上市公司通过壮大主业，加大市场开拓力度，向相关产业延伸，加强管理等措施提高核心竞争力和市场占有率，培育新的利润增长点，使得上市公司的总体经营业绩有所增长。2006 年，30 家建筑业上市公司共完成主营业务收入 941.44 亿元，平均每家公司完成主营业务收入 31.38 亿元。有 23 家公司的主营业务收入实现增长。30 家建筑业上市公司平均每股收益是 0.215 元。16 家公司每股收益增长，14 家下降，2 家亏损。主营业务收入前三名是上海建工股份有限公司、中铁二局股份有限公司、中国中材国际工程股份有限公司。每股收益前三名的企业分别是中国中材国际工程股份有限公司、苏州金螳螂建筑装饰股份有限公司、宏润建设集团股份有限公司，这三家公司每股收益分别达到 0.78 元人民币、0.67 元人民币、0.62

元人民币。建筑类上市公司以良好的发展环境,各自独特的经营领域和手段,取得了骄人的业绩,出现了一批建筑类的明星股,成为行业的佼佼者(表1-4)。

建筑业上市公司2006年年报部分数据　　　　　　表1-4

| 股票代码 | 公司名称 | 每股收益(元) | | 净利润(万元) | | 净资产收益率(%) | | 主营利润率(%) |
|---|---|---|---|---|---|---|---|---|
| | | 2005 | 2006 | 2005 | 2006 | 2005 | 2006 | |
| 000023 | 深圳市天地(集团)股份有限公司 | −0.21 | 0.23 | −2846.60 | 3248.89 | −12.87 | 12.94 | 14.34 |
| 000065 | 北方国际合作股份有限公司 | 0.15 | 0.12 | 2382.53 | 1883.24 | 5.53 | 4.02 | 6.64 |
| 000090 | 深圳市天健(集团)股份有限公司 | 0.29 | 0.37 | 6861.44 | 11190.80 | 5.59 | 6.18 | 12.62 |
| 000415 | 新疆汇通(集团)股份有限公司 | 0.01 | 0.04 | 160.96 | 1088.84 | 0.43 | 2.72 | 11.22 |
| 000758 | 中国有色金属建设股份有限公司 | 0.31 | 0.57 | 17901.71 | 33211.34 | 14.75 | 25.14 | 34.64 |
| 000797 | 中国武夷实业股份有限公司 | 0.06 | 0.09 | 2410.43 | 3331.54 | 2.54 | 3.38 | 20.12 |
| 002060 | 广东水电二局股份有限公司 | 0.42 | 0.31 | 5734.80 | 6772.84 | 14.33 | 7.96 | 8.16 |
| 002062 | 宏润建设集团股份有限公司 | 0.74 | 0.62 | 6094.38 | 6871.84 | 22.66 | 11.74 | 4.62 |
| 002081 | 苏州金螳螂建筑装饰股份有限公司 | 0.66 | 0.67 | 4611.89 | 6294.79 | 30.67 | 12.84 | 15.01 |
| 600039 | 四川路桥建设股份有限公司 | 0.01 | 0.04 | 336.04 | 1267.80 | 0.37 | 1.77 | 6.11 |
| 600052 | 浙江广厦股份有限公司 | −0.38 | −0.53 | −18393.13 | −25520.76 | −12.97 | −21.94 | 22.01 |
| 600068 | 葛洲坝股份有限公司 | 0.09 | 0.07 | 6067.70 | 7081.50 | 1.75 | 2.02 | 26.50 |
| 600106 | 重庆路桥股份有限公司 | 0.27 | 0.29 | 8312.76 | 9025.66 | 7.39 | 7.63 | 48.80 |
| 600170 | 上海建工股份有限公司 | 0.32 | 0.35 | 23110.22 | 25350.03 | 7.17 | 7.55 | 2.85 |

续表

| 股票代码 | 公司名称 | 每股收益(元) | | 净利润(万元) | | 净资产收益率(%) | | 主营利润率(%) |
|---|---|---|---|---|---|---|---|---|
| | | 2005 | 2006 | 2005 | 2006 | 2005 | 2006 | |
| 600263 | 路桥集团国际建设股份有限公司 | 0.15 | 0.18 | 6068.38 | 7238.90 | 3.99 | 4.63 | 6.73 |
| 600266 | 北京城建投资发展股份有限公司 | 0.24 | 0.13 | 14582.03 | 7834.50 | 7.56 | 4.15 | 25.20 |
| 600284 | 上海浦东路桥建设股份有限公司 | 0.25 | 0.32 | 5621.95 | 7244.96 | 8.14 | 9.81 | 9.28 |
| 600477 | 浙江杭萧钢构股份有限公司 | 0.16 | 0.09 | 4078.32 | 2112.77 | 7.66 | 3.88 | 13.17 |
| 600491 | 龙元建设集团股份有限公司 | 0.61 | 0.48 | 14877.42 | 18535.93 | 13.68 | 14.98 | 6.83 |
| 600496 | 长江精工钢结构(集团)股份有限公司 | 0.41 | 0.26 | 4490.32 | 6064.48 | 14.47 | 8.95 | 14.53 |
| 600502 | 安徽水利开发股份有限公司 | 0.19 | 0.21 | 2899.08 | 3311.23 | 5.79 | 6.03 | 11.99 |
| 600512 | 腾达建设集团股份有限公司 | 0.39 | 0.19 | 6172.59 | 6002.84 | 10.99 | 10.77 | 12.95 |
| 600528 | 中铁二局股份有限公司 | 0.19 | 0.16 | 7820.75 | 10111.34 | 4.33 | 5.48 | 5.97 |
| 600545 | 新疆城建股份有限公司 | 0.15 | 0.16 | 2456.36 | 2616.69 | 4.23 | 4.34 | 19.42 |
| 600546 | 中油吉林化建工程股份有限公司 | 0.28 | 0.03 | 3124.73 | 1005.59 | 5.20 | 1.66 | 4.20 |
| 600758 | 辽宁金帝建设集团股份有限公司 | 0.17 | −0.07 | 2699.34 | −1190.73 | 22.17 | −8.20 | −1.07 |
| 600820 | 上海隧道工程股份有限公司 | 0.18 | 0.21 | 10528.29 | 12512.93 | 5.45 | 6.08 | 7.96 |
| 600853 | 龙建路桥股份有限公司 | 0.02 | 0.03 | 894.46 | 1843.81 | 0.99 | 2.02 | 6.90 |
| 600970 | 中国中材国际工程股份有限公司 | 0.55 | 0.78 | 9206.60 | 13185.48 | 12.13 | 15.61 | 9.93 |
| 600986 | 科达集团股份有限公司 | 0.11 | 0.06 | 1568.41 | 843.53 | 2.85 | 1.51 | 20.76 |

**国有企业数量继续减少，骨干作用依然保持。**2006年，在具有资质等级的总承包和专业承包建筑业企业中，国有及国有控股企业为8759个，比上年同期减少4.3%，占全部企业数量的15.4%；国有及国有控股企业人数占全国建筑业企业人数的25.6%；国有及国有控股企业签订合同额30050.48亿元，比上年同期增长16%，占全部企业的45.8%；国有及国有控股企业完成建筑业总产值15582.40亿元，比上年同期增长15.5%，占全部企业的38%。全国建筑业企业按建筑业总产值计算的劳动生产率为130015元/人，其中，国有及国有控股企业为180636元/人，比上年同期增长14.6%。2006年，国有及国有控股建筑业企业个数和从业人员分别占全行业总数的15%和25%左右，但完成建筑业总产值和签订合同额分别占全行业总量的38%和46%。劳动生产率180636元/人，高于全行业平均水平39%。据不完全统计，国资委管理的9家建筑业企业集团（总公司）及其所属企业，2006年完成建筑业总产值达到全行业的10%以上。有5家建筑业企业总产值超过500亿元。中国建筑工程总公司、中国铁路工程总公司、中国铁道建筑总公司新签工程承包合同额超过1000亿元，并连续两年入选世界企业500强。国有及国有控股建筑业企业以较少的企业和从业人数完成了38%的产值、46%的合同额，充分显示了国有及国有控股企业在建筑业中的骨干作用（表1-5）。

**2006年国有及国有控股建筑业企业主要生产指标占全部企业的比重　　表1-5**

| 类　　别 | 全国建筑业企业 | 国有及国有控股建筑业企业 | 国有及国有控股建筑业企业占全部企业的比重 |
|---|---|---|---|
| 企业数量（个） | 56717 | 8759 | 15.4% |
| 从业人数（万人） | 2836.90 | 726.95 | 25.6% |
| 建筑业总产值（亿元） | 40975.46 | 15582.40 | 38.0% |
| 签订合同额（亿元） | 65568.16 | 30050.48 | 45.8% |
| 竣工产值（亿元） | 26051.23 | 8600.39 | 33.0% |

注：企业主要生产指标数据引自国家统计局《2006年建筑业企业生产情况统计快报》。

**建筑强省优势明显，东部以外地区增速提高。**从地区来看，2006年建筑业总产值排在前6位的省市依次是：浙江、江苏、山东、广东、北京、上海。上述6省市完成的建筑业总产值占全国建筑业总产值的49.6%。浙江和江苏两省分别占到13.6%和12.6%。建筑业发达地区继续加大省外市场开拓力度。2006年，浙江省具有资质等级的总承包和专业承包建筑业企业在外省完成的产值占建筑业总产值的比例为38.7%，北京为33.2%，江苏为32.8%，上海为20.8%。2006年国有及国有控股建筑业企业完成建筑业总产值居前的省市依次是：北京、广东、江苏、湖北、山东、辽宁。国有及国有控股建筑业企业签订合同额居前的省市依次是：北京、广东、上海、湖北、四川、江苏。反映了我国国有建筑业企业主要集中的地区情况。2006年，东北、中西部增速较高，建筑业总产值增速最快的是吉林、河南、陕西，分别为41.1%、40.3%、36%。中西部增速的提高，反映了我国不同地区经济协调发展的战略已经取得了实际的成效（表1-6）。

> 2006年，浙江建筑企业将市场开拓的触角伸得更远，在上海承接的工程量超过了其他省份企业进沪施工量的总和，成功开创了5个产值超百亿元的区域市场。与此同时，国际工程承包也取得新进展，2006年国际工程业务达12亿美元，比2005年增长15.8%。更为重要的是，建筑企业在境外承揽的工程业务已逐步由劳务型承包转向施工总承包、工程总承包，这标志着该省建筑企业在国际建筑市场中的竞争力大大向前迈进了一步。（应建勇）

**2006年建筑业总产值、国有及国有控股企业建筑业总产值地区份额　　表1-6**

| 名次 | 建筑业总产值 | | 国有及国有控股企业建筑业总产值 | |
|---|---|---|---|---|
| | 地区 | 数额（亿元） | 地区 | 数额（亿元） |
| 1 | 浙江 | 5590.93 | 北京 | 1438.16 |
| 2 | 江苏 | 5154.48 | 广东 | 1086.25 |
| 3 | 山东 | 2788.64 | 江苏 | 953.77 |
| 4 | 广东 | 2536.79 | 湖北 | 890.24 |
| 5 | 北京 | 2161.37 | 山东 | 839.49 |
| 6 | 上海 | 2107.57 | 辽宁 | 790.40 |

注：数据引自国家统计局《2006年建筑业企业生产情况统计快报》。

**重点工程进展顺利，住宅竣工比重保持较高。** 2006年，建筑业建成一批国家重大建设项目，将固定资产投资转化为了现实的生产能力。青藏铁路于2006年7月1日全线通车，南水北调东、中线一期工程累计完成投资119亿元，三峡工程建设累计完成投资1313亿元。三峡电站已投产机组2006年发电492亿kW·h。建筑业企业房屋建筑竣工面积16.41亿$m^2$，其中住宅竣工面积9.4亿$m^2$，在房屋建筑竣工面积中，所占比例最大的依然是住宅、厂房和仓库、办公用房，分别占57.2%、18.1%、8.5%。建筑业为国民经济又好又快发展，为人民生活的改善提供了物质保障（表1-7）。

2006年房屋建筑竣工面积构成　　　　　　　　　　表1-7

| 房屋类型 | 竣工面积（万 $m^2$） | 所占比例（%） |
|---|---|---|
| 总计 | 164122.52 | 100 |
| 厂房、仓库 | 29694.89 | 18.1 |
| 住宅 | 93938.30 | 57.2 |
| 办公用房 | 13938.53 | 8.5 |
| 批发和零售用房 | 4239.84 | 2.6 |
| 住宿和餐饮用房 | 2562.82 | 1.6 |
| 居民服务业用房 | 2197.15 | 1.3 |
| 教育用房 | 8340.76 | 5.1 |
| 文化、体育和娱乐用房 | 1909.56 | 1.2 |
| 卫生医疗用房 | 1529.71 | 0.9 |
| 科研用房 | 490.17 | 0.3 |
| 其他用房 | 5280.79 | 3.2 |

注：各类房屋竣工面积数据引自国家统计局《2006年建筑业企业生产情况统计快报》。

**国际工程承包大幅度增长，进入我国建筑市场外企增加。** 2006年，对外承包工程完成营业额300亿美元，同比增长37.9%；新签合同额660亿美元，同比增长123%。同时，对外承包工程的项目规模和档次也不断提升，2006年我国对外承包工程签订5000万美元以上的项目达212个，占当年新签合同总额的73.3%。上亿美元项目达96个，10亿美元以上特大项目5个，最大单个项目达83亿美元。2006年，对外劳务合作完成营业额53.7亿美元，同比增长12.3%；新签合同额52.3亿美元，同比增长26.3%；派出各类劳务人员35.1万人，比上年同期增加7.7万人。与此同时，进入我国建筑市场的国外投资者也在不断增加。至2007年6月，来自全球39个国家和地区的投资者在中国境内设立建筑施工企业已达1189家，

这些外资企业主要从事基础设施项目和房屋建筑项目。

### (三) 勘察设计

**行业总体规模继续扩大，利润继续显著增长。** 2006 年，全国勘察设计行业企业数量达到 14264 个，比 2005 年增加 12843 个，增长 13%。工程勘察完成合同额 235.47 亿元，比上年增长 13%；工程设计完成合同额 1187.60 亿元，比上年增长 22%；工程技术管理服务完成合同额 206.02 亿元，其中，工程咨询完成合同额 60.38 亿元，比上年增长 27%；工程监理完成合同额 33.98 亿元，比上年增长 20%；工程咨询造价完成合同额 5.86 亿元，比上年增长 96%；项目管理完成合同额 99.81 亿元。2006 年，全行业企业从业人员 1120719 人，比 2005 年增长 4%，其中，高级职称人员 240919 人，比上年增长 4%；注册执业人员 115464 人，比上年增长 13%。

工程承包收入呈现快速增长势头。2006 年，勘察设计行业工程承包收入达到 1806.94 亿元，比上年增长 34%。其中，建筑装饰工程、冶金、建筑智能化、化工石化医药等专业收入总量较为突出。2006 年，勘察设计行业营业收入 3714.42 亿元，比 2005 年增长 25%；全行业人均营业收入 33.14 万元，比上年增长 20%。境内收入为 3598.66 亿元，比上年增长 24%。其中，工程勘察收入 250.23 亿元，比上年增长 16%；工程设计收入 958.84 亿元，比上年增长 20%；工程技术管理服务收入 125.20 亿元，比上年增长 25%。

2006 年，勘察设计行业实现利润总额 291.03 亿元，比 2005 年增长 35%；营业税金及附加 114.44 亿元，比上年增长 10%；应交所得税 64.12 亿元，增长 32%；实现净利润 207.11 亿元，比上年增长 40%。

**科技成果不断增加，境外收入继续大幅增长。** 2006 年，勘察设计行业科技活动费用支出总额 101.80 亿元，比上年增长 52%。科技成果转让收入总额 31.76 亿元，比 2005 年增长 76%。企业累计拥有专利 9275 项，比上年增长 44%。参加编制国家、行业、地方技术标准 2756 项，比上年增长 24%。2006 年，勘察设计行业境外收入达到 115.76 亿元，比 2005 年增长 89%。其中，建材、化工石化医药、石油天然气、建筑装饰、冶金等行业所占比例较大。

**产业结构进一步优化，企业素质得到提高。** 2006 年，在 13956 个内资勘察设计企业中，国有企业占38.8%，集体企业占3.9%，私营企业占9.8%，有限责任公司、股份有限公司占44.4%。中央所属国有企业占全部国有企业的11%。地方国有企业所占比例较大的省份依次是：山东、辽宁、四川、广东、湖北。2006年，在14264个勘察设计企业中，内资企业13956个，占全部企业的97.8%；港、澳、台商投资企业140个，占全部企业的1%；外商投资企业168个，占全部企业的1.2%。2006年，甲级勘察企业560个，增长5%；甲级设计企业2173个，增长10%；甲级专项设计企业1289个，增长17%。甲级勘察、设计、咨询、城市规划企业占全部企业总数的19.27%，乙级勘察、设计、咨询、城市规划企业占全部企业的27.57%，丙级勘察、设计、咨询、城市规划企业占全部企业的28.74%，专项企业占全部企业的22.84%，其他占1.58%。从企业分布来看，工程设计甲级地方企业占81%，中央企业占19%。工程设计甲级企业数量居前的省市依次是：上海、北京、广东、江苏、辽宁。完成勘察合同额前五位的省市依次是：广东、浙江、江苏、四川、福建，完成设计合同额前五位的省市依次是：浙江、广东、江西、上海、江苏，完成工程技术管理服务合同额前五位的省市依次是：湖北、北京、浙江、江苏、广东。人均营业收入居前的省市依次是：北京、上海、广东、江苏、天津。2006年，勘察设计行业营业收入前五位依次是：建筑装饰工程、建筑、建筑智能化、冶金、电力；利润总额前五位依次是：建筑、冶金、电力、建筑装饰工程、化工石化医药（图1-7～图1-14）。

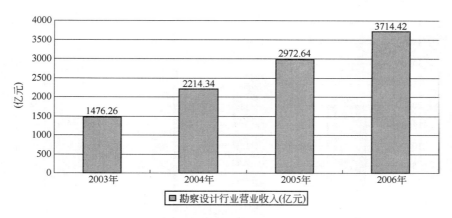

图1-7　2003～2006年勘察设计行业营业收入发展图示

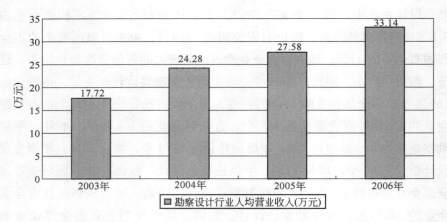

图 1-8　2003～2006 年勘察设计行业人均营业收入发展图示

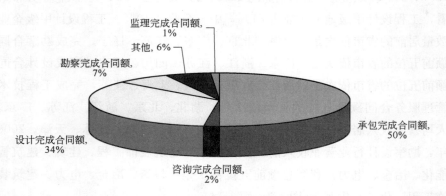

图 1-9　2006 年勘察设计完成各类合同额构成图示

图 1-10　2003～2006 年勘察设计行业完成施工图投资额发展图示

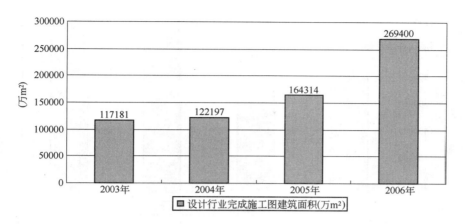

图 1-11　2003～2006 年设计行业完成施工图建筑面积发展图示

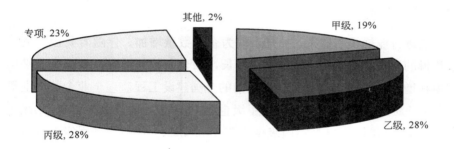

图 1-12　2006 年勘察设计企业资质等级构成图示

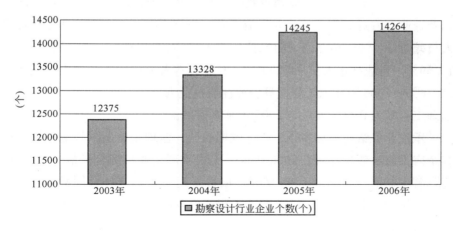

图 1-13　2003～2006 年勘察设计行业企业数量发展图示

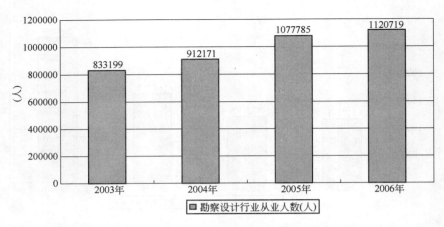

图 1-14　2003～2006 年勘察设计行业从业人数发展图示

### (四) 建设工程监理[1]

**监理行业规模在扩大**。一是表现为企业数量增加。伴随着我国工程建设规模的增长，监理企业数量仍在增长，结合人数的情况，表明企业平均规模在增大。2006年度，统计范围内的全国建设工程监理企业个数比上年增长 4.1％，达到 6170 个。其中甲级企业 1431 个，增长 10.42％；乙级企业 2151 个，增长 5.29％；丙级企业 2588 个，与上年持平。甲级企业增长最多。专业分布前三位的是房屋建筑工程、市政公用工程、电力工程的监理企业。在全部建设工程监理企业中，有限责任公司占到 61.5％；其次是私营企业，占到 23％；再次是国有企业，占到 13％。二是表现为**监理行业人员增加**。2006 年末工程监理企业从业人员 483412 人，同比增长 11.59％。专业技术人员 443290 人，专业技术人员占年末从业人员总数的 91.74％。2006 年年末工程监理企业注册执业人员为 100167 人，其中注册监理工程师为 81297 人，与 2005 年基本持平。

**承揽业务结构更加多样**。统计数据表明，监理企业所承揽业务正在向多个咨询服务领域拓展。2006 年度，工程监理企业承揽合同额 457.41 亿元，其中监理合同额 291.90 亿元，项目管理与咨询服务合同额 44.39 亿元，招标代理合同额 11.37 亿元，工程造价咨询合同额 9.03 亿元，其他业

---

[1] 根据国家统计局数据。

务合同额 100.71 亿元，监理合同额占总业务量的 63.82%。

**营业规模增长突出**。2006 年度工程监理企业全年营业收入 376.54 亿元，同比增长 34.64%。其中工程监理收入 235.27 亿元，同比增长 22.01%；项目管理与咨询服务收入 33.98 亿元，与上年相比增长 46.19%；招标代理收入 7.90 亿元，与上年相比增长 37.40%；造价咨询收入 7.80 亿元，与上年相比增长 32.65%；其他收入 91.59 亿元，与上年相比增长 76.27%。监理收入占总营业收入的 62.48%（图 1-15、图 1-16）。

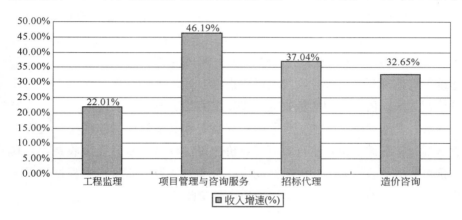

图 1-15　2006 年建设工程监理业务增速图示

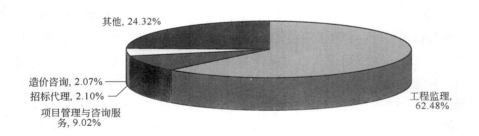

图 1-16　2006 年建设工程监理营业收入结构图示

**监理企业资质标准重新修订**。2007 年 5 月 21 日，建设部发布了新修订的《工程监理企业资质标准》。新的资质标准将全部工程监理企业划分为综合资质、专业资质和事务所三个序列。综合资质不分等级，企业可承担所有专业工程类别建设工程项目的工程监理及相应工程项目管理业务；专业资质按工程性质和技术特点划分为若干个专业工程类别，原则上分为甲、乙两个级别，除房屋建筑、水利水电、公路和市政公用四个专业工程类别设丙级资质外，其他专业工程类别不设丙级资质；事务所不分专业和等级。工程监理市场的准入条件也进行了调整。适当提高了企业的注册资金。甲级、乙级、丙级资质企业的注册资金分别由 100 万元、50 万元、10 万元上调到 300 万元、100 万元、50 万元。明确了各专业资质要求的注册监理工程师配备人数。增加了其他专业类注册职业人员、注册造价工程师的数量要求，增加了企业质量管理体系、必要设备等方面的要求。

**取费标准提高反映了行业发展的客观要求**。国家发展和改革委员会、建设部 2007 年 4 月联合发布了《建设工程监理与相关服务收费管理规定》，于 2007 年 5 月 1 日开始施行。结束了 1992 年以来一直沿用的收费标准。建设工程监理与相关服务收费根据建设项目性质不同情况，采用不同的计价管理方法。依法必须实行监理的建设工程施工阶段的监理收费实行政府指导价；其他建设工程施工阶段的监理收费和其他阶段的监理与相关服务收费实行市场调节价。实行政府指导价建设工程施工阶段监理收费，其基准价可根据"收费标准"上下浮动 20%，发包人和监理人应当根据建设工程的实际情况在规定的浮动幅度内协商确定收费额。

### (五) 建设工程质量

2006~2007 年，政府明确并开始实施"十一五"期间的建设工程质量管理目标及任务，合理确定监管范围和重点，不断改进建设工程质量监管方式方法，企业将建设工程质量作为竞争能力重要体现的意识进一步增强，自觉提高工程质量水平，进行了多方面的质量管理创新，国家重点工程、奥运会工程质量进行严格保障，住宅工程质量实行严格监管，探索城乡结合部及村镇建设工程质量管理的方式方法，进行试点并展开监管工作，全国建设工程质量水平继续稳步提高。

**"十一五"工程质量管理目标及任务**。政府"十一五"期间工程质量管理工作的目标是：工程质量管理法律法规体系更加健全，工程质量管理体制机制更加完善与协调，工程质量责任得到进一步强化与落实，建设工程全寿命周期质量得到保障，工程质量整体水平和人民群众满意度明显提高。

"十一五"期间工程质量管理工作的主要任务：一是着眼于城乡统筹

和协调发展，服务社会主义新农村建设，积极推进村镇建设工程质量管理工作；继续强化住宅工程质量监管工作，保障公共利益和公共安全；强化政府投资工程，特别是大型公共建筑质量安全监管工作。二是着眼于建设资源节约型社会，充实调整工程质量监管内容。强化建筑节能监管工作，确保施工图审查、质量检测、工程质量监督等各环节有效落实节能措施，高度重视工程全寿命周期质量安全管理工作。三是着眼于进一步提高监管效能，不断创新工程质量监管机制。正确处理政府和企业、全过程监管和环节监管、行为监管和实体监管、监督执法和服务引导的关系，处理好建设主管部门与专业部门的关系。建立市场与现场联动的监管机制、全过程的质量监管机制、差别化监管机制、质量诚信评价机制，完善工程质量保险机制。四是着眼于工程质量管理基础建设，构建"六个体系"。即法律法规和技术标准支撑体系、企业质量保证体系、科学技术创新体系、人才保障体系、培训教育体系、中介机构服务体系。五是着眼于支撑能力建设，营造良好的工程质量管理政策环境。严格监督执法，明确所属质量监督机构的执法责任和权限，明确其定位。

**加大大型公共建筑工程建设管理力度。**为进一步加大大型公共建筑工程建设管理力度，解决当前大型公共建筑工程建设中存在的贪大求洋、浪费资源能源、缺乏特色等问题，促进建设资源节约型社会，建设部、国家发展和改革委员会、财政部、监察部和审计署等五部委于2007年1月5日联合发布《关于加强大型公共建筑工程建设管理的若干意见》，对进一步加强大型公共建筑工程建设管理提出具体要求。

《意见》指出，从事建筑活动，尤其是进行大型公共建筑工程建设，要贯彻落实科学发展观，推进社会主义和谐社会建设，坚持遵循适用、经济、在可能条件下注意美观的原则。要以人为本，立足国情，弘扬历史文化，反映时代特征，鼓励自主创新。要确保建筑全寿命使用周期内的可靠与安全，注重投资效益、资源节约和保护环境，以营造良好的人居环境。要完善并严格执行建设标准，提高项目投资决策水平；规范建筑设计方案评选，增强评审与决策透明度；强化大型公共建筑节能管理，促进建筑节能工作全面展开；推进建设实施方式改革，提高工程质量和投资效益；加强监督检查，确保各项规定的落实。

**继续探索创新工程质量监管方式。**2006年，各地建设行政主管部门结合实际，创新方式，不断强化工程质量监管力度。

**工程质量检测网上监控。**2006年，青岛市依托信息技术，改进监管手段，建立了覆盖整个青岛地区各工程质量检测机构的青岛市建设工程质量检测信息管理系统，实现了建设行政主管部门对工程质量检测工作全过程、全方位的动态监控，率先走出了一条利用信息和网络技术提升检测水平和行业管理水平的检测监管之路，提高了政府的监管效能，为工程质量提供了坚实的保障。

> 青岛市建设工程质量检测信息管理系统包括检测试验单位网上监控系统和工程质量检测自动化管理系统。
>
> 检测试验单位网上监控系统主要实现了以下几方面功能。一是人员资格管理。对见证送样人员和检测试验人员实行IC卡身份认证管理。见证送样人员凭IC卡经身份验证后才能进行委托检测，从而确保见证取样送检产品的真实性。检测人员凭IC卡经身份验证后，方能进入检测系统，并只能就备案认证的资格（试验、审核、批准、检测）进行相应工作，防止超出资格范围进行检测现象发生。二是建设工程和检测单位备案管理。工程办理质量监督登记时发放记录工程信息的IC卡。IC卡包含所有工程信息：工程名称、建设单位、施工单位、监理单位、勘察单位、设计单位、见证单位、见证人等。未经备案的工程或与备案信息不符的工程的送检样品，将无法进行试验检测。同样，未经备案或无资质的检测机构从事检测试验工作，将无权限出具检测试验报告。三是预警功能。通过系统能够及时了解全市各检测机构检测报告的出具、修改及检测不合格情况，能记录和比对每份修改过的报告前后情况，从而对出具报告情况进行监控，对出具虚假报告情况起到震慑作用，即使出现了虚假报告，也能快速及时发现和追索到相关工程、单位和人员。四是统计查询功能。通过系统可以及时了解全市各区市、各检测机构、各工程、各时间段的各种检测信息，并通过这些信息及时了解全市工程质量状况、建材质量状况、各预拌混凝土企业产品质量状况，从而对全市工程质量、建材质量及相关企业进行动态监控和宏观监控。建设行政主管部门还能够通过视频监控系统随时对各检测试验单位的工作情况进行监控。

> 工程质量检测自动化管理系统通过在检测试验单位和预拌混凝土生产企业试验室运行,实现了从来样登记、实验数据自动采集、自动计算、自动评定、自动打印试验报告,到电子签名、报告审批和印发,全部网上办理。整个过程避免了人为因素的干扰,确保了检测工作的真实性、公正性、可靠性。(宋广伟)

**住宅工程质量分户验收。** 2006年,北京、南京等全国多个城市尝试实行了住宅工程质量分户验收制度,从源头上严格监管住宅质量,保障竣工房屋使用功能,强化工程建设各方的质量责任。如北京市住宅工程质量分户验收检查的内容主要是:建筑结构外观及尺寸偏差,门窗安装质量,地面、墙面和顶棚面层质量,防水工程质量,采暖系统安装质量,给水、排水系统安装质量,室内电气工程安装质量等。验收合格后,必须按户出具由建设、施工、监理单位负责人签字或签章确认的《住宅工程质量分户验收表》,并加盖建设、施工、监理单位质量验收专用章。验收不合格的,建设单位不得组织单位工程竣工验收。目前,这一制度仍在探索完善过程之中。

**强化村镇建设工程质量监管。** 2006年5月,全国村镇建设工程质量联络员第二次工作会议在浙江召开,建设部提出了"体制机制共进、监管服务并举"的村镇工程质量监管新思路。采取不同于城市的村镇建设工程质量监管模式,培育村镇工程建设社会服务体系,逐步提高村镇建设的商品化、专业化程度,发挥专业人员的技术控制作用,对建设工程质量的关键环节进行政府监管,已经逐步成为强化村镇建设工程质量监管的共识。加强政府服务职能,目前已经得到多方面的体现。送图送技下乡是其中的一个重要方面。为加强对村镇建设的指导与监督,提高村镇建筑质量,2006年3月21日,建设部在北京举行了"建设社会主义新农村——农房建设送图下乡暨试点村庄"签约仪式,向全国1887个重点镇赠送了《系列小城镇住宅国标图集》,中国建筑设计研究院与两个试点整治的村庄签订了定向支持协议。与此同时,以服务为中心的送图送技下乡活动相继在各地全面铺开,为村镇建设工程质量管理创造了良好的基础条件。

**企业注重以质量求生存、求发展。** 注重质量是提高企业竞争力的永恒主题。在建设工程质量的不断努力当中,企业不断完善和创造着新的质量保证方法。

直接面对用户，建设满意工程。目前，一些重视建设工程质量的企业已经不以通过竣工验收为满足，在交付使用后，仍然建立起与用户交流反馈，认真进行保修的机制。全国质量效益型先进企业浙江舜杰建筑集团定期向业主和用户发送满意度调查表，针对反馈意见提供无偿服务。快速改制、抓住机遇、拓展市场、质量为本，是成功企业的共同经验。绍兴的工程质量合格率10年来始终达到100%，优质率达到60%以上，创造了国家级、省部级优质工程1000多个，获得国家鲁班奖、国优工程奖等40多项。

落实"三高"与"三严"。对于建设工程质量在工程开始之前就进行预规划、预控，针对普遍存在的工程质量问题采取针对性的措施，坚持"三高"与"三严"。"三高"即高的质量意识、高的质量目标和高的质量标准；"三严"是严格的质量管理、严格的质量控制和严格的质量检查验收。这是保证建筑工程质量水平，也是取得建设工程质量最高奖"鲁班奖"企业的一致经验。

采用标准手段控制工程质量。企业管理标准是企业提高建设工程质量的一个重要手段。企业对于 ISO 9000（企业质量管理体系认证标准）、ISO 14000（环境管理体系认证标准）、SA8000（企业社会责任认证体系）、OHSAS（质量、环境、职业安全体系认证）等标准的采用和认证，有效地促进了企业质量管理水平的提高。

用工业化建造保障工程质量。从"建造到制造"是提高建设工程质量的有效方法，也是建筑业企业发展的方向，通过建筑、装饰构件、部品的标准化的研发、制造，不断提高工程建造过程的工业化水平，是一些企业提高工程质量的做法和经验。

## 二、创新体制，构建和谐

### （一）清理拖欠工程款和农民工工资

清理拖欠工程款和农民工工资，是党和国家强力维护建筑市场秩序，促进公平交易，保护弱势群体利益，构建和谐社会的重要举措。2006年是落实党中央、国务院确定的三年完成清欠任务的最后一年。在继续清理历史旧欠的同时，2006年以来，各级政府重点加快了防止新欠的长效机制的建设。

**清理历史旧欠任务基本完成。**通过三年清欠，全国建设领域2003年底以前拖欠的工程款和农民工工资基本解决，基本实现了国务院确定的清欠工作总目标。截至2007年1月19日，已解决拖欠工程款占拖欠总额的98.6%。有29个省(区、市)的清欠比例达到95%以上，其中，北京、天津、辽宁、上海、山东、浙江、湖北、安徽、广东、云南等10个省(市)的清欠比例达99%以上。政府投资项目拖欠工程款已经解决99.3%，有20个省(区、市)的政府投资项目偿付比例达到99%以上，其中云南、天津、浙江、上海、安徽、辽宁、重庆、湖北等8个省(市)的政府投资项目已全部偿还。拖欠农民工工资问题基本得到解决。

**政府加强指导督查。**在前两年清欠工作的基础上，各级建设行政主管部门加强了对清欠工作的指导督查。建设部对清欠工程款进度滞后、剩余拖欠数额较大的10个地区进行了督办。云南、福建等省的主要领导亲自部署，明确目标责任。辽宁、河南、广东、河北、湖南等省与下属市县签订了责任书，加强了目标考核。山东、江苏、重庆、贵州、广西等省(区、市)，根据剩余拖欠数额和财政收入状况，制定了每月的清欠计划。安徽、浙江、黑龙江、新疆等省区定期通报清欠进度，将清欠目标责任书在媒体上公布，接受社会监督。吉林等省区把清欠工作纳入党风廉政建设责任制。各地采取的各种有效措施，有力地推动了清欠工作的开展。

**长效机制建设扎实展开。**2006年，各级建设行政主管部门进一步健全和完善防止拖欠行为发生的长效机制，使清欠工作重心由清理旧欠向预防新欠转变，工作方式由大规模集中清理向强化日常管理转变。针对拖欠工程款问题的复杂性、长期性，各地也不断探索建立和完善防止新欠的长效机制，制定出台防新欠长效机制的有关规定，有效地减少和遏制了新欠的发生。如上海市政府颁布了旨在立足源头预防、健全长效机制的《上海市防范建设领域拖欠工程款暂行规定》，对建设资金提出了系统的监管措施。天津市政府出台了《关于建立防止建设领域拖欠工程款和农民工工资长效管理机制意见的通知》，并确立了防止拖欠农民工工资长效机制的六项制度。建设部在综合已经出台的多项防新欠制度、办法的基础上，会同部际联席会议成员单位起草了《关于规范建设领域工程款和农民工工资支付的若干规定》并报国务院。

### 上海

上海在制度建设方面采取的主要措施有：

一、**建设资金专户管理**。工程项目开工前，建设单位必须设立工程建设账户。

二、**加强预售资金管理**。进行预售的建设项目，预售款应全额进入工程建设账户，先行用于工程建设款的支付。

三、**细化工程竣工备案管理**。建设工程竣工验收前，建设单位应按合同约定支付工程款，或与施工企业在工程款结算和支付方式上达成一致。建设单位办理竣工备案时，应提交按合同约定的工程款支付凭证或双方确认的工程款结算及支付方式等材料。

四、**农民工工资专用账户及工资保证金**。施工企业应设立建筑业外来从业者工资专用账户及工资保证金。

五、**建立建设工程参与各方的诚信系统**。企业的工程款和建筑业外来从业者工资支付情况信用信息，纳入全市企业信用体系，与企业诚信系统连接。

### 天津

防止拖欠农民工工资长效机制的六项制度：

一、**农民工工资"月支付，季结算"制度**。制定了《天津市建筑业农民工工资支付管理办法》。各施工企业为每一名农民工办理"建筑业农民工工资卡"，工资通过银行直接打入卡内。每月支付数额不得低于天津市最低工资标准，每季度末按照实际工效工资全额支付剩余劳动报酬。天津市建委和银行建立了统计、查询、监控系统，可随时监控企业向工资卡支付情况，确保了工资发放到位。

二、**农民工身份管理制度**。2004年实行了建筑业农民工专用《劳动合同书》。专用劳动合同在用工期限、工资支付、社会保险等各方面都作出了专门规定，初步实现了建筑业农民工的身份化管理。今年天津市又出台了《关于加强建筑业农民工身份管理的通知》，要求各工程项目部要为每一名进场的农民工发放记工卡，工地要实行封闭管理，将记工考勤作为工资发放依据。劳务企业要建立工人用工管理档案和工资台账，向总包企业派遣劳务用工要进行登记，并委派劳务队长带队。工地项目部每月要公示农民工出勤和工资发放情况。

三、**农民工工资保证金制度**。所有在津施工企业均需在指定银行存入农民工工资保证金，该账户的资金只能用于支付拖欠的农民工工资，由银行对用途和支付情况负责监控。保证金数额为总承包企业100万元，其他企业30万元。

四、**拖欠投诉和合同纠纷调解机制**。天津市出台了《施工企业合同纠纷调解暂行办法》。建立了1个市级和21个区级农民工拖欠投诉中心和合同纠纷调解办公室。通过明确的受理程序、规范的调解方法和对调解协议落实的督办，做到了"投诉有门，快速解决，专人调解，化解纠纷"。

五、**创新劳务队长管理制度**。天津市制定了《天津市建筑劳务企业劳务队长管理办法（试行）》，规定经培训合格的劳务队长方可从事劳务作业的组织和管理活动，并发给《劳务队长上岗证书》。明确所有施工企业不得使用无证"包工头"，劳务费的支付和结算必须通过法人进行。

六、**农民工技能培训制度**。2005年天津市建委制定了《关于实施我市建筑业农民工培训规划的指导意见》，计划用三年时间使建筑业农民工持证上岗率达到75%。2005年以来陆续建立了13所农民工技能培训学校，开展建筑业农民工技能培训，全市农民工持证上岗率已达到35%。2007年要求所有总承包企业用工在200人以上的工地都要设立农民工业余学校。

为保证各项制度的落实，天津市建委专门设立了劳务分包有形市场。市场内设有劳务队伍备案窗口、工程项目登记窗口、劳务分包合同备案窗口、农民工工资卡办理窗口、劳务队长培训窗口、拖欠投诉窗口、农民工技能培训部、劳务纠纷调解办公室等部门，作为为农民工服务的窗口。同时，成立了天津市总工会建筑业外来务工人员工作委员会，负责指导建立各级农民工工会，目前，全市已成立300个基层农民工工会组织。

## （二）农民工管理及权益保护

解决好农民工的就业、社保、生活等问题，不仅涉及其切身利益，也直接关系到维护社会的公平和正义。2006年是我国农民工工作取得显著成效的一年。党中央、国务院把农民工工作摆在经济社会发展全局的突出位置。2006年3月,国务院《关于解决农民工问题的若干意见》正式发布,标志着我国农民工工作进入了新阶段。《意见》涉及了农民工工资、就业、技能培训、劳动保护、社会保障、公共管理和服务、户籍管理制度改革、土地承包权益等各个方面的政策措施,提出了做好农民工工作的基本原则:公平对待、一视同仁,强化服务、完善管理,统筹规划、合理引导,因地制宜、分类指导,立足当前、着眼长远。各地政府也制定了明确的工作目标、具体任务和配套文件,切实解决农民工切身利益的问题取得了新的进展。

**建立统筹协调和指导农民工工作的新机制。**为加强和改进对农民工工作的领导,从中央到地方,建立了统筹协调和指导农民工工作的新机制。国务院建立了有30多个部门参加的农民工工作联席会议制度。全国各省区市也都设立了以分管领导为召集人、由多个部门和单位组成的联席会议制度或领导小组。

**强化对农民工的管理与服务。**2006年4月,建设部和全国总工会联合发布了《关于进一步改善建筑业农民工作业、生活环境,切实保障农民工职业健康的通知》。《通知》强调,要把维护农民工生命安全和身体健康作为维护农民工合法权益的首要任务。各级建设行政主管部门要加大对安全防护、文明施工措施费用的拨付、使用的监督;要督促施工企业按照规定为农民工配备安全生产和职业病防护设施,向新招用的农民工告知劳动安全、职业危害事项,发放符合要求的劳动防护用品;要加快推进工伤保险工作,应为从事危险作业的农民工办理意外伤害保险。各级工会组织要监督施工企业(劳务企业)招用农民工时必须依法订立并严格履行劳动合同,要监督施工企业是否保证安全专项经费的足额支出。《通知》要求,要选用一批长期在施工现场生产一线,熟悉建筑施工安全生产工作,责任心强、文化程度较高的农民工担任建筑安全群众监督员,加强对现场施工安全生产行为的监督。要积极开展安全质量标准化活动,进一步改善建筑业农民工的作业、生活环境。要明确划分施工作业区和生活区,合理设置宿舍、食堂、饮水、淋浴、卫生等基本生活设施;要结合季节特点,做好农民工的饮食卫生和防暑降温、防疫等工作;要定期组织农民工进行体检,使农民工真正感受到企业的温暖;要切实为农民工创造业余文化学习和娱乐条件，配备相关的书报、杂志、电视机、棋牌等文化用品和文体活动设施。《通知》还要求，各级建设行政主管部门和各级建设产业工会要积极开展建筑业农民工职业技能和安全教育培训工作，提高农民工队伍整体素质。同时，要加强舆论宣传，形成关心农民工的良好氛围。

建设部还会同国家安全生产监管总局等七部门联合下发《关于加强农民工安全生产培训工作的意见》，切实保障农民工的安全卫生权益和接受培训权利。同时，组织编写了《建筑工人安全操作知识读本》，开展了两次向农民工送书活动，建设部黄卫副部长亲自参加并向农民工授课。广西壮族自治区建设厅2006年共培训建筑农民工两万多人，大大提高了农民工的安全生产意识和自我保护能力。广东省珠海市探索建立旨在提高农民工安全技能和素质的农民工学校，取得了很好的效果。

**加快推进农民工工伤保险制度。**国务院《关于解决农民工问题的若干意见》指出：依法将农民工纳入工伤保险范围。各地要认真贯彻落实《工伤保险条例》。所有用人单位必须及时为农民工办理参加工伤保险手续，并按时足额缴纳工伤保险费。在农民工发生工伤后，要做好工伤认定、劳动能力鉴定和工伤待遇支付工作。未参加工伤保险的农民工发生工伤，由用人单位按照工伤保险规定的标准支付费用。当前，要加快推进农民工较为集中、工伤风险程度较高的建筑行业、煤炭等采掘行业参加工伤保险。建筑施工企业同时应为从事特定高风险作业的职工办理意外伤害保险。

2006年，各地相继出台政策措施，加快推进农民工工伤保险制度，以确保农民工保险工作落到实处。

> 北京：市劳动和社会保障局与市建委日前联合宣布，今后，在北京，所有新开工项目，总承包企业必须将农民工工伤保险费单独列项，并一次性缴纳到社保经办机构，不提交《社保登记证》和农民工工伤保险缴费凭证的，将不予核发《建筑工程施工许可证》。
>
> 总承包单位在建设项目开工前，必须一次性缴纳工伤保险费。随后在整个施工工期内，在该项目施工的农民工即为全部参保。一些刚进场工作、还未来得及申报人员信息的农民工，如果在施工过程中发生工伤，只要是与用人单位签订了劳动合同，同样按参保农民工对待，包括外地城镇户籍从业人员。以建设项目缴清工伤保险费的，总

承包单位要在工地显著位置予以公示。对未为农民工办理工伤保险手续和缴纳工伤保险费的建筑业企业，劳动保障部门将责令其限期参保，依法进行查处。

建筑企业不参加工伤保险将被处罚。与此同时，建设单位不执行这一规定的，建委也要对有关责任单位依法给予行政处罚，并将相关信息记入建设行业信息系统，向社会公布。为了防止企业挤占挪用相关款项，新开工的建设项目必须将农民工工伤保险费单独列项，并在办理开工手续前，一次性拨付到建设项目总承包企业或直接发包的专业承包企业，以保障农民工权益。（李媛）

**山西：**山西省出台政策规定，从2006年7月1日起，全省所有用人单位必须给农民工缴纳工伤保险。

《山西省农民工参加工伤保险暂行办法》规定，凡是与用人单位形成劳动关系的农民工，用人单位必须及时为其办理参加工伤保险的申报手续，及时足额缴纳工伤保险费，农民工个人不缴费。缴费标准和支付标准统一按照国务院的工伤保险条例执行。（新华）

**郑州：**2006年11月10日前，郑州所有建筑、煤矿和非煤矿山企业都要给农民工办理工伤保险，否则要按日收取滞纳金，直至被吊销《安全生产许可证》。

以往建筑行业农民工缴纳工伤保险费，是以个人工资收入为基数的，由于基数小，一旦发生工伤事故，农民工获赔非常有限。2006年10月1日以后新开工的建筑工程项目，企业要按工程项目总造价的1.6‰为农民工缴纳工伤保险费。农民工的工伤保险费必须在工程项目开工前，由工程总承包企业一次性向工伤保险经办机构缴纳，同时还要报送职工花名册。企业如因紧急情况需临时增加或调用工人，而未能及时报送增加的农民工名册，一旦这两类农民工在48小时内发生工伤事故，将由劳动保障行政部门、工伤保险经办机构确认后，按参保职工处理。（郝思斅）

**多种方式展开农民工培训。**目前，农民工培训工作愈益受到重视，不同种类、层次的农民工培训正在全方位多层次展开，而且，政府给予的财政补贴力度也在不断地加大。建设部、中央文明办、教育部、全国总工会、共青团中央等五部门联合推广杭州、青岛、北京等地的经验，在建筑工地创建农民工业余学校。业余学校由工程项目承包企业负责组建和管理，工程项目部具体负责教育培训的组织实施工作。专业分包和劳务分包企业要积极配合承包企业，组织农民工参加教育培训。农民工业余学校主要依托施工现场，利用施工现场的食堂、会议室或活动室等现有场地，也可选择在农民共集中居住的场所设立，要求设有相对固定的培训场地，配置黑板、桌椅、电视机、DVD等基本教学设施。农民工业余学校的教育培训内容要按照工程进度和农民工的实际需要设立。浙江省财政厅与劳动和社会保障厅联合印发实施《浙江省省级就业再就业培训经费使用管理办法》。办法规定：进城务工农村劳动者在未就业期间参加定点培训机构举办职业资格培训，取得国家职业资格证书的，政府按每人不超过800元给予补助，低于800元的按实际发生费用给予补助。2006年，大连市慈善总会、大连市建委印制了4万本《建筑施工人员安全常识读本》，同时为提高农民工健康保护意识，大连市建委还会同慈善总会编印了3万本《关爱农民工健康知识手册》，告诉农民工很多群体多发病、常见病的防止和健康生活小常识等。

**开展建筑业职业技能大赛**。2006年，建设部会同劳动和社会保障部、全国总工会、共青团中央联合举办了迄今为止我国级别最高、规模最大的建筑业职业技能大赛。大赛历时半年，吸引了30个省、自治区、直辖市和新疆生产建设兵团的农民工参与，全国总计100万建筑业农民工参加了群众性岗位练兵和技术比武活动，参加省级大赛的选手近4700人，全国决赛参赛选手达到400人，最后决出砌筑工、钢筋工、精细木工、镶贴工各一等奖3名，二等奖5名，三等奖12名。其中，4个工种的"状元"荣获"全国五一劳动奖章"，其他获奖选手授予"全国技术能手"、"全国技术状元"、"全国青年岗位能手"和"全国建设行业技术能手"等荣誉称号。大赛发现、选拔了一大批建筑业高技能人才，激发了农民工学习技术、钻研业务的积极性，营造出尊重劳动、崇尚技能的良好社会氛围。

**探索将农民工逐步纳入保障体系**。河南省建设厅出台的《关于解决建设行业农民工问题的工作方案》，把多渠道改善农民工居住条件纳入了保护农民工合法权益的政策体系。《方案》提出了为农民工"服务"的概念，不仅要把农民工纳入城市公共服务体系，还将把农民工逐步纳入城镇住房保障体系。先尝试多渠道为务工人员提供低价位的租赁住房，在农民工数量较多的大中城市，鼓励用工企业和其他社会投资者建设农民工集体公寓，政府在土地供给、立项审批过程中给予优惠。此外，具有稳定就业关系的农民工和用人单位，可按《住房公积金管理条例》规定缴存住房公积金；缴存公积金满 5 年的农民工，可申请住房公积金贷款。允许符合有关规定的农民工购买经济适用住房。

**规范劳务分包，创新劳务管理。**2006～2007 年，一些省市出台有关规定，规范劳务分包制度，加强劳动用工管理，维护农民工的合法权益，使劳务分包交易和劳动用工管理逐步走向规范化。

> 2006 年 11 月，杭州市建委出台了《杭州市建设工程劳务管理办法实施细则》，提出了"劳务分包项目负责人"的概念："劳务分包项目负责人是根据劳务企业法定代表人授权对劳务项目施工过程实施全面管理、具体履行劳务分包企业在劳务项目管理中的职责的代表人。"他们将代表劳务分包企业在施工现场管理中履行分包工程范围内的质量、安全管理、民工考勤、工资发放、教育培训等 7 大职责。《细则》规定："劳务分包企业应当委派项目负责人，负责劳务作业施工现场的管理。一名劳务项目负责人不得同时负责两个以上劳务作业项目施工现场的管理工作。劳务项目负责人必须经过培训方可从事劳务分包项目的管理工作"。该市建委还规定，劳务企业在承揽劳务分包工程时，必须明确劳务分包项目负责人，否则不予办理分包交易和劳务分包合同备案手续。同时，建立劳务项目负责人信用档案，对于不认真履行劳务分包管理职责、不诚信经营的劳务企业及其劳务分包项目负责人，在杭州建设信用网进行曝光。（鲍世明）

**推行建筑业农民工实名制。**为保证农民工工资按时足额发放和用工队伍的稳定，2006 年北京市总工会、北京市建委等有关部门联合在全市十几家建筑单位、二十余个在建项目中进行了农民工"实名制"管理试点工作。实名制管理的主要内容包括：劳务企业备案、农民工自然情况备案管理、劳动合同管理、出勤管理、工资发放管理、农民工工资发放公示、劳务费结算支付和农民工工资"月结月清"等。实名制管理提高了建筑业管理的制度化、自动化和规范化，试点单位没有发生一起拖欠农民工工资和侵害农民工权益事件。

"实名制管理卡"是利用IC卡的形式对建筑领域在京务工人员合同管理、工资支付和身份认证等进行综合管理。将每个进京务工农民工的个人档案输入其中，农民工每天进入工地施工都要刷卡。拥有该卡的在京务工人员一进入工地，工地的"实名制管理卡"管理网络便可知签没签合同以及工资支付情况，为保证农民工工资发放及维护农民工的合法权益起到了有效的监督作用。

> 经北京市建委考察合格，中建一局被指定为北京市建筑业试行农民工实名制管理卡的试点单位。自2006年4月份起，集团三个试点项目正式投入试行工作。
>
> 实名制采用北京市建筑业实名制管理卡，又称：暖心卡，是双介质卡，具有金融和IC管理功能，其管理范围主要包括门禁考勤、售饭刷卡、农民工工资支付管理等。
>
> 项目部在施工现场进出口通道安装打卡机，工人进出施工现场必须打卡。项目劳务管理员采集、留存、打印工人的考勤记录，并张榜公示，使每一个农民工知道自己的出勤情况；分包企业按月将每个农民工的饭费存入卡中，工人用餐时在售饭机上刷卡付费；分包企业按月将农民工的工资通过邮政储蓄所存入个人管理卡，工人使用管理卡可在ATM机上支取现金、查询余额，也可异地支取。此举规范了总分包双方用工行为，保障了农民工的合法权益；提升了项目精细化管理水平，限制了私招滥雇行为，可以准确掌握现场人员数量，合理调剂现场劳动力，减少了因工资和劳务费的支付而引发的纠纷；避免了农民工携带大量现金，特别是异地存储功能更为农民工提供了极大的便利。（马胜利）

## （三）建设工程安全

**全国建筑施工安全生产形势总体趋向稳定好转**。2006年，全国建筑业（包括铁道、水利、交通等专业工程）共发生事故2224起、死亡2538人，事故起数和死亡人数分别下降2.8%和2.6%[1]。其中，房屋建筑和市政工

---

[1] 据国家安全生产监督管理总局调度统计司《2006年全国安全生产伤亡事故情况表（调度快报）》。

程建筑施工事故共发生888起、死亡1048人,与上年同期相比,事故起数下降了12.51%,死亡人数下降了12.15%;其中共发生建筑施工一次死亡3人以上重大事故39起、死亡146人(未发生一次死亡10人以上特大事故),与上年同期相比,事故起数下降了9.30%,死亡人数下降了14.12%。

全国有21个地区建筑施工事故死亡人数下降,下降幅度超过全国平均值(全国下降平均值12.15%)的有17个地区。其中下降幅度超过20%的有12个地区:西藏自治区(66.67%)、甘肃省(54.76%)、天津市(44.44%)、广西壮族自治区(28.57%)、四川省(27.78%)、云南省(25.93%)、河北省(25%)、海南省(25%)、黑龙江省(24.14%)、浙江省(23.08%)、河南省(22.86%)、陕西省(21.88%)。

2006年,有10个地区建筑施工事故起数和死亡人数都比上年同期上升。其中,山西省事故起数上升75%,死亡人数上升140%;吉林省事故起数上升44.44%,死亡人数上升44.44%;内蒙古自治区事故起数上升21.43%,死亡人数上升27.78%;湖南省事故起数上升26.09%,死亡人数上升21.43%;宁夏回族自治区事故起数上升25%,死亡人数上升10%;新疆维吾尔自治区事故起数上升5.26%,死亡人数上升9.52%;江苏省事故起数上升10.34%,死亡人数上升9.09%;青海省事故起数上升16.67%,死亡人数上升7.69%;湖北省事故起数上升2.94%,死亡人数上升2.38%;辽宁省事故起数上升11.90%,死亡人数上升1.72%。

2006年,发生建筑施工事故死亡人数最多的10个地区分别是江苏省(死亡84人)、广东省(死亡68人)、北京市(死亡65人)、上海市(死亡64人)、浙江省(死亡60人)、辽宁省(死亡59人)、四川省(死亡52人)、黑龙江省(死亡44人)、湖北省(死亡43人)、云南省(死亡40人)。

2006年,全国有20个地区发生三级事故,共发生39起、死亡146人。其中发生1起三级事故的有9个地区:山西省、内蒙古自治区、浙江省、江西省、湖北省、湖南省、陕西省、甘肃省、重庆市;发生2起三级事故的有5个地区:辽宁省、河南省、广东省、四川省、云南省;发生3起三级事故的有4个地区:黑龙江省(共死亡13人)、山东省(共死亡11人)、贵州省(共死亡11人)、北京市(共死亡9人)。发生4起三级事故的有两个地区:江苏省(共死亡16人)、河北省(共死亡12人)。

**高处坠落、坍塌、物体打击、起重伤害、触电仍是主要事故类型。**2006年，全国建筑施工伤亡事故类别仍主要是高处坠落、坍塌、物体打击、起重伤害、触电等。这些事故的死亡人数共937人，分别占全部事故死亡人数的41.03%、20.61%、12.79%、8.78%、6.20%，总计占全部事故死亡人数的89.41%。2006年，在洞口和临边作业发生事故的死亡人数占总数的17.94%；在各类脚手架上作业发生事故的死亡人数占总数的11.16%；安装、拆卸塔吊事故死亡人数占总数的10.59%；安装、拆除龙门架（井字架）、物料提升机事故死亡人数占总数的9.26%。

**违反工程基本建设程序的现象仍大量存在。**2006年，部分履行和未履行工程基本建设程序而发生事故的起数占总数的51.24%，死亡人数占总数的53.72%。

**住宅仍是建设工程安全事故的高发领域。**2006年，在住宅、公共建筑、厂房、其他工程中，住宅仍然是发生安全事故最多的工程。发生事故445起，占事故起数的57.64%；死亡491人，占死亡总人数的55.17%。

2006年，围绕安全生产工作目标，通过狠抓责任落实，强化监督管理，全国建筑安全生产工作取得了很大的进展。主要表现在以下方面：

**安全生产控制指标明确，监管范围界定。**在全国安全生产控制指标体系中单列了房屋建筑与市政工程事故死亡人数控制指标并明确为1260人，作为建设部评价安全生产工作成效的重要依据。同时，建设部进一步明确了房屋建筑和市政工程范围并得到国务院安委会办公室的正式批复，从而首次清晰界定了各级建设行政主管部门的监管范围。各地区也都制定了详细的工作目标并围绕着目标积极开展各项工作，如福建省建设厅明确2006年建筑业百亿元产值死亡率控制在5.5以内，建筑施工死亡人数控制在48人以内；宁夏回族自治区建设厅明确2006年事故死亡人数比2005年下降3%，杜绝三级以上重特大安全事故等。

**政府监管和企业主体责任落实继续强化。**为督促有关地区加大安全工作力度，建设部向北京市、江苏省和云南省发函要求采取有效措施遏止事故，并针对部分地区和中建系统重大事故多发态势，分别对相应负责人进行了约谈，还专门对黑龙江省和贵州省建筑安全生产工作进行了督办。安徽省建设厅通过季度巡查的方式，对各地市履行安全监管职责、落实安全指标控制情况进行了监督检查,并在全省进行了情况通报,引起了很大反响和较好效果。

建设部在有关规范性文件和领导讲话中不断强调要切实落实企业安全生产主体责任,各地都认真自觉地贯彻落实这一要求。如宁波市制定下发了《关于进一步健全建筑施工企业安全生产责任制的指导意见》,要求企业建立分工负责、运行有效、责任落实的安全管理机制。天津市百家施工企业成立了安全生产督查队,对所属工地进行日常监督检查,既强化了企业责任,又弥补了政府监管力量不足的状况。河北省建设厅开展了"法人代表安全生产双百日承诺"活动,细化了企业11个方面的安全生产责任制和15项安全制度。

**安全执法查处事故力度加大。**建设部与国家安全监管总局联合下发了《关于严禁未取得安全生产许可证建筑施工企业从事建筑施工活动的紧急通知》,各地禁止了未取得安全生产许可证的企业从事建筑施工活动,对降低安全生产条件的企业实施了暂扣或吊销安全生产许可证的处罚,部分地区还撤销了无安全生产许可证企业的施工资质。如北京市撤消了976家无证企业的施工资质;湖北省建设厅全年共对9114项工程实施安全监督,下发整改通知书5403份、停工通知680份,将58家企业列为重点监控对象,对161起安全违法行为进行了处罚,处罚金额达131万元。

2006年以来,建设部对18家建筑施工和工程监理企业进行了停业整顿、降低资质等处罚。河南省建设厅对18家建筑施工企业、8家监理企业、20名项目经理和项目总监分别实施了停止招投标、降低资质等处罚;吉林省建设厅吊销了26个项目经理和专职安全员的安全生产考核合格证书,对10家监理企业作出了停业整顿的处罚,对10名总监理工程师作出了停止执业三个月的处罚;四川省建设厅也对64家企业、230余名个人作出了不同形式的处罚。

**安全专项整治取得初步成效。**2006年,在全国范围开展了以预防高处坠落事故为主的建筑施工安全专项整治。建设部下发了指导意见,召开动员会议,开展了两个阶段的专项整治工作督查。各地认真落实部里工作安排,确定工作目标和整治重点,制定了详细的工作方案,切实采取有效措施推动该项工作。2006年的专项整治工作取得了初步成效,据统计,2006年房屋建筑和市政工程高处坠落事故发生409起、死亡426人,分别比

2005年下降20.7%和21.5%。2006年高处坠落事故死亡人数占全部事故死亡人数的40.9%，比2005年下降了4.6个百分点。

**安全管理制度继续完善。**建设部高度重视事故预警、通报和形势分析制度，2006年以来，在建筑施工安全生产的关键季节和时段发出了多份预警通知，就重大建筑安全生产事故进行了多次通报，还编制了多份不同时期的全国建筑安全生产形势分析报告。南京市建委根据建设部《建筑工程安全生产监督管理工作导则》，制定细化了形势分析、事故预警、重大事故应急救援等13项配套制度，针对性和可操作性较强。青岛市建委编制下发了《深基坑管理规定》，对深基坑的勘察、设计、施工、检查、监测等各个环节和内容作了明确规定，要求施工、监理、建设单位必须建立严格的验收、检查和备案制度。

**安全监管信息公开。**为实现全国建筑施工企业安全生产许可证信息共享，促进安全生产许可证处罚信息公开，建设部开发了"全国建筑施工企业安全生产许可证信息管理系统"，各级管理部门和社会公众可以通过该系统查询安全生产许可证颁发、暂扣、吊销等情况，从而强化了安全生产社会监督力度。山东省建管局联合山东科技大学开发了"山东省建筑施工安全监督信息系统"，实现了全省建筑安全生产网络化管理。黑龙江、河北、辽宁等地也都大力推进安全生产电子政务，提高了行政工作效率。

**安全质量标准化活动广泛开展。**根据建设部制定的《关于开展建筑施工安全质量标准化工作的指导意见》，各地广泛开展了安全质量标准化活动，有力地提高了施工企业和现场管理的标准化水平。河北省建设厅制定下发了建设工程安全生产监督管理、建筑施工企业安全生产管理和建筑施工现场安全生产管理三本标准化手册和一系列施工现场安全操作标准化图解，便于主管部门、企业和项目参照执行。青岛市进一步完善了创建标准化示范工地的评审办法，对申报工地每季度评审一次，对于达到标准的工地进行不定期复查，两次复查不合格的，取消示范工地称号。

**建筑安全科技进步取得进展。**建设部高度重视安全生产科技进步，并将科技进步作为保障安全生产的重要要素之一。近年来，各地在推进安全生产科技进步方面进行了很多尝试和努力，取得了一定的进展。如福建省2006年明确规定，在全省范围内分区域、分阶段淘汰限制使用竹脚手架、井字架、人工挖孔桩等落后施工技术，2010年末全省所有新、改、扩建建筑工程全部淘汰上述落后工艺。浙江、上海、江苏、陕西、云南等地施工现场都推广使用了远程监控系统，上海、江苏、青岛等地还致力于推广定型化、工具化的防护措施和用具，这些新的设备和技术安全、先进、适用，对于保障建筑安全起到了较好效果。

**建设工程安全监管的加强和完善。** 部分政府主管部门执法不严、监管不力，监管能力与日益增大的工程建设规模不相适应，监管效能出现层层衰减问题。建筑市场环境也亟待规范，不依法履行建设程序、违法分包、非法转包、挂靠等现象依然比较普遍。部分施工单位安全生产基础薄弱、管理混乱、投入不足，安全生产保证能力低下。部分建设单位不认真履行安全管理职责，任意压缩合理工期，不及时支付安全生产措施费用。一些工程监理单位对自身应负的安全职责不清，不熟悉相关法规标准，未起到应有的安全监理作用。因此，建设工程安全监管需要进一步加强和完善。

## （四）工程担保及信用体系建设

2006～2007年，建设行政主管部门加快了推进工程担保制度的进度，工程担保制度在各试点城市及其他一些省市的推行取得了一定成效。一些城市在完善工程担保管理中积极探索，不断创新，探索对工程担保公司进行科学监管的新模式。

**进一步推行工程担保制度。** 2006年12月，建设部印发了《关于在建设工程项目中进一步推行工程担保制度的意见》。《意见》提出了进一步推行工程担保制度的工作目标，明确规定，2007年6月份前，省会城市和计划单列市在房地产开发项目中推行试点；2008年年底前，全国地级以上城市在房地产开发项目中推行工程担保制度试点，有条件的地方可根据本地实际扩大推行范围；到2010年，工程担保制度应具备较为完善的法律法规体系、信用管理体系、风险控制体系和行业自律机制。各省、自治区、直辖市建设行政主管部门应在2007年3月底前确定本地区的工程担保试点城市或试点项目。同时，《意见》就加强工程担保市场监管作出了相应规定。

> 《关于在建设工程项目中进一步推行工程担保制度的意见》规定，提供工程担保的保证人可以是在中华人民共和国境内注册的有资格的银行、专业担保公司、保险公司。专业担保公司应当具有与当地

行政区域内的银行签订的合作协议，并取得银行一定额度的授信，或根据中国银行业监督管理委员会的规定，具备与银行开展授信业务的条件。专业担保公司从事工程担保业务应符合资金规模和人员结构的要求，并在地方建设行政主管部门进行备案。专业担保公司开展工程担保业务应向地方建设行政主管部门报送反映其经营状况及相关资信的材料。地方建设行政主管部门应当根据本地区的实际情况，引导市场主体在工程建设活动中，要求具有与其所担保工程相适应的自有资金、专业人员的专业担保公司提供担保。

已开展工程担保的地区应当尽快建立对专业担保公司资信和担保能力的评价体系，使专业担保公司的信用信息在行业内公开化，以利于当事人对其选择和发挥行业与社会的监督作用。专业担保机构的担保余额一般应控制在该公司上一年度末净资产的10倍，单笔履约担保的担保金额不得超过该公司上一年度末净资产的50%，单笔业主工程款支付担保的担保金额不得超过该公司上一年度末净资产的20%。

地方建设行政主管部门可以参考建设部颁发的工程担保合同示范文本，制定本地区统一使用的工程担保合同或保函格式文本。保证人提供的保证方式应当是连带责任保证。工程担保保函应为不可撤销保函，在保函约定的有效期届满之前，除因主合同终止执行外，保证人、被保证人和受益人都不得以任何理由撤保。

《意见》规定，地方建设行政主管部门可以实行保函集中保管制度。建设行政主管部门可以委托建设工程交易服务中心或相关单位具体实施保函保管、工程担保信息的统计分析工作以及对索赔处理的监管。建设单位在申办建设工程施工许可证前，应当将施工单位提供的承包商履约保函原件和建设单位提供的业主工程款支付保函原件提交建设行政主管部门或其委托单位保管。工程投标担保提倡以保函形式提交，把投标保函纳入集中保管的范围。实行分段滚动担保的，应将涵盖各阶段保证责任的保函原件分阶段提交建设行政主管部门或其委托单位保管。

《意见》规定，要加快建筑市场信用体系建设，为推行工程担保制度提供支持。保证人可依据建筑市场主体在资质、经营管理、安全与文明施工、质量管理和社会责任等方面的信用信息，实施担保费率差别化制度。对于资信良好的建设单位、施工单位，应当适当降低承保条件，实现市场奖优罚劣的功能。保证人在工程担保业务活动中存在以下情况的，应记入建筑市场信用信息系统，并作为不良行为记录予以公布，情节严重的，应禁止其开展工程担保业务：超出担保能力从事工程担保业务的；虚假注册、虚增注册资本金或抽逃资本金的；擅自挪用被保证人保证金的；违反约定，拖延或拒绝承担保证责任的；在保函备案时制造虚假资料或提供虚假信息的；撤保或变相撤保的；安排受益人和被保证人互保的；恶意压低担保收费，进行不正当竞争的；不进行风险预控和保后风险监控的；其他违反法律、法规规定的行为。

**积极规范担保公司行为**。担保市场的发展与担保公司的行为规范直接相关。一些地方在加强对工程担保公司的市场行为管理方面，进行了有益的探索。一是加强对担保公司市场准入的管理。二是发挥行业协会作用，加强工程担保公司的行业自律，由担保协会协助建设行政主管部门对担保公司实施行业自律的管理。三是参考银行关于工程担保的收费标准及各担保品种的风险度，制订了工程担保收费参考标准，供各担保公司参照执行。四是利用信息化手段加强对工程担保的监管，建立建设工程担保计算机辅助管理系统，实现了相关管理部门信息共享。五是实行保函原件集中管理。为加强对保函合法、合规性的审查，有效杜绝提交虚假保函，防止随意恶意撤保，监督保函的有效期并督促续保，监督保函索赔的处理。厦门、深圳等城市采取了工程担保保函原件由建设行政主管部门委托建设工程交易服务中心或相关单位实施集中管理的方式，并取得了一定的成效。

厦门市规定，开展建设工程担保业务的专业担保公司应符合下列要求：到位的注册资本数额应当在8000万元人民币以上，注册资本中以现金形式注册的资本应当占70%以上；必须与至少一家以上厦门当地银行签订业务合作协议，并已实际开展企业融资担保业务；向厦门市建设工程交易中心提交在本市登记的银行业金融机构或注册资本1亿元人民币以上的企业对其在本市承接的建设工程担保业务承担总额

1亿元人民币的连带保证责任的担保书,并提交评估价相当于注册资本35%以上的、在本市房产主管部门办理登记的房产作为抵押担保。专业担保公司应在厦门市首次承接建设工程担保业务前及其后每年5月份向厦门市建设工程交易中心报送下列材料:公司股东构成、公司章程、营业执照、验资报告、上一年度审计报告、法定代表人身份证明等公司重要文件或证明材料;与厦门当地银行签订业务合作协议情况;公司开展担保业务的代偿情况说明;开展企业融资担保业务情况;公司从业人员的专业及结构情况。开展建设工程担保业务后,还应按下列要求提交相应资料:每季度第一个月15日前提交上一季度公司财务报表;公司如有重大事件(如股东变更、参与诉讼等),须在一个月内提交书面报告。

杭州市由市担保协会负责担保公司和担保合同的备案数据输入,市招标办负责银行保函备案和工程担保日常管理包括担保函原件收存管理、退还管理、担保违约管理、担保续约等数据输入,市建委网络终端具备担保统计分析系统和担保余额台账实时查询和统计功能,对工程担保全过程实行监管。其基本功能有:通过系统进行工程担保日常管理,包括对项目履约和支付担保的备案管理,担保函原件收存和担保到期原件取退还管理,担保违约、担保续约管理等,如根据到期日期和新增担保金额自动计算担保责任余额,对超过担保企业净资产10倍的担保业务进行自动限制,担保期限快到期前30天,系统开始自动提醒等;同时方便担保协会对专业担保公司的行为实行市场信用监管,专业担保公司在杭州市从事建设工程担保业务过程中有不良行为的,由担保协会记录并上网公告。

**制定出台全国统一的诚信标准。** 2006年,为推进建筑市场信用体系建设取得突破和实质性进展,建设部制定了全国统一的诚信标准,使建筑市场诚信体系建设有了统一的认定标准和基础的信息来源。

为适应建筑市场的现状和动态监管工作的需要,规范建筑市场各方主体的违法违规行为,营造诚实守信的市场环境,从2006年初起,建设部组织了对湖南、山东、河北、江苏、浙江、安徽和广东等省市的调研,召开了十几个专题座谈会,听取了有关部门、协会和企业单位的意见和建议,并同时上网征求全国意见，根据各方意见，进行了多次修改和完善，12月底通过建设部常务会议审核。2007年1月，建设部正式颁布施行了《建筑市场诚信行为信息管理办法》和《建筑市场各方主体不良行为记录认定标准》，这是全国建筑市场信用体系建设工作迈出的重要一步，标志着我国建筑市场信用体系建设工作迈上了一个新台阶，进入了一个新时期，将使全国建筑市场信用体系建设和运行实现统一化、制度化、规范化。

建设部要求，省会城市、计划单列市以及基础条件较好的地级城市要在2007年6月30日前，按照《建筑市场诚信行为信息管理办法》的要求，建立本地区的建筑市场综合监管信息系统和诚信信息平台。其他地区在2007年年底前也要全部启动这项工作，推动建筑市场信用体系建设的全面实施。

《建筑市场诚信行为信息管理办法》明确了涉及建筑市场9方主体的范围，即建设单位、勘察、设计、施工、监理、工程检测、招标代理、造价咨询、施工图审查等单位；明确了诚信行为信息的内容；对部、省、市、县各级监管部门的工作职责进行了界定，并提出要充分发挥行业协会在信用体系建设中的积极作用；重点对不良行为记录信息的采集与共享提出了明确要求，强调采集主要通过市县建设行政主管部门及其委托的执法监督机构，结合市场检查、质量安全监督及政府的各类执法检查、监督、举报和投诉等工作来实现；同时，强调各地建设行政主管部门要通过加大管理资源整合和组织协调，完善建筑市场与工程现场联动的业务监督体系，在健全建筑市场综合监管信息系统基础上，逐步建立向社会开放的建筑市场诚信信息平台，在信息平台建设上，要加强信息共享，为避免重复建设与资源浪费，可依据各地有形建筑市场的资源优势来实施。关于诚信信息公布与利用，《办法》明确规定，不良行为记录信息的公布时间为行政处罚决定做出后7日内，公布期限一般为6个月至3年；良好行为记录信息公布期限一般为3年，法律、法规另有规定的从其规定。公布内容应与建筑市场监管信息系统中的企业、人员和项目管理数据库相结合，形成信用档案，内部长期保留。属于《建筑市场各方主体不良行为记录认定标准》范围的不良行为记录除在当地发布外，还将由建设部统一在全国公布。

本着先易后难的原则，在《建筑市场责任主体不良行为记录认定标准》中，建设部提出，不良行为记录认定标准目前应以建筑市场各方主体在工程建设过程中违反有关工程建设的法律、法规、规章或强制性标准和执业行为规范，经县级以上建设行政主管部门或其委托的执法监督机构查实和行政处罚事项为主，将来再逐步补充完善其他内容，使该标准具有一定普遍性，便于全国统一执行。在确定具体内容时，提出该标准应体现维护国家利益、国家安全、社会和谐、建筑市场秩序和促进社会经济发展；体现维护群众利益，包括社会热点和焦点问题；体现层级监管和区域监管，国家标准具有普遍约束，同时允许各地制定实施细则，便于施行和开拓创新；体现方便操作、行业接受、主体理解、社会认可的原则。《建筑市场责任主体不良行为记录认定标准》目前共计175条，重点强化了对社会反映强烈的建设单位行为的规范问题，突出了建筑许可、市场准入、招标投标、承发包交易、质量管理、安全生产、拖欠工程款和农民工工资、治理商业贿赂等相关内容。

**采用信息化手段加强建筑市场监管。**2006年，一些省市采用信息化手段，通过建立"建筑市场监管信息系统"，及时采集和分析工程建设项目、建筑市场有关企业和专业技术人员的信息，实现了对建筑市场主体行为、工程建设项目流程的动态监管，增强了各级建设行政主管部门制定政策、作出重大决策的科学性和针对性，从而更加有效地对市场进行监管。信息化手段的应用，极大地提高了行政效率和监管能力。

> 青岛市建委建管局2006年3月在全国率先研发出"建筑市场监管信息系统"，使工程监管方式发生了革命性的根本转变。
>
> **九大功能实现全方位管理**
>
> ——行政事项办理。该系统真正将电子政务实现于建管全过程，做到了"用一套系统，办各类事项"。
>
> ——招标投标管理。全过程实现电子管理、监控。
>
> ——工程建设监管。将招投标、工程报建、质量安全、建筑队伍和造价定额管理，以及执法检查、从业人员资格、企业信用考核等信息资源进行整合，彻底根除了"条块分割、各自为政"的现象。
>
> ——施工现场监控。监督检查人员在施工现场使用PDA掌上电脑和数码相机等设备，将监督检查意见、工程图片资料记录存储后，通过蓝牙技术传输到信息系统，同时通过互联网络与施工现场的视频

监控系统实现了在线连接，使施工现场质量安全实现有效受控和无缝隙覆盖。

——质量检测管理。对全市检测人员实行IC卡身份识别，检测试验样品条码标识，检测数据自动采集，检测结果自动上传，检测报告自动打印，出现不合格项目时自动报警。目前，青岛已对全市68家检测试验单位进行覆盖式监控，从机制和手段上彻底铲除出具虚假报告的土壤。

——建筑队伍管理。所有在青施工企业、监理企业及项目经理、项目总监的相关信息全部存储在系统数据库内，工程款及农民工工资拖欠信息在网上一目了然，恶意欠薪企业及恶意讨薪者被列入黑名单，并可实时查询、导出、更新等，实现了对所有企业和个人市场行为的全方位监管。

——工程定额管理。将施工全过程各阶段标准计价模式下的各种数据传输至信息数据库。信息系统将各种类别的市场信息进行自动分析，按服务对象的不同加以处理，为造价管理部门、投资方、施工企业、造价咨询单位提供所需信息。

——信用管理考核。将青岛市建设工程责任主体四个考核办法数字化、数模化，对企业生产经营情况、项目经理、总监个人执业情况等进行全面量化、计分考核，各类信息全部动态即时显示，管理考核结果直接与工程招投标，企业资质升级、增项，个人执业资格，评优评先挂钩联动。

——数据查询分析。

**五大特点构筑监控评价中心**

——管理信息集成化。各类工程管理信息高度集成，做到了"一个体系运行、一个标准界定、一个平台运作"，使该平台成为建筑市场的监控中心、工程信息的查询中心、信用评价的发布中心、建筑经济的分析中心。

——政务办理网络化。目前，青岛建委建管局超过70%的政务事项实现了网上办理，25%的工程项目建管手续启用了电子签章技术；机关办公实现无纸化运作，提高了政务效率。

——工程监管数字化。全市所有建筑工程的地理分布信息准确定位在电子地图上,使用一台笔记本电脑,一个无线上网卡,通过互联网络,可以与施工现场视频监控系统实现在线连接,可随时组成一个流动监管平台,实现对全市工程分布、施工现场等信息的实时全方位监控。

——现场执法便捷化。执法检查内容、法律法规依据、检查处罚程序编入PDA掌上电脑软件。在施工现场,质量安全监督人员通过PDA掌上电脑,对工程管理等信息直接点取和录入,各类处罚单现场打印,所有信息通过蓝牙技术输入无线局域网信息系统,实现了信息无纸化即时采集。

——信用评价动态化。对施工企业、项目经理、监理企业的市场行为依照法规进行全面考核评价,监管信息动态即时显示,直接与工程招投标、企业资质、个人执业、评优评先等有效联动。(郝莹 宋广伟)

## (五)治理建设系统商业贿赂

2006年,中央决定在全国集中开展治理商业贿赂专项工作。2006年2月,在国务院第四次廉政工作会议上,温家宝总理直指商业贿赂给国家和社会带来的严重危害,并将工程建设列为治理商业贿赂重点领域之一。

建设部成立了专项治理商业贿赂领导机构,制定了《建设部治理建设系统商业贿赂实施方案》并向全国建设系统下发。《实施方案》把建设系统治理商业贿赂工作分为动员部署、对照检查、整改落实、巩固成果四个阶段实施。与此同时,《实施方案》还明确了坚持标本兼治,综合治理;坚持把握政策,维护大局;坚持属地管理,分级负责这三大"治贿"原则。2006年3月,建设部召集各地建设主管部门、企事业单位领导召开"全国建设系统治理商业贿赂电视电话工作会议",有关领导在会上强调,要充分认识建设系统治理商业贿赂的重要性,增强紧迫感;准确把握治理商业贿赂专项工作的总体目标、指导原则和重点工作;切实加强对治理商业贿赂专项工作的组织领导。各地建设行政主管部门按照统一部署,纷纷展开"治贿"工作,确立领导小组,出台实施方案。

**全面开展自查自纠。** 根据建设部《关于组织开展建设系统不正当交易行为自查自纠的实施方案》要求,多数地方和单位进行了查思想、查行为、查制度的对照检查,工作形式多样,查找问题深入。

**加大案件查办力度。** 2006年9月,建设部和最高人民检察院联合召开"建设系统商业贿赂违法犯罪典型案例分析暨工作交流会议",会上通报了20个建设系统内商业贿赂的典型案例,加大查处力度,加强警示教育。大部分省(市、区)及宁波、郑州、苏州、兰州、哈尔滨等城市建设行政主管部门设立了投诉举报电话和信箱,积极拓宽投诉举报渠道,在自查自纠、检查抽查的基础上,集中查处了一批商业贿赂案件。

**积极推进长效机制建立。** 各级建设行政主管部门和企事业单位对自查中发现的问题坚持边查边改,注重长效机制建设。建设部加大了修订《城市规划法》、《建筑法》等建设领域相关法律法规的力度,在部门规章的制定和修改中,增加了防范商业贿赂的条款。各地也将治理建设系统商业贿赂工作与整顿规范建筑市场相结合,建立健全治理商业贿赂的长效机制。如云南省提出"让权力退出,靠制度运行",从招标、投标、评标以及中标后监管等各环节入手,建立了一整套完善的办事规则。北京市、青岛市建委加强对奥运场馆及附属设施建设和其他重点工程建设项目的监督管理,完善监督责任体系和层级监督网络,确保"廉洁奥运"的实现。深圳市建设局通过严格执行不良行为记录、公示、评价以及惩戒制度,在工程建设领域树起一道预防商业贿赂的"防火墙"。河南省通过完善法规、加强诚信体系建设等措施推进治理商业贿赂的长效机制建设。

---

河南省初步建立健全了工程建设领域治理商业贿赂的长效机制。

**健全和完善工程建设领域治理商业贿赂的法规体系**

为保证建设行业健康发展,建立健全行业监督管理体系,河南省建设厅制定了《河南省建设工程交易实施意见》、《河南省房屋建筑和市政基础设施工程招投标监督管理办法》、《河南省建设工程评标专家和专家库的管理办法》。

各市建设行业主管部门也在自查自纠中边整边改,建立健全防范商业贿赂的长效机制。郑州市建委制定了《行政审批监督举报制度》、《建设工程质量监督责任制》、《行政执法工作实施意见》等一系列监督和内部管理制度。安阳市建委修改完善了《安阳市建设工程招标投标监督执法管理办法》、《安阳市建设工程施工招标评标办法》等监督管理规定。

**全面推行"阳光工程"，从管理上防治商业贿赂**

在建设系统打造"一站式办公"平台，实行"三公开、五不准"，使行政审批真正实现阳光作业。具体内容为，行政审批公开，不准超越职权违反规定程序办理审批手续、许可证或者拖延办理审批，不准滥用职权或者变相指定勘测、设计、施工、监理、咨询以及材料和设备供应单位或吃拿卡要、搞"关联交易"；行政审批监督和查处违法公开，不准擅自设立行政检查、处罚项目，或者随意改变执法程序、处罚幅度；采购公开，不准违反规定、合同约定搞私下交易，从中收取回扣、谋取好处，更不准利用职权，指定设备、建筑材料、构件配件供应商。

**推进诚信体系建设，完善市场监管体系**

河南省建设厅还下大力气建立健全建设领域的信用约束和失信惩戒机制。凡企业对建设系统有关工作人员进行商业贿赂的，经纪检监察机关或司法部门查实，一律记入建筑市场信用"黑名单"，并视情节相应降低行贿企业的资质等级，情节严重的将吊销其资质，直至清出河南省建筑市场。（唐鸿艺　秦华）

## （六）加强建筑节能管理

建筑节能在国家能源节约战略中具有重要地位。2006年8月，国务院颁布《国务院关于加强节能工作的决定》，《决定》将"建筑节能"作为要着力抓好的重点节能领域之一，指出："推进建筑节能。大力发展节能省地型建筑，推动新建住宅和公共建筑严格实施节能50%的设计标准，直辖市及有条件的地区要率先实施节能65%的标准。推动既有建筑的节能改造。大力发展新型墙体材料。"

**明确节能目标。**在国务院批准的《节能中长期专项规划》中，将建筑节能作为节能的重点领域，要求建筑节能在"十一五"期间要实现节约1亿t标准煤的规划目标。2006年7月27日，在全国节能工作会议上，建设部副部长仇保兴对"十一五"期间建筑节能工作的目标和战略作出部署。仇保兴副部长在会上对"十一五"期间的节能目标进行了分解,将1亿t标准煤的任务分别落实到新建建筑节能、既有建筑节能改造和可再生能源规模化应用三大领域之中:一是新建建筑节能。通过加强监管,改善节能设计标准执行情况,推动四个直辖市及有条件地区执行更高目标的节能标准,建设更低能耗、绿色建筑的示范项目。预计在"十一五"期间,新建建筑可实现节能7000万t标准煤的目标。二是既有建筑节能改造。工作思路是,突出重点,在北方采暖地区,结合供热体制改革,积极进行既有居住建筑节能改造,同步进行分户、分幢热计量改造和分室调温改造。在特大城市和大城市,进行政府办公建筑和大型公共建筑的节能运行与改造的试点。预计在"十一五"期间,这两部分可实现节能3000万t标准煤的目标。三是可再生能源在建筑中规模化应用。通过对太阳能与建筑一体化的光热、光电利用,浅层地热能向建筑物供暖制冷,预计在"十一五"期间,太阳能应用面积1.6亿$m^2$,浅层地热能应用面积2.4亿$m^2$,可实现替代常规能源960万t标准煤。

全国有29个省市制定了"十一五"建筑节能专项规划,明确了节能目标。如《北京市"十一五"时期建筑节能发展规划》提出,全市供热系统热效率平均提高10%,实现平均能耗降低10%以上,完成采用太阳能进行建筑供热的建筑100万$m^2$,采用地热源、污水源等可再生能源进行建筑供热的建筑1500万$m^2$,除农村自建低层住宅外,新建住宅将全面执行建筑节能65%的设计标准。完成25%既有建筑节能改造任务,供热系统节能改造将与既有建筑的改造配套进行。此外,还计划完成130万$m^2$政府机构办公楼节能改造;400万$m^2$住宅节能改造;3500万$m^2$公共建筑节能改造。力争到2010年全市建筑的单位面积平均采暖能耗降低17%,其中住宅建筑采暖平均能耗降低23%,公共建筑采暖能耗降低14.5%。

**实行建筑能耗核准制**。建设部规定,对超过2万$m^2$的公共建筑和超过20万$m^2$的居住建筑小区,实行建筑能耗核准制。建设单位应当将建设工程项目设计方案报县级以上人民政府建设主管部门进行建筑能耗核定,满足节能标准的,由建设主管部门出具建筑能耗审核意见书。城市规划主管部门在颁发《建设工程规划许可证》时,对未取得建筑能耗审核意见书的建设工程项目，不得颁发《建设工程规划许可证》，建设主管部门不得批准开工建设。

**新建建筑基本实现按节能设计标准设计**。截至2006年底，各地建设项目在设计阶段执行节能设计标准的比例为95.7%，施工阶段执行节能设计标准的比例为53.8%，与2005年相比，均提高了30多个百分点。

**既有建筑节能改造稳步推进**。在既有建筑节能改造方面，建设部提出对现有建筑进行大规模节能改造。同时，要求突出重点，在北方采暖地区，结合供热体制改革，进行既有居住建筑节能改造和热计量改造试点示范，摸索经验，逐步推广；在特大城市和大城市，进行政府办公建筑和大型公共建筑的节能运行与改造的试点。各地既有建筑节能改造也得到了稳步推进，新疆成功树立了严寒地区既有公建节能改造样板，南京既有建筑节能改造试点启动，河北唐山中外合作既有建筑节能改造项目完成。

**可再生能源在建筑中规模化应用取得实质性进展**。各地结合财政部、建设部大力推进的可再生能源建筑应用示范工作，组织了本地区的可再生能源建筑应用的推广，应用面积不断扩大。截至2006年底，全国城镇太阳能光热应用建筑面积为2.3亿$m^2$，浅层地热能热泵技术应用建筑面积为2650万$m^2$。

**建立健全建筑节能法律法规体系**。2006年，各地积极出台政策法规，建立健全建筑节能法律法规体系。如陕西省出台《陕西省建筑节能条例》，武汉市制定了《武汉市建筑节能与新型墙体材料应用管理条例》，深圳市颁布了《深圳经济特区建筑节能条例》，其他部分省市制定了政府令，这些法规和规范性文件的颁布和实施，使建筑节能工作走上了法制化和规范化的轨道，做到了有法可依，依法推进。

**强化建筑节能工作监管力度**。2006年11月28日至12月16日，建设部组织开展了全国建筑节能和城镇供热体制改革专项检查考核。内容包括全国26个省、自治区(西藏除外)，4个直辖市，5个计划单列市，26个省会(自治区首府)城市，26个地级城市建设主管部门贯彻落实国家建筑节能和城镇供热体制改革相关政策法规、技术标准及结合本地实际推进建筑节能工作的情况，以及抽查的610个工程项目执行节能强制性标准的情况。检查结果表明，2006年各地普遍加大了建筑节能工作力度，形成了较好的工作局面。纳入考核的除既有建筑节能改造目标没有完成外,新建建筑执行节能设计标准、可再生能源建筑规模化应用、城镇供热体制改革、建筑节能体制机制建设四项均完成了年度工作目标,为完成"十一五"建筑节能目标和任务奠定了良好的工作基础。结果显示,北京、上海、天津、重庆等四个直辖市建筑节能总体推进情况较好,其中北京、天津已率先全面实施节能65%的设计标准。陕西、辽宁、四川、湖北、福建、青岛、沈阳、成都、武汉、福州、深圳等省市建筑节能工作进展较好。甘肃、黑龙江、江西、广东、贵州、兰州、郑州、宁波、南昌、海口等省市在政策法规、技术标准、监管力度或管理体制等方面,还存在一定差距。建设部对检查中发现的58个违反建筑节能设计标准强制性条文的工程项目下发了执法告知书,将依据相关规定进行处理。

地方建设行政主管部门也采取措施,不断加大建筑节能监管力度。如山东省建设厅出台了《山东省建筑节能审查监督暂行管理办法》,要求工程项目竣工后须申请节能建筑认定,经认定评审符合节能标准要求才能颁发《山东省节能建筑认定证书》;未达到建筑节能强制性标准的工程项目,不予办理工程项目竣工验收备案手续。《上海市建筑节能"十一五"规划》提出,要依托建筑业项目管理流程,依法进行审查、监督与处置,构建多层次、多方位,属地化、网格化的建筑节能监管网络;要深入源头抓节能,加大建筑节能执法监管力度,形成依法管理的新构架。山西省出台《建筑节能设计专用章管理试行办法》,规定山西省今后所有新建、改建、扩建的民用建筑和既有建筑改造时,相关建筑设计单位应当按照建筑节能有关规定和设计标准进行节能设计,在提供的施工图设计文件中必须单独设立"建筑节能"专篇,具体载明节能措施、体形系数、平均传热系数、耗热量指标等具体节能内容。"建筑节能"专篇须加盖建筑节能设计专用章方为有效,否则相关节能审查机构不予受理。除"建筑节能"专篇外,今后由相关专业个人设计形成的节能设计文件在加盖"建筑节能设计专用章"时还需加盖个人的"建筑节能设计资格专用章",否则其节能设计文件将被认定为不合格。

## 三、创新发展,探索新路

乘着建筑市场繁荣兴旺的难得机遇,面对日益激烈的建筑市场竞争,迎合国家新时期经济发展的需要，适应我国发展战略调整的要求，为了赢得市场竞争的主动权，各类建筑企业都在企业的改革发展道路上积极探索和实践，进入了以制度创新、组织创新、管理创新、技术创新为特征的发展阶段。

## （一）政策引导，加快转型

**完善施工总承包特级企业资质管理。** 为引导建筑业企业成为技术含量高、融资能力强、管理水平高的龙头企业，促进建筑业企业向工程总承包发展，建设部对《建筑业企业资质等级标准》中施工总承包特级资质标准进行了修订，于2007年3月13日颁布了修订后的《施工总承包企业特级资质标准》。

此次修订按照"低端准入、高端放开"的指导思想和"两个增加、两个减少"的原则，"低端准入、高端放开"是指：凡进入市场的企业都要符合相应标准，中、小专业企业符合哪类标准干哪类活，不得突破承接业务范围，而综合实力较强的大企业达到特级条件，在相应的工程类别范围内可放开承担业务，不必单独领取各专业类别的证书。"两个增加、两个减少"是指：增加对企业科技进步含量和专业技术人员的要求，增加科技活动经费支出和设立企业技术中心等要求；减少对企业经济类指标和机械设备指标的要求。力求通过资质标准的引导作用，使企业注重科技含量的增加，注重管理水平和人员素质的提高，发展模式由规模型向效益型转变，逐步形成资金技术密集、管理先进、科技创新能力强的建筑业龙头企业。同时，推进高端企业与国际惯例接轨，转变施工组织模式，为开展设计施工一体化的工程总承包创造条件。

修订后的资质标准设定了企业资信能力、企业主要管理人员和专业技术人员、科技进步水平、代表工程业绩等4个方面的考核指标，涉及对企业资金状况、授信额度、人员能力、科技创新、工程管理等多方面的考核。同时，修订后的标准对建筑业企业承包业务范围进行了适当的调整，主要表现在三方面：一是针对当前存在不同程度的行业壁垒、市场封闭等现象，对特级企业跨行业承揽工程予以适当的放开；二是避免特级企业与一般企业在一个平台上的竞争；三是鼓励特级企业从事本专业各类工程的工程总承包和项目管理业务。

申请特级资质，必须具备以下条件：

**一、企业资信能力**

1. 企业注册资本金3亿元以上。
2. 企业净资产3.6亿元以上。
3. 企业近三年上缴建筑业营业税均在5000万元以上。
4. 企业银行授信额度近三年均在5亿元以上。

**二、企业主要管理人员和专业技术人员要求**

1. 企业经理具有10年以上从事工程管理工作经历。
2. 技术负责人具有15年以上从事工程技术管理工作经历，且具有工程序列高级职称及一级注册建造师或注册工程师执业资格；主持完成过两项及以上施工总承包一级资质要求的代表工程的技术工作或甲级设计资质要求的代表工程或合同额2亿元以上的工程总承包项目。
3. 财务负责人具有高级会计师职称及注册会计师资格。
4. 企业具有注册一级建造师（一级项目经理）50人以上。
5. 企业具有本类别相关的行业工程设计甲级资质标准要求的专业技术人员。

**三、科技进步水平**

1. 企业具有省部级（或相当于省部级水平）及以上的企业技术中心。
2. 企业近三年科技活动经费支出平均达到营业额的0.5%以上。
3. 企业具有国家级工法3项以上；近五年具有与工程建设相关的，能够推动企业技术进步的专利3项以上，累计有效专利8项以上，其中至少有一项发明专利。
4. 企业近十年获得过国家级科技进步奖项或主编过工程建设国家或行业标准。
5. 企业已建立内部局域网或管理信息平台，实现了内部办公、信息发布、数据交换的网络化；已建立并开通了企业外部网站；使用了综合项目管理信息系统和人事管理系统、工程设计相关软件，实现了档案管理和设计文档管理。

**四、代表工程业绩（略）**

**鼓励采用工程总承包、项目管理的建设方式。**2006年12月30日,建设部发布《建设工程勘察设计资质管理规定》。规定中明确,取得工程设计综合资质的企业,可以承接各行业、各等级的建设工程设计业务;取得工程设计行业资质的企业,可以承接相应行业相应等级的工程设计业务及本行业范围内同级别的相应专业、专项(设计施工一体化资质除外)工程设计业务;取得工程设计专业资质的企业,可以承接本专业相应等级的专业工程设计业务及同级别的相应专项工程设计业务(设计施工一体化资质除外);取得工程设计专项资质的**企业,可以承接本专项相应等级的专项工程设计业务。规定特别明确,**取得工程勘察、工程设计资质证书的企业,可以从事资质证书许可范围内相应的建设工程总承包业务,可以从事工程项目管理和相关的技术与管理服务。

2007年6月26日,建设部发布《建筑业企业资质管理规定》。规定中明确,建筑业企业资质分为施工总承包、专业承包和劳务分包三个序列。取得施工总承包资质的企业(以下简称"施工总承包企业"),可以承接施工总承包工程。施工总承包企业可以对所承接的施工总承包工程内各专业工程全部自行施工,也可以将专业工程或劳务作业依法分包给具有相应资质的专业承包企业或劳务分包企业。取得专业承包资质的企业(以下简称"专业承包企业"),可以承接施工总承包企业分包的专业工程和建设单位依法发包的专业工程。专业承包企业可以对所承接的专业工程全部自行施工,也可以将劳务作业依法分包给具有相应资质的劳务分包企业。取得劳务分包资质的企业(以下简称劳务分包企业),可以承接施工总承包企业或专业承包企业分包的劳务作业。**规定特别明确,**取得建筑业企业资质证书的企业,可以从事资质许可范围相应等级的建设工程总承包业务,可以从事项目管理和相关的技术与管理服务。

**鼓励设计、施工一体化的发展。**为推进专业工程总承包发展,加强对建筑市场的监管,结合有关专业工程的具体情况,2006年3月建设部组织制定了《建筑智能化工程设计与施工资质标准》、《消防设施工程设计与施工资质标准》、《建筑装饰装修工程设计与施工资质标准》、《建筑幕墙工程设计与施工资质标准》。推进企业对于相关的专业工程设计、施工一体化业务的承揽,减轻企业取得多项资质的负担,推进企业的发展。

## (二) 业务调整，链条延伸

2006～2007年，企业经营结构发生了深刻变化。国资委管理的建筑业企业集团（总公司）和一些地方骨干企业，整合内部资源，加强对外合作，突破了单一工程承包的经营方式，形成了以建筑业为主体的多元化主营业务板块。内容涉及工程承包、勘察设计、技术装备制造、资源开发、工业、房地产业等方面。主营业务的板块化经营，与过去的"一业为主、多种经营"有着本质的区别。每个经营板块往往是具有专业特长和专有技术，市场占有率高、核心竞争力强，规模化、产业化的经营实体。这种经营结构增强了企业抵御经营风险的能力，拓展了企业的经营领域和盈利空间。一些地方建筑业企业也从单一的房屋建筑向市政、交通、水利等工程建设领域，以及附加值高的专业施工领域扩展。江苏、浙江等地一些经济实力较强的民营企业走上了工程承包、房地产开发、置业一体化的路子。大型建筑施工企业围绕业务链条优化调整及多承包领域拓展，继续向综合化方向发展。其中共同的规律是：

**走开发建设一体化、设计制造施工一体化道路。** 随着我国经济的平稳较快增长及城市化进程的加快，居民持续改善居住条件需求的增加，以及我国经济社会的强劲发展势头对海外投资者和置业者的吸引，很多企业将房地产开发作为今后重要的业务领域。继前些年一些建筑类的上市公司将主营业务转向房地产开发之后，目前涉足房地产的建筑施工企业越来越多，绍兴100多家建筑企业都涉足房地产开发，并投资机械制造、发电、宾馆等其他行业。一些企业房地产开发的营业额、创造利润所占比重不断加大。

在冶金、化工、铁路等类型的建设项目中实行设计施工一体化建设方式的项目不断增加，效果良好。在建设工程装饰装修等领域还出现了设计、制造、施工一体化建造模式。

苏州金螳螂建筑装饰股份有限公司在装饰工程中以设计为主导，实现装饰业务的设计、制造、施工一体化生产，把设计、制造和施工紧紧"捆绑"在一起，从设计出发，在施工模式中，通过探索、运用工业化、现场装配化等先进的技术手段和设备，从根本上保证了各种装饰产成品的生产品质，使每一项工程既保证了质量和工期，又达到了国家环保标准，能为客户创造更高的价值。通过设计为主导，以设计带动施工业务的一体化生产模式，既实现了产业链的延伸，又大大提高了生产效率，保证了公司核心竞争力的形成和提升，产生了良好的经济和社会效益，金螳螂已连续四年被评为中国建筑装饰百强企业第一名。2006年11月20日，公司股票在深圳证券交易所挂牌上市，成为中国建筑装饰行业第一家上市公司。

**围绕市场需求，拓展承包领域。**一些大型建筑业企业在新一轮结构调整中把握机遇，结合国家政策走向和企业自身实际，重新审视调整市场定位，在谋求主业发展的同时寻找新的经济增长点。近年来，交通（包括铁路、公路、码头）、城市基础设施建设步伐日益加快，投资不断加大，"十一五"期间，大批交通及城市基础设施建设项目蕴含着无限商机，不少企业抓住建设市场提供的难得机遇，拓展经营领域，期望在相关基础设施领域取得较大的发展。

> 中国铁路工程总公司业务结构调整方向是逐步形成传统建筑业、上游产业、海外业务、房地产业、工业制造、咨询监理和勘测设计"六大业务板块"。中建总公司未来将加大力度调整主营业务结构，力争"十一五"期间在海外经营、房地产业、基础设施三个方面有大的突破。中国水利水电建设集团公司将在巩固扩大国内水利水电建筑市场份额的同时，加大水电以外建筑市场的开拓力度；加大对水电等优质电源项目的投资开发力度；稳健拓展房地产、相关设备制造与租赁业务。葛洲坝集团公司已形成以水利水电工程施工为核心业务，以建筑工程为传统主业，以水电、公路等基础设施投资开发经营、房地产开发经营为新兴主业的集中多元化经营格局。北京建工集团目前以房屋建筑、市政基础设施、装饰、工业、房地产五大板块及其他行业为业务组成，未来五年经营结构调整目标为工程建设、房地产开发与物业管理、工业、市政基础设施运营和服务业。天津水泥工业设计研究院有限公司根据"相关多元化"原则，在强化科研设计等传统业务的同时，围绕为水泥制造商提供全面服务的战略定位，适度进行了产业链的延伸，企业已从单一业务的专业设计院发展成为集科研开发、设计咨询、工程总承包、装备制造、备件服务于一体的大型综合性科技产业集团。

**投资、总包、制造、管理、咨询并举。**向技术、资本含量高的相关领域拓展,通过提高经营业务的资本、技术含量,获取较高回报,向高端市场迈进,是许多企业孜孜探求的发展道路。一些企业在国际国内两个市场上,寻找投资机会,选择投资项目,建立健全投资决策和风险评估制度,通过强化资金的统一管理,集中企业内部资金和商业化筹措,整合所属企业投资业务,资本运营取得硕果。投资业务的发展有力地带动了经营结构的优化升级,拉动了主营业务的发展,也带来了建筑业企业承包方式的变革。一些大型建筑业企业发挥集团技术、管理、资金、人才的优势,整合集团内部设计和施工力量或投资并购设计单位,增强了企业服务功能。设计—采购—施工(EPC)、设计施工一体化等方式的工程总承包,以及项目管理已经成为一些大型建筑业企业的主流承包方式。建造—转让(BT)、建造—经营—转让(BOT)等投融资项目建设方式也在市政、公路等工程项目,以及政府工程项目中广泛采用。有些建筑业企业在施工总承包项目中承担了施工图深化设计业务。有些企业以少量投资获得建设项目部分股权,取得总承包权,通过投资带动工程承包。还有一些企业依托自身活动的工程承包领域,发展相关的大型施工机械设备、工程项目相关机械设备、装饰装修部件、配件的制造,凭借自身需求和工程的带动效应,一些企业确立了新的经济增长点,走出了成功之路,创出了一批如振华港机等国际知名制造品牌。注重工程建设管理经验、注意技术的研发积累,培育管理咨询能力,提高企业投入产出水平,也是企业转型升级的重要举措。

> 北京城建集团有限责任公司三个工程总承包部,业务遍布30个省、自治区、直辖市。工程总承包的合同额、实际完成营业额已达到设计和施工主营业务的30%以上。中冶科工集团以EPC方式承建的首钢冷轧薄板项目合同额达35亿元。以BT方式承建的唐山宝业集团公司260万t钢铁配套项目,以BOT方式承建的广西马江至梧州高速公路总投资都将取得良好的工程效益和投资收益。

### (三) 联合重组,做强做大

**企业重组,优势互补。**建筑业企业数量众多,行业集中度低,竞争激烈,在市场竞争中具有技术、管理、装备、专业等独特优势的大型企业日益显示出强劲的竞争力。2006～2007年,面对激烈的市场竞争,企业间强强联合、优势互补、推动企业做大做强的趋势更加明显。通过联合重组，形成具有较强综合竞争力的大型企业集团，使企业经营范围扩展，市场资源互补，优势更加突出，核心竞争力大幅提升。

北京：2006年11月30日，北京基础设施建设行业的两大骨干企业"北京市政"和"北京路桥"强强联合，组建北京市政路桥建设控股（集团）有限公司。

新成立的"北京市政路桥控股"注册资本金10亿元，总资产150亿元，员工17600人。2005年的综合经营额完成144亿元，实现利润2.37亿元，"市政"和"路桥"两家同时进入"中国500强"和"北京市百强企业"。合并重组后，仅静止排名，"市政路桥控股"就将进入全国前200名之内。拥有1个市政公用工程总承包和2个公路工程总承包特级资质，及相关领域36项行业最高资质。双方的互补性，使"北京市政路桥控股"的优势更加突出。通过施工能力上的互补，经营范围将扩展到市政、交通、建筑工程的规划、设计、施工、监理和运营、房地产开发、技术开发咨询、建筑材料生产和市政设施养护、公路养护绿化等各个领域；通过市场资源的互补，新公司在北京基础设施建设市场的综合占有率将达到50%以上，在基础设施养护、路面材料等领域将占据绝对的市场优势。（李媛）

重庆：重庆建工集团与重庆城建集团重组整合。重庆建工集团拥有重庆市惟一的房屋建筑工程施工总承包特级资质和多项业务领域一级、甲级资质；集团总资产55.80亿元，净资产9.86亿元，2002年以来连续5年入选中国企业500强，2004年起入选中国建筑承包商60强。重庆城建集团2001年成立，拥有市政公用工程总承包一级、桥梁工程专业施工总承包一级和代理业主资质甲级等多项业务领域资质，总资产16.7亿元，净资产3.3亿元，是该市从事特大型桥梁、市政工程和房屋建设的市属国有重点企业。此次重庆建工和重庆城建重组整合成立新的重庆建工集团，是优化国有资产配置、做大做强国有建筑企业的重要举措，有利于企业用好资源平台，进军桥梁、隧道、高速路等高端建筑产品，实现国企总资产大幅增加、核心竞争力大幅提高，负债率进一步降低。（蔡旭红）

**省际建筑业展开合作**。2006~2007年，省际之间建筑业呈现出打破地域限制、优势互补、资源共享、增强协作、共谋发展的趋向。重庆市和江苏省签署了《关于加强苏渝两地建筑领域交流与合作框架协议书》，就促进建筑业发展达成7项协议。青海和江苏也签订了构建两省建筑业双边协调、沟通机制，促进两省建筑领域全面合作的框架协议。北京市建委与安徽省建设厅签署了《京皖建筑劳务合作意向协议书》，希望通过建立建筑劳务基地的方式，在双方原有的良好合作的基础上，加强对劳务人员的组织领导、制度规范、业务技能培训和职业道德建设，进一步提高队伍素质，发挥各自优势，建立起长期、稳定的劳务合作关系，达到双方共赢的目标。河北省建设厅在山西太原市召开河北—山西建筑业发展合作座谈会，希望两地创新建筑业发展合作机制，建立两地相关组织的沟通、协商交流机制，加强建筑业发展合作战略研究，促进建筑业的共同发展。陕西、四川、贵州、新疆等西部地区的建工集团也就西部地区建筑业共同发展的问题进行了交流、研讨。

**青海江苏两省就相关合作内容达成8项协议：**

进一步加强两省在建筑业领域等方面的交流与合作。相互交流先进的管理方式、行之有效的管理办法和经验。建设行政主管部门和行业协会每年轮流举行两省建筑行业的对口交流和互访活动，围绕一些重大问题或重要事项，不定期地组织相关人员到对方考察学习，逐步建立重要文件、资料交换制度，以加强信息交流，实现资源共享。

积极支持对方在本辖区内设立办事机构。在对方建设厅、局的指导下，对进入辖区内的本省建筑业企业和建筑劳务人员进行统一管理，并做好协调服务。

积极支持对方省的建筑业企业到本辖区内从事与其资质相符的相关业务。对进入双方辖区并已备案的建筑业企业，双方建设行政主管部门都要与本辖区企业一视同仁，在评优评先等方面给予关心和支持。

相互支持建筑劳务输出和输入。两省企业可自愿在对方省内选择若干县(市)建立相对固定的建筑劳务基地，由企业指定符合企业特定要求(技术、规程、企业文化等)的培训机构，负责定点定向进行岗前培训，培训合格者，由提出培训要求的企业优先安排上岗。双方省建设厅（局）为培训工作提供支持、帮助和服务。在现阶段，江苏方面要积极鼓励本省建筑业企业使用青海省建筑劳务并提供相应的帮助，青海方面要积极妥善地协助处理劳务分包合同中的纠纷。

积极鼓励、支持两省建筑业企业或个人通过参股、控股、兼并、收购、联营等方式参与对方省建筑业结构调整。

对进入双方辖区的建筑业企业人员执业资格证书、职业岗位证书及培训合格证书予以互认。

为提高青海省建筑业企业综合素质，江苏方面要为青海省建筑业企业经营管理和专业技术人员在江苏省建筑业企业中挂职学习提供方便并协助做好相关工作。

如发生突发事件，双方要及时沟通协调并妥善处理，以维护两省社会和谐与稳定，促进两省建筑业健康发展。（翟立）

## （四）市场开拓，"两外"并举

外埠市场和海外市场，是企业在市场竞争中的制胜要着。民营建筑企业对于新的有希望的市场敏感并能够采取果断行动，根据国家发展战略的调整变化及时转变地域经营策略，不断开拓新的外埠市场，浙江民营企业三次拓展市场的经历十分具有代表性：对上海市场的开拓，长江三角洲、珠江三角洲和环渤海地区市场的开拓，西部、东北、中部市场的开拓。外埠市场的不断拓展，成为民营企业始终保持旺盛活力的重要支撑。

2006～2007年，建筑业企业在海外市场竞争中，抓住国家鼓励和支持有实力企业"走出去"的历史机遇，积极推进"国际化"战略的实施，加大海外市场开拓力度。海外经营取得重大突破。央企仍然是我国对外承包工程的主力军。在2006年我国对外承包工程业务完成营业额前50名企业中，央企占到29家，占58%；营业额为110亿美元，占52.2%。2006年对外承包工程业务完成营业额前五位的地方分别是上海、江苏、广东、浙江和山东。在2007年度全球最大225家国际承包商中，中国交通建设集团有限公司、中国建筑工程总公司、中国水利水电建设集团公司、中国机械工业集团公司等49家中国承包商跻身全球225强，比2006年度增加了

3家(表1-8)。

中国承包商入选2007ENR全球225强排名　　表1-8

| 序号 | 公司名称 | 排名 |
|---|---|---|
| 1 | 中国交通建设集团有限公司 | 14 |
| 2 | 中国建筑工程总公司 | 18 |
| 3 | 中国水利水电建设集团公司 | 51 |
| 4 | 中国机械工业集团公司 | 55 |
| 5 | 中国铁路工程总公司 | 67 |
| 6 | 中国石油工程建设(集团)公司 | 70 |
| 7 | 上海建工(集团)总公司 | 73 |
| 8 | 中国土木工程集团公司 | 82 |
| 9 | 中国铁道建筑总公司 | 83 |
| 10 | 中国化学工程集团公司 | 88 |
| 11 | 中国石化集团中原石油勘探局 | 90 |
| 12 | 中国冶金科工集团 | 95 |
| 13 | 中国水利电力对外公司 | 97 |
| 14 | 中信建设有限责任公司 | 98 |
| 15 | 哈尔滨电站工程有限责任公司 | 102 |
| 16 | 山东电力基本建设总公司 | 115 |
| 17 | 中国海外工程有限责任公司 | 122 |
| 18 | 青岛建设集团公司 | 126 |
| 19 | 中地海外建设有限责任公司 | 137 |
| 20 | 中国东方电气集团公司 | 138 |
| 21 | 中国江苏国际经济技术合作公司 | 140 |
| 22 | 中国万宝工程公司 | 143 |
| 23 | 浙江省建设投资集团有限公司 | 144 |
| 24 | 中国有色金属建设股份有限公司 | 145 |
| 25 | 中国机械进出口(集团)有限公司 | 147 |
| 26 | 上海电气集团股份有限公司 | 148 |
| 27 | 中国葛洲坝集团公司 | 150 |
| 28 | 中国大连国际合作(集团)股份有限公司 | 154 |
| 29 | 中国河南国际合作集团有限公司 | 155 |
| 30 | 中国中原对外工程公司 | 158 |

续表

| 序 号 | 公 司 名 称 | 排 名 |
|---|---|---|
| 31 | 中国石油天然气管道局 | 159 |
| 32 | 山东电力建设第三工程公司 | 161 |
| 33 | 中国上海外经(集团)有限公司 | 163 |
| 34 | 北京建工集团有限责任公司 | 168 |
| 35 | 南通建工集团股份有限公司 | 171 |
| 36 | 江苏省建设集团公司 | 177 |
| 37 | 威海国际经济技术合作股份有限公司 | 179 |
| 38 | 北京住总集团有限责任公司 | 185 |
| 39 | 中国武夷实业股份有限公司 | 187 |
| 40 | 江苏南通三建集团有限公司 | 188 |
| 41 | 中国石油天然气管道工程有限公司 | 189 |
| 42 | 中国寰球工程公司 | 192 |
| 43 | 中国江西国际经济技术合作公司 | 193 |
| 44 | 中国成套设备进出口(集团)总公司 | 197 |
| 45 | 重庆对外建设总公司 | 201 |
| 46 | 山东宏昌路桥工程有限公司 | 206 |
| 47 | 上海隧道工程股份有限公司 | 211 |
| 48 | 辽宁省国际经济技术合作集团有限责任公司 | 216 |
| 49 | 广东新广国际集团有限公司 | 219 |

中国铁建中土集团公司依托中国铁道建筑总公司整体优势,在海外大型、特大型项目承揽上,连续三次刷新中国对外承包工程单体合同额最高记录:合同金额12.7亿美元的土耳其高速铁路项目,是中国建筑企业在欧洲承揽的最大项目;与中信联合中标的总金额57.5亿美元的阿尔及利亚高速公路项目,是中国公司在国际工程承包市场承揽的技术等级最高的设计施工总承包项目;中标总投资83亿美元的尼日利亚铁路项目,是中国公司在国际工程承包市场的最大订单。

天津水泥工业设计研究院有限公司抓住国际水泥工程市场的复苏机遇,及时调整经营战略,大力开拓海外市场,取得显著成绩,2006年新签EPC及EP合同11个,合同额23亿元,海外合同额占企业总合同额的60%以上。在推动水泥工艺技术出口的同时，把"中国制造"的国产化水泥技术装备成功地推向了海外市场，得到了客户的认可和赞同，这为该院在与国际同业跨国公司的竞争中抢得了先机，同时推动了国产化重大装备的出口。

## （五）组织调整，集合扁平

针对企业内部组织机构庞杂、管理成本高、效率低、资源难以优化配置的问题，2006~2007年，大型企业注重进一步加强企业内部组织结构重组，从企业发展战略出发，加大企业内部归并重组力度，减少管理层次、缩短管理链条，使企业内部资源得以优化配置，极大地提高了管理效率及经济效益，增强了市场竞争力。

中建总公司积极在全系统推进机构整合工作，近年来，全系统通过合并、撤销、歇业、改制剥离、产权转让等方式，中建总公司系统各级次、各类型企业户数比2001年减少了37%，其中，八个工程局所属各级机构比2001年减少了41%。机构整合工作自2002~2003年取得显著成效之后，2006年又有了新的进展。年初总公司完成了上海设计院的组建工作，一年间新签合同额比2005年组建前四个院上海地区累计数额翻了一番，更重要的是通过整合，实现了在区域内资源的优化配置，行业和区域市场的影响力和竞争力得到显著提升。工程局在上海地区的整合工作也取得了进展，中建三局将五个机构整合为两个，中建五局、七局也实现了在上海地区的统一管理。三局还通过对三家钢结构公司的整合，不仅实现了品牌的统一，还大大增强了市场竞争力，2006年完成的营业额是整合前（2004年）的3.5倍，效益更是增长了几十倍。

2006年，中国水利水电建设集团公司把子企业内部组织结构及资源重组整合改革作为深化改革的阶段性重点，部分工程局对经营业务类同、资源分散、规模不经济的二级单位进行了整合重组。中国化学工程集团公司完成了17家三级公司的撤并、整合，占三级公司总数的20%。

## （六）整合资源，集约发展

**积极拓展融资渠道。**2006年，建筑业企业积极拓展融资渠道，扩大融资范围，通过发行短期债券融资、争取银行授信额度等各种渠道多方筹集资金，保证企业发展的资金需求。企业普遍加强了与银行全方位合作，与多家银行签订战略合作协议，争取金融机构授信额度。一些企业与国内众多银行建立广泛的合作，取得银行综合授信（包含银行借款、承兑汇票、保函）额度；与国家政策性银行合作，取得政策性贷款；一些公司分期发行短期债券，以直接融资的方式筹措资金获得成功，改变了以往单一依靠银行借款的融资格局；企业还注意加大资产盘活力度，对原有部分物业资产进行开发或租赁，实现增值收益，取得现金流；同时，采取灵活多样的融资方式降低资金成本也为企业广泛采用，如企业在需要购置大量施工设备时，一方面通过采取设备招标方式，降低设备价款；另一方面采用承兑汇票、信用证等有利的支付方式支付部分设备款，降低了资金成本。企业还积极有效地降低融资费用，在需要资金时，经沟通、协商，各金融机构对公司的贷款利率均在人民银行基准利率基础上有所下浮；企业选择费率优惠的金融机构办理各类保函，对于金额较大的保函，企业采取向各金融机构公开竞价的方式，最大限度地降低融资费用。在企业的不懈努力中，相当一批公司在2006年的授信额度都创造了与银行合作的历史记录。

**加强自主创新，实现集约发展**。在中央和行业的大力号召下，大型建筑业企业以建设创新型企业为导向，以增强企业核心竞争力和可持续发展为目的，营造创新体系和技术研发运行机制，加大科技投入和推进科技创新的力度，已经成为企业应对日趋激烈的市场竞争的自觉行动。很多企业从长远发展的战略高度，把"科技兴企"作为企业发展的长远大计，开发出一批具有国际、国内领先水平的自有新技术，取得了丰硕的科研成果。

> 2006年，依靠技术创新，中国铁道建筑总公司全年共有54项科技成果通过省部级鉴定和评审，15项达到国际先进水平，24项达到国内领先水平；获得国家优质工程奖11项，其中金奖1项；詹天佑土木工程大奖4项；获得省部级科技进步奖20项；申请专利48项。
> 
> 由中国铁建十七、十二、十八局集团参建的胶新铁路，中国铁建十一局集团承建的扬州车站，中国铁建二十三局集团承建的吉安阳明大桥，中国铁建十四局集团承建的广州轨道交通三号线广州东站工程和中国铁建十五局集团承建、中铁建电气化局集团参建的南京城市快

速内环东线九华山隧道,获得中国建筑工程鲁班奖。

2006年,为进一步完善中国铁道建筑总公司科技创新体系,总公司研究制定了《总公司科技创新体系建设方案》,设立了技术委员会、专家顾问委员会、专业委员会和工程实验室。充分利用社会科技资源,聘用外部专家和技术人才为我所用,促进了技术创新向生产力的转换。通过原始创新、集成创新和引进、消化、吸收、再创新,不断加大科技开发力度,较好地解决了高原铁路、高速铁路、溶岩富水地质条件施工等技术难题,科技创新成效显著。(国资委网站)

加强科技创新的组织体系建设。建立科技创新组织机构是企业技术创新目标得以实施的前提和保证。很多企业注重加强适应企业发展需要的科技创新体系建设,为提高企业自主创新能力、实现企业做大做强提供强有力的支持。如中建总公司在工程建设行业较早开始技术中心建设工作,并始终把技术中心作为企业开展科技创新活动的主要载体平台。2006年,按照"虚实结合、分层负责、总体运作"的指导原则,中建总公司基本完成了以总公司技术中心为龙头,区域技术中心—专业技术中心为轴线,直属企业技术中心与科研、设计机构为基础,重点科研课题与工程项目为依托的科技研发体系建设,并积极推进以科技创新和重点攻关为核心内容的实质性运转。中冶科工集团以集团技术中心为主体,建立了10个工艺设备研发分中心和11个建筑技术研发基地,全面推进科技创新。2006年科技投入超过12亿元,比2005年增长了一倍,取得了达到国际国内领先水平的科技成果和具有自主知识产权的专有技术。2006年集团申请专利122项,获授权专利88项。中冶南方申报的"鞍钢1780mm大型宽带钢冷轧生产线工艺装备技术国内自主集成与创新"项目获国家科技进步一等奖。浙江省建设投资集团通过实施"182"工程加强科技创新体系建设,提升科技实力。

浙江省建设投资集团将积极实施"182"工程,寻求突破生产建设中的重大关键技术,争取一批拥有自主知识产权和具有国内领先水平的科技成果,大大提高科技成果转化率,全面提升集团的科技实力。"182"工程即:在集团总部建设1个国家级的技术中心"浙江建筑技术发展中心",在有关子公司构建8个省级的科研基地,同时发挥

> 设计院、技工学校这2个单位科技创新的作用，从而形成以"浙江建筑技术发展中心"为龙头，以子公司科研基地为基础的科研体系。同时，大力加强科技队伍人才建设，努力培育一支数量充足、结构合理、素质优良、勇于创新的科技人才队伍，形成比较完整的科研梯队，为集团发展提供智力支持和人才保障。（张辉虎）

不断加大科技创新投入。近年来，企业不断加大工程技术研发投入，通过技术创新，增强企业的技术优势和核心竞争力，创造培育企业新的市场和利润增长点。如北京城建集团公司明确要求"集团所属各单位均设立技术创新基金（或科技开发基金）。集团所属设计、施工、工业企业每年都要按上一年产值的一定比例提取技术创新基金，土建、安装单位不少于产值的2‰，勘察院、设计院、工业企业不少于产值的1%，并要逐年递增。集团技术中心集中上述资金的50%作为集团技术创新基金，各单位留存的50%作为本单位技术创新基金。"集团技术创新基金重点用于与集团发展战略相关的共性、关键性和中长期科技创新项目的研发和产业化。通过这种措施，一方面使集团的重大课题得到资金保障，另一方面激发集团各单位投身技术创新的热情（表1-9～表1-10）。

部分建筑业企业2004～2006年工程技术研发投入情况　　表1-9

| 企　　业 | 工程技术研发投入（万元） | | |
|---|---|---|---|
| | 2004年 | 2005年 | 2006年 |
| 中国建筑工程总公司 | 4442 | 35909 | 48000 |
| 中国铁路工程总公司 | 30497 | 43538 | 47761 |
| 中国化学工程集团公司 | 8498 | 10139 | 11899 |
| 中国铁路通信信号集团公司 | 381 | 512 | 630 |
| 中国葛洲坝集团公司 | 8453 | 8747 | 10000 |
| 上海建工集团 | 16184 | 20013 | 23060 |
| 河北建筑集团有限公司 | 6888 | 7893 | 8120 |
| 青岛建设集团公司 | 218 | 229 | 279 |
| 武汉建工股份有限公司 | 485 | 512 | 589 |
| 安徽建工集团 | 212 | 243 | 266 |
| 福建省闽南建筑工程有限公司 | 769 | 1543 | 1775 |
| 中冶集团上海宝冶建设有限公司 | | 5226 | 9268 |
| 中冶成工建设有限公司 | | 1831 | 3339 |

部分勘察设计企业 2004～2006 年科技活动费用支出情况　　表 1-10

| 企　业 | 科技活动费用支出总额（万元） | | |
|---|---|---|---|
| | 2004 年 | 2005 年 | 2006 年 |
| 中国建筑设计研究院 | 2376 | 3092 | 3252 |
| 中铁二院 | 2820 | 3775 | 4425 |
| 北京国电华北电力工程有限公司 | 1552 | 6541 | 12384 |
| 铁道第三勘察设计院集团有限公司 | 1738 | 2513 | 4877 |
| 天津水泥工业设计研究院有限公司 | 1336 | 1213 | 1365 |
| 中国联合工程公司 | 244 | 643 | 876 |
| 中国石化集团洛阳石油化工工程公司 | 3525 | 8173 | 20660 |
| 中冶京诚工程技术有限公司 | 14004 | 7800 | 11959 |
| 中冶赛迪工程技术股份有限公司 | 4027 | 7280 | 7273 |
| 中冶南方工程技术有限公司 | | 6100 | 7800 |
| 中冶焦耐工程技术有限公司 | 1080 | 2500 | 3575 |
| 中冶华天工程技术有限公司 | 111 | 2503 | 3486 |
| 五洲工程设计研究院 | 261 | 287 | 505 |

　　信息化带动技术进步。为全面提升企业核心竞争力，一些企业大力推广应用信息技术，用信息化加快传统产业改造和带动工程设计技术进步，依靠信息技术促进企业管理方式和生产方式的转变。2006 年，中建总公司信息化建设继续以打造"数字化中建"为目标，强化组织体系、规划建设。在决策层、管理层、操作层三个层面上形成了总公司信息化工作领导小组、总公司信息化工作推进组、总公司信息化工作办公室的体系架构，并结合总公司的"十一五"发展规划及结构调整需要，增加了对海外经营管理信息化、基础设施建设管理信息化、科技资源管理信息化的建设目标，使信息化规划更加有效。在信息化建设重点方面，继续以信息技术集成开发为切入点，不断改进提高企业网络信息系统，实现总公司国内外信息资源共享；推动固化信息向活化信息转变，促进设计与施工两大主业板块的联动性；积极推进电子商务模式；以信息化推动管理现代化，引领企业生产模式由流水方式向并行方式转变上下功夫，稳步推进总公司的信息化建设。2006 年，全年共有 2 项重点信息化建设项目获得省部级科技进步一等奖，近 10 项获得省部级科技进步奖。

"十五"以来，中国铁路工程总公司在总体规划、系统设计、分步实施的基础上，广泛推广应用计算机技术，开发实用软件，充分利用信息技术加快传统产业的改造，在企业施工、经营、劳资、财务、人事管理等诸多方面，先后实现了信息化管理，提高了企业管理的现代化水平。设计、施工、工业制造中 CAD、CAM 应用不断深化，提高了生产效率和质量。目前，全公司局域网数量达 260 多个，信息化建设资金投入约 4.5 亿元，总公司总部与所属各单位计算机网络互联互通，建立了总公司视频会议系统，实现了统一的信息发布和办公平台。

扩大国际、国内科技合作。2006 年，企业继续注重加强和扩大国际、国内技术交流与合作，积极与高等院校、科研院所建立多种形式的合作协作关系，充分利用地方、院校的力量和资源及一批高水平的研究基地，形成优化的科研环境和优势，技术创新能力和水平不断提高。

由北京建工集团公司及其研究院共同出资，成功实现了与欧洲最大的建筑技术研究机构 TNO 的合资合作，确立了科技合作的领域与重点课题，取得了与国际一流科研机构长期合作的实质性进展，为集团确立建筑节能新技术研发优势打下了良好基础，同时也将为引进国际先进的建筑技术与科研管理经验发挥重要作用。

以中铁二院为牵头单位，联合科研院所、施工单位、制造厂家实行强强联合战略，成立了中铁西南研发中心，将根据市场需求，提出具有前瞻性，系统集成的重大课题进行研究。在高速铁路技术开发方面，中铁二院与法国、德国、日本、韩国等多家铁路咨询公司进行交流、咨询及联合开发，取得了成效。

**政府出台政策推进建筑业技术创新。**为加快我国建筑业技术进步的步伐，全面提高技术创新能力，2006 年，国家及地方建设行政主管部门相继出台政策措施进一步加强建筑业技术创新。

2006 年 7 月，建设部发布了《关于进一步加强建筑业技术创新工作的意见》，就进一步加强建筑业技术创新工作提出了主要目标和具体要求。《意见》提出，到"十一五"期末，建筑业技术创新的主要目标是：基本形成与市场经济相适应的建筑业技术创新体系和工程项目组织管理方式；基本形成工程技术咨询体系和知识产权得到有效保护的技术市场体系；在主要工程技术领域达到国际先进水平，企业的研发能力和信息化水平有较大幅度的提高；培育一批具有国际竞争能力的工程总承包龙头企业，带动一大批中小型专业企业向"专、精、特"方向发展；建筑业科技贡献率提高6%～7%，劳动生产率提高10%。为确保主要目标的实现，《意见》要求，建立健全建筑业技术创新体系，建立以企业为主体、市场为导向、产学研相结合的技术创新体系；建立并完善知识产权保护与建筑技术转移机制；切实发挥工程设计咨询在建筑业技术创新中的主导作用；改革现行的设计施工生产组织管理方式，逐步改变设计与施工脱节的状况，实现设计与施工环节的互相渗透，提高工程建设整体效益和技术水平；引导和推动建筑业走新型工业化道路；加强建筑业新技术、新工艺、新材料、新设备的研发和推广应用；发挥技术标准在技术创新中的促进作用，进一步完善技术标准管理体制，加快创新成果向技术标准的转化进程；加速建筑业人力资源的开发与整合；进一步完善有利于建筑业技术创新的配套政策措施。

一些省市也出台政策，全力推进建筑业技术创新，如安徽省建设厅向全省建设系统发出通知，决定采取四项措施，进一步加强建筑业技术创新工作。青岛市建委建管局召开了全市建筑业技术创新工作会议，对下一步技术创新工作进行了部署，出台了《关于加强建筑业技术创新体系建设的指导意见》。

> **安徽**：一是尽快形成企业内部分工合理的研究开发体系。特级和一级总承包企业要建立企业技术中心，研究应用经济适用、快捷高效、质量保证、安全可靠的新技术和新工艺；专业承包企业要大力开发具有独立知识产权的专有技术，形成较强的专有技术优势。鼓励支持技术创新优势企业与有关高等院校或研究院所建立长期稳定的合作关系或联合组建多种形式的技术开发实体。二是各地应建立建筑业技术创新的激励机制，设立专项基金用于支持建筑业企业技术创新项目、开展技术创新人才培训和技术交流等活动。鼓励企业创建"科技示范工程"，引导企业发展自己的专有技术和工法。三是鼓励建筑施工企业加强技术积累与总结，制定企业标准。四是鼓励特级、一级和有专有技术特长的二级建筑施工企业发展自身施工图设计能力，各地可将经审查具备设计能力的上述建筑施工企业推荐给省厅，由省厅选

批一些建筑施工企业试行施工图设计工作。（王进魁）

**青岛：**一是深化改革，加快推进科技进步和技术创新体系建设。要建立健全以市场为导向、以企业为主体、产学研相结合的建筑技术创新体系。总承包类企业应重点发展管理技术和成套施工技术，大力发展各类专业施工详图的集成设计能力和项目策划、融资、施工、服务的综合管理能力；专业承包类企业应重点发展专业施工技术和专项工艺专利，大力开发独立知识产权的专有技术，形成较强的专项技术优势。二是大力开发、推广和应用新技术、新工艺、新材料、新产品。要加强建筑科技重点发展项目和关键技术的研究。大力推进企业技术管理标准化。要求特级企业要创出国家级工法，一级施工企业要创省级工法，一级以上企业每年还要有自己的企业工法，这将作为一项硬性的指标。三是要引导和推动建筑企业走新兴工业化道路。四是切实把建筑节能降耗和循环经济工作落到实处。要强化全行业的节约水平，积极组织节能产品的研发及施工技术的攻关。大力推进先进适用的节能建筑的施工技术，积极组织研究建筑垃圾、建筑废料、污水处理的收集及综合开发利用，促进绿色建筑的建设。五是创造良好环境，培养造就富有创新精神的人才队伍。要完善适合企业科技进步和技术创新发展需要的人才结构，不断发展壮大科技人才队伍，着力培养一批德才兼备、技术一流的尖子人才和行业科技领军人物，要勇于培养造就一批中青年高级专家。要建立健全激励机制，鼓励技术人才加快技术创新，激发技术人才努力实现自身价值的积极性。（宋广伟）

一些地方提出要加大推广应用新技术的力度，通过新技术的推广应用，为企业高速、优质、低耗完成工程建设任务起到积极的促进作用。如：

山东省提出，"十一五"期间，重点开发和推广应用高强高性能混凝土技术、建筑节能技术、钢结构技术、预拌砂浆技术、地基加固基坑工程施工技术、混凝土施工技术、超高层建筑施工技术等7项关键技术。

河南省建筑业将着力推广应用10项新技术。今后，凡通过省级建筑业新技术推广应用示范工程验收的单位，可以作为企业评先、项目经理升级、企业资质等级升级及建筑工程招投标的主要业绩。这10项新技术包括深基坑支护技术、复合土钉墙支护技术、高性能混凝土技术、清水混凝土模板技术、清水混凝土技术、冷轧带肋钢筋焊接网技术、粗直径钢筋直螺纹机械连接技术、预应力施工技术、新型模板及脚手架应用技术、液压自动爬模技术等。河南省建设厅规定，凡通过省级建筑业新技术推广应用示范工程验收的企业，资质升级年限可由3年缩短为2年；示范工程验收后，按有关规定可申报科技成果推广奖，奖励级别等同科技进步奖。"中州杯奖"的评选、"鲁班奖"的推荐，也优先从"河南省建筑业新技术应用示范工程"中遴选。

**工法**：工法是以工程为对象，运用系统工程的原理，把先进技术和科学管理结合起来，经过工程实践形成的综合配套先进施工方法，服务对象是工程，核心是工艺，具有系统性、科学性、实用性，它不单纯是施工技术，是企业管理与技术标准的重要组成部分。2005年8月，建设部修订颁布了新的《工程建设工法管理办法》，中国建筑业协会下发了《国家级工法编写与申报指南》。

**国家认定企业技术中心**：国家发展和改革委员会、科技部、财政部、海关总署、国家税务总局等五部门联合制定并发布了《国家认定企业技术中心管理办法》，《办法》自2007年5月20日起施行。《办法》提出对国民经济主要产业中技术创新能力较强、创新业绩显著、具有重要示范作用的企业技术中心，国家予以认定并给予相应的优惠政策，以鼓励和引导企业不断提高自主创新能力。《办法》明确，国家发改委等五部门负责国家认定企业技术中心的认定工作，每年组织认定一次，受理申请的截止日期为每年5月15日，国家发改委牵头对企业技术中心建设进行宏观指导，并牵头负责认定的具体组织和评价工作，每两年进行一次评价。申请企业应当具备以下基本条件：有较强的经济技术实力和较好的经济效益，在国民经济各主要行业中具有显著规模优势和竞争优势，领导层重视技术创新工作，具有较强的市场和创新意识，能为技术中心建设创造良好的条件；具有较完善的研究、开发、试验条件，有较强的技术创新能力和较高的研究开发投入，拥有自主知识产权的核心技术、知名品牌，并具有国际竞争力，研究开发与创新水平在同行业中处于领先地位；拥有技术水平高、实践经验丰富的技术带头人,拥有一定规模的技术人才队伍,在同行业中具有较强的创新人才优势;技术中心组织体系健全,发展规划和目标明确,具有稳定的产学研合作机制,建立了知识产权管理体系,技术创新绩效显著;企业在申请当年的5月15日起向前推算两年内,未发生过税收违法行为受到行政刑事处理,涉嫌涉税违法已被税务部门立案审查或走私行为等情况;已认定为省市(部门)认定企业技术中心两年以上;科技活动经费支出额不低于1500万元,专职研究与试验发展人员数不低于150人,技术开发仪器设备原值不低于2000万元。

## (七)产权改革,增强活力

**政策动向**。2006年以来,国家加大了对国有企业进行股份制改造的力度,要求采取多种方式加快国有企业股份制改革步伐。除了涉及国家安全或国家产业政策禁止外资、民营资本投资的行业外,其他国有企业要逐步改制为多元股权的公司,优化国有经济布局和结构,继续推动国有资本向关系国家安全和国民经济命脉的重要行业与关键领域集中,完善国有资本有进有退、合理流动的机制,充分发挥国有企业的骨干带动作用。实现投资主体多元化,大力发展混合所有制经济,积极推进符合条件的大中型企业到境内外上市,条件成熟的要争取整体改制上市或主营业务整体上市,不具备整体上市条件的也要将优良主营业务资产逐步注入上市公司,进一步把上市公司做优做强。继续推进国有企业建立规范的董事会,建立健全相关制度和机制,规范公司股东会、董事会、监事会和经营管理者的权责,完善公司法人治理结构。同时,要求大力推进国有企业战略性重组,通过多种形式的联合重组,推动国有资本向重点行业集中,向优势企业集中,发展壮大一批对本行业和当地经济发展有重大带动作用的大企业大集团,加快形成一批拥有自主知识产权和知名品牌的优势企业。加快建立国有资本经营预算制度,统筹使用好国有资本收益,促进企业结构调整和技术进步。

**完善国有资产监管体系**。十届全国人大四次会议政府工作报告指出,完善国有资产监管体制,健全国有资本经营预算制度、经营业绩考核体系和国有资产重大损失责任追究制度。规范国有企业改制和产权转让行为,防止国有资产流失,维护职工合法权益。2006年5月24日,温家宝总理主持召开的国务院常务会议指出,切实规范国有企业改制和产权转让行为,防止国有资产流失,维护职工合法权益。依法完善国有资产监管体系,国有资产监管机构要认真履行出资人职责,加强国有资产监管,规范监管方式,充分发挥监事会的作用。加强国有资产监管法制建设,建立完善国有资本经营预算制度、授权经营制度,建立科学的业绩考核体系和国有资产重大损失责任追究制度,积极探索国有资产监管和经营的有效形式。

国家将分享国有企业红利。预计2008年,国家将建立国有资本经营预算制度,届时,国有独资企业将以国有股权分红方式向国家上交部分收益,此举对于中央企业改革和经济增长方式转变将发挥重要作用,可以完善国有资本经营制度,解决国有企业改制成本缺乏问题,还可以将资源更好地运用于优势企业。

**建筑业企业改革向纵深发展。**股份制改革和公司化改革有了新的进展。一些集团对下属全民所有制企业进行了公司制改造,建立现代企业制度,构建法人治理结构,完善领导体制和运行机制。并对有些子公司进行股权调整,实现股本多元化,增强了国有资本的控制力。对投资控股、参股公司和境外企业进行了股权重组,清理注销亏损企业和项目。有些企业集团整合企业资源,提高资本质量,增强盈利能力,为集团总部战略转型,集团整体上市创造条件;对集团控股、参股的上市企业实行了股权分置改革;利用辅业改制的政策推进管理层与劳务层的分离。中冶科工集团和中国铁道建筑总公司按照国资委的部署启动了董事会试点工作。

地方国有骨干建筑业企业产权制度改革走出了单纯国退民进、全面民营化的单一思维,企业改制重组一般是在实行主辅分离辅业改制的前提下,实行股份化改造。通过引进外部战略投资者,对所属子公司实施资产重组,调整国有资产结构,形成外部投资者或经营层相对控股,集团公司参股的多元股权结构。中小国有企业和集体企业实行民营化改造在全国建筑业全面展开。2006年,河北90%的国有和集体建筑业企业进行了产权制度改革。民营企业完成的建筑业总产值和增加值达到全省总量的80%。2006年3月,浙江宝业建设集团公司整体收购了湖北省建筑工程总公司所属的12家企事业单位,成为建筑行业规模最大的企业并购。江苏围绕优化股权设置、建立现代企业制度、完善法人治理结构，引导建筑业企业不断深化改革，进一步激发了民营企业发展的生机与活力。一些改革彻底、运行机制规范的企业持续快速发展，浙江上市的建筑业企业已达到7家。

**整体上市紧锣密鼓**。2006年以来，部分企业实施或者提出了进一步推进产权制度改革的设想。中交股份在香港整体上市，募集资金24亿美元，增强了在国际资本市场的融资能力，从根本上改善了资本结构。中国建筑工程总公司、中国铁路工程总公司、中国水电建设集团公司等大型企业拟抓住国资委积极推进中央企业股份制改革、支持具备条件的企业实现整体上市的机遇，加快集团公司范围内资产、业务和人员重组，争取整体上市。通过整体上市深化产权制度改革，建立规范的法人治理结构。中国水电建设集团公司将积极寻求与相关公司及世界知名的咨询公司、国际上有竞争力的大型承包商之间的联合重组或战略重组，共同构建更高、更新、更大的平台，力争做优做强做大。

**重组改制紧密结合**。天津水泥工业设计研究院完成了与中国中材集团公司的战略重组工作，以重组为契机，推动企业的整体改制工作，以全部主业资产出资组建"天津水泥工业设计研究院有限公司"，使该院由单一出资主体的全民所有制企业改制成为投资主体多元化的现代公司制企业，在改制中根据科技型企业的特点，适度吸收员工股份，通过资本纽带使员工与企业形成利益共同体，激发了员工的积极性和创造性。同时，通过公司制改造完善了企业治理结构，进一步推进管理的科学化。

**主辅分离辅业改制稳步推进**。2006年，国有大型建筑业企业主辅分离、辅业改制，解决企业办社会继续推进，进展顺利。中国铁路工程总公司94家获得批复的改制辅业单位中已有26家完成改制挂牌。中国化学工程集团公司主辅分离辅业改制分流安置富余人员的总体方案于2006年5月得到了国资委、财政部和劳动保障部的联合批复，为集团公司减少历史负担、做精做强主业提供了政策基础。中国有色矿业集团对所属十五冶的6家辅业单位进行了改制分流。铁道第三勘察设计院全面完成辅业改制分流。

**企业分离办社会职能进展顺利**。中国化学工程集团公司全面完成了集团公司所属企业自办中小学校的分离，涉及11家企业的14所中小学，涉及拟移交人员1800多名，涉及资产总额7750余万元。在确保企业利益和职工权益的基础上,企业自办中小学校一次性成建制地进行了平稳移交。中国铁路工程总公司企业分离办社会职能进展顺利,除内蒙古、河北、天津、陕西等省市移交协议正处于待批中,集团公司与 22 个省市签署的移交协议及上报划转申请已获得财政部、国资委批复。中国有色矿业集团积极进行了企业分离办社会职能工作,子弟学校移交地方的工作基本完成。

## 四、前景、问题和对策

### (一) 市场前景

**建筑市场前景依然看好。**根据我国国民经济的发展势头、经济实力、各类建筑产品的需求分析,预计我国 2010 年之前的建筑市场总的趋势不会有大的改变,繁荣仍将持续。城市基础设施建设、快速交通设施建设、住宅建设、环境治理工程、新的能源基地建设、新型工业基地建设、旅游休闲度假地的建设、新农村建设等仍会保持旺盛需求,成为市场热点。从地域来看,全国东、中、西部、国外建筑市场虽然投资结构不同,但均有市场潜力。就主要的建筑市场来看,如下一些工程建设领域值得关注。

**城市基础设施建设任重道远。**我国城市化的过程仍在继续,原有城市整治的工程量也非常巨大,基础设施缺口明显,不仅有新建的任务,还有大量的改扩建工作量。新城市必然要建设完善的基础设施。由此带来巨大的建筑市场需求。未来的城市和城市基础设施建设以新城建设、城市快速交通建设、城市道路、污水、垃圾处理、园林绿化、景观、生态建设、停车设施、地下空间的开发利用为主要需求,这样的需求在大中城市表现得尤为突出,而且还将持续一段时期。城市基础设施建设并不会因为一些国际、国内重大活动举办告罄应声下降,原因是短缺客观存在,距离国际发达国家同等规模城市的建设水平差距较大。

**交通建设还处在高峰时期。**2007 年,我国公路建设"五纵七横"国道主干线将全面完成。展望未来,根据国家公路网规划,至 2020 年,我国尚有 4 万 km 的高速公路建设任务需要完成,以实现 7918(7 条首都放射线,9 条南北纵线,18 条东西横线)计划。2007 年全国新改建农村公路 30 万 km,其中有 21 万 km 由中央计划投资。未来根据"省部联手,各负其责,统筹规划，分级实施，因地制宜，量力而行"的原则，农村公路建设将继续加快发展。此外，泛珠江三角洲地区、长三角、环渤海地区交通设施的统一规划、整合也蕴含着极大的市场。油、气、煤等能源运输设施，包括港口、码头、铁路、公路的建设是2007年及今后的建设热点。

根据国务院批准的《中长期铁路网规划》，我国"十一五"时期正处在铁路建设的高峰期。至"十一五"末，将建设新线17000km，其中客运专线7000km；建设既有线复线8000km；既有线电气化改造15000km。2010年全国铁路营业里程达到9万km以上，复线、电气化率均达到45%以上，快速客运网总规模达到20000km以上，煤炭通道总能力达到18亿t，西部路网总规模达到35000km，形成覆盖全国的集装箱运输系统。铁路建设市场既有任务已向所有企业开放，是工程建设的一个热点。

**住宅仍将保持巨大的需求。**我国城市住宅除了面对新增城市人口的需求之外，还要满足已经到来的居民住宅更新换代的巨大需求，根据这样的分析，住宅建设市场还有很大的开发建设潜力。预计未来，除了在新开发的土地上建设住宅外，对于危旧居民区实施的拆迁重建所占的比重将会加大。政府应当充分认识到我国住宅市场供小于求的突出矛盾，重视城市危旧小区重建工作，以有效增加住宅供给，满足居民需求，平抑住宅价格。做好这项工作，重要的是要建立一套适宜的政策体系，这套政策体系的要点，一是平衡拆迁居民与开发企业之间的利益关系，既规范拆迁居民的补偿要求，使开发商具有开发危旧住宅区的积极性，又能够保护拆迁居民的利益，切实改善他们的居住质量；二是对危旧住宅的开发改造应当引入竞争机制，以降低成本、保证品质、适当盈利为目标，凡是有能力的房地产开发商、建筑企业都可参与投标；三是政府要对拆迁补偿住宅的功能、品质进行严格控制，使拆迁居民的住宅能够基本满足需求，防止由于粗制滥造导致新一轮大拆大建的发生，以保证住宅的合理使用寿命，实现全社会的资源节约。建立了合理的政策体系，在未来城市住宅建设和改造过程中，建筑企业是大有可为的。

**工业建设项目市场前景广阔。**工业建设项目市场前景乐观。在全球范围内，我国是制造业大国，国家鼓励重大技术装备制造业的发展，包括高档数控机床与基础制造装备、高效清洁发电与输变电等领域研制一批对国家经济安全、技术进步、产业升级有重大影响和带动作用的重大技术装备,引导形成一批集研发设计制造于一体、竞争力强的企业,重工业项目市场值得关注。汽车、船舶工业需求旺盛,扩大再生产持续,固定资产投资会保持增长态势;能源工业在坚持节约优先、立足国内、煤为基础、多元发展,优化生产和消费结构,构筑稳定、经济、清洁、安全的能源供应体系的方针指引下,新的能源基地建设、清洁能源生产基地建设、煤炭工业基地建设等,是未来发展的重点领域;在未来20年中,我国的能源加工项目将投资1万亿元发展煤化工产业(甲醇、二甲醚、煤烯烃和煤制油),建成七大煤化工产业区:黄河中下游、蒙东、黑东、苏鲁豫皖、中原、云贵和新疆,继续建设能源输送管线。上述种种需求,都将成为潜力巨大的工业建设项目市场。

**国际承包市场开拓仍有巨大潜力。** 未来全球经济增长乐观,各个主要工程承包市场展现很好的发展势头。亚洲国家通过经济体制改革和逐步融入全球贸易体系,经济增长势头强劲。基础设施,包括公路、港口等基础设施,能源建设需求旺盛。非洲是我国工程承包业绩增长最快的市场,大量的基础设施需求、丰富的资源开发潜力、我国建筑企业较强的工程承包经验能力、中非日益紧密的合作关系都预示着非洲建筑市场的巨大潜力。欧美、大洋洲市场虽然是我国工程承包规模较小的市场,但其较高的增长速度,也表明了我国工程承包在发达地区的竞争优势,在现有基础上仍可有所作为。

## (二)行业发展面临问题

**应对产品结构变化准备不足。** 中国的建筑市场虽然仍有巨大的潜在空间,但建筑产品的结构也将随之有较大变化,如市场对于更高品质的建筑产品的需求,高、快速交通设施的建设,以先进技术和工艺为主导的专业工业工程建设,以节能降耗为目的的新材料的不断推出及大面积运用,超大工程的实施,地下空间的开拓,这些新型市场要求企业具有相应的专业技术积累、更高的管理水平、更强的资金实力,要求企业能够提供更为优质的建筑服务,更加灵活的经营方式,这对于所有的企业都是一个挑战。

**市场环境依然严峻。** 以单一的施工承包为主业的企业面临着严峻的发展环境。建筑市场过度竞争依然激烈,招投标的不规范还不同程度存在,一些地方采用无其他条件限制的最低价中标方式,加剧了压价之风,据地方建筑业协会反映，中标价一般比标底压低10％～15％。一些业主，尤其是房地产开发商肆意压价，采取内部招标方式，确定最低价单位中标，再完善招投标手续，同时要求投标施工企业垫资施工，将项目风险转嫁给施工企业。在各级政府的高度重视下，清理拖欠工程款取得了显著成效，但还存在着还款协议落实难，工程竣工结算难的状况。工程总承包及施工总承包市场情况仍然不好，业主自行分包项目多，施工总承包单位名义上是施工全部施工项目，实际上只施工结构工程和少量装修工程。承包工程中支付各种保证金的要求过多，利润空间普遍缩小，企业的各项管理费用被迫降低，用于扩大再生产的投入日益萎缩，企业资金普遍紧张。企业税负过重。按营业收入核定应税所得率方式，在目前建筑业盈利水平很低的情况下，比查账征收赋税负担要重。如大连市市内四区以外的建筑业企业所得税均按核定应税所得率方式征收。税务部门按照利润率10％核定所得税率为3.3％。而当年全市建筑业产值利润率只有2％左右，税收明显过高。有的地方还存在向工程承包企业与劳务企业重复征收营业税的问题。此外一些地方收费项目没有彻底清理，如价格调节基金、定额测定费等也加重了企业负担。在这种市场环境下，施工企业经营压力不断加大。

**持续发展实力不足。**近些年，多数企业的发展主要表现在量的扩张方面，在持续的发展能力上存在较大欠缺。突出表现在企业的科技积累不足。企业研发投入长期较低，专有技术和专利技术拥有数量少，转化效率低，科技能力与其他行业相比不够突出。此外，随着企业的转型，新业务的开展，人才、资本等关键要素普遍缺乏，这些要素又是制约企业发展的关键要素。适应新的形势，企业的对外合作，要素组织能力，资本市场运作能力，投资、建设一体化能力，设计、施工一体化能力，重大工程的技术管理能力也还存在着明显的不足。这些都制约着企业的快速健康持续发展。

**经营风险不断加大。**工程承包市场的风险本身就高于其他经营领域，工程建设的承包、建造过程就是一个风险控制过程。建筑企业面对着市场领域的扩张，新型建设、承包业务的增加，国际市场份额的扩大，这些都预示着我国建筑企业在风险日益增加的市场环境中运行，建筑市场风险的管控成为普遍需要面对的重要问题。控制风险，包括政治风险、法律风险、金融风险等，需要专业的工程建设知识、法律知识、金融知识、担保保险业务知识及对于项目所在地政治、自然、社会情况的全面了解，还需要高超的合同制定、管理能力，目前企业对于经营风险的管控能力普遍有待提高。

**境内建筑高端市场全球化的竞争会逐步加强。**2004年12月11日，我国建筑及相关工程服务业的过渡期已经结束，包括建筑设计、工程服务、集中工程服务和城市规划服务（城市总体规划服务除外）的专业服务过渡期也已于2006年12月11日结束。按照我国加入WTO的承诺，建筑市场已经全面开放。国外承包商、建筑设计公司在技术、资金、管理方面，客观上存在优势，这些优势更有利于进入我国工程建设的高端市场，即技术含量高、资金需求大、专业性强、设计理念先进的市场。尽管我国目前的市场准入政策对于我国建筑企业比较有利，但就WTO的本来意义考虑，这种竞争加剧的可能性是客观的。

### （三）把握方向，创新发展

我国建筑业走过近30年改革发展的历程，面对新的形势，寻求未来发展道路是所有企业面临的重大课题。分析国家经济社会发展的大环境，总结建筑企业发展的成功经验，未来的建筑企业应当在**业务结构重组，组织优化调整，企业制度创新，建造方式革命**几个方面下大力气谋求新一轮的发展。所谓业务结构重组，指的是分析和确定企业的利润增长点，确定业务内容，剥离投入产出率水平相对较低的业务，加强或增加投入产出率相对具有优势的业务，进行业务结构的优化组合，目前建筑业大、中型企业普遍表现为产业链的高端延伸；所谓组织结构优化，是与业务结构、资源管理、经营单位分工、有利高效运行相匹配的企业组织的调整完善；所谓企业制度创新，包括公司制改造但决不仅仅指公司制改造，重要的是要解决企业的发展动力，发展机制，正确的发展战略的制定决策问题；所谓建造方式革命，是通过采用科技进步手段、工业化、信息化等方式，从技术和建造方式上降低成本，提高效率，形成竞争力。这几个方面问题的核心是摆脱旧体制和发展模式的束缚，抓住国际国内的市场机遇，重新配置发展资源，依靠实力和能力，走集约的发展道路，解决发展动力问题、资源配置问题、生产方式进步问题。具体地说，不同类型和不同规模的企业，各自需要解决的问题并不相同，但如下一些问题，既是企业发展的经验总结，又指明了今后应当努力把握的发展方向：

**开辟和拓展市场领域。**市场是建筑企业永恒的主题，主动开辟市场，也是成功企业取得持续发展的共同经验，扩展地域市场，包括国内和国际市场。国内市场的开拓应当注意把握国家发展战略的转变动向，把握国家未来时期经济发展的地域、产业布局，主动出击，取得市场的主动权。国际市场的开拓既要积极，又要慎重，要充分进行调查研究，了解拟进入的国家的政治、经济、法律、工程承包市场的全面情况，慎重决策参与建设方式和投标项目，严格工程风险管理。无论是国内还是国际市场的开拓，良好的筹资能力和规避风险能力是必要的前提。

**通过延伸产业链实现市场开拓和产业升级。**企业成功发展经验表明，固守施工领域在我国目前的建筑市场环境中处境愈益被动。围绕新的市场需求，与资本市场结合，与建筑产品开发经营结合，与设计结合，与制造业结合，会给企业带来主动的发展空间和盈利空间，还能带动传统施工业务的发展，提升产业层次，吸引高端专业人才，形成新的业务发展模式。延伸和重组产业链的本身也是企业突破传统体制迎合市场经济的必由之路。

**通过加快产权制度改革，改善企业动力机制获取发展条件。**对于大型的国有企业来说，通过改制完善和改进企业的发展机制，通过上市成为公众公司，为企业的转型升级发展创造必备的资本条件，是企业可以选择的道路。大型国有企业应当抓住国家积极推进中央企业股份制改革、支持具备条件的企业实现整体上市的机遇，加快集团公司范围内资产、业务和人员重组，争取整体上市。同时，大型的集团公司继续科学划定和明确集团内部各个经营层次的功能定位及责权利，仍然是需要解决的问题。企业经验表明，集团公司内部各层次企业的定位要根据集团总体的战略定位、总公司的定位、企业当前的业务结构及盈利结构来确定，在这个过程中要能够正确处理当前的业务结构和未来的业务结构之间的关系，既要维持当前的盈利格局，又要进行资源调配，为实现今后的组织结构调整目标打下基础。

**用先进技术改造传统建筑业是建筑企业的重要出路。**在市场竞争日趋激烈的今天，企业除了业务结构的重组，就建筑施工而言，迎合国家和社会对于建筑产品日益提高的品质要求，节能要求，节约资源的要求，重要的出路是采用先进技术和材料，创新建造方式，提高品质，降低成本，节约资源。国家应当积极支持企业在建造方式上的创新，企业应当关注建造方式的动态，投入资本，积累相关技术，加快技术向产业化的转化，建设有技术含量的竞争力。

**为建筑业发展创造良好市场环境**。政府相关主管部门应当继续为行业的发展创造良好的法制环境和竞争环境。加快修订《中华人民共和国建筑法》，加强建设工程质量、安全、节约资源的监管，维护建筑市场的公平竞争，强力维持建筑市场秩序，这也是行业内外的迫切要求。针对国有企业改制中存在的盘子过大、包袱过重、股权设置等问题，出台有针对性的政策，抓住主要矛盾，解决关键问题，兼顾国家、单位和职工的利益，加快国有企业改革步伐。加快政府投资工程组织方式的改革，规范政府投资、建设全过程的行为，使政府投资工程在建筑市场中起到表率的作用。同时，政府投资工程也应当在我国工程建设中采用先进发承包方式、先进建设理念方面发挥带头作用。在一段时间内，国家应当继续保持清欠的高压态势，健全法规制度，推进长效机制的建设。通过开展行业信用体系建设，规范企业竞争行为。行业协会要切实发挥行业自律的作用，注重行业评价，弘扬行业正气；加强行业培训，服务企业需求，提高行业整体素质。将政府行政监管与协会组织行业自律、企业诚信经营结合起来，共同营造良好的建筑市场环境，促进建筑业持续健康发展。

(建设部政策研究中心课题组　执笔：李德全　许瑞娟　李燕鹏)

# 对外承包篇

　　2006年，中国对外承包工程获得迅猛发展。对外工程承包规模大幅度提高，亚洲以外的非洲、欧美等新兴市场业务发展迅速，开发建设一体化，工程总承包，技术、资本含量高的项目增加，承包结构进一步优化，显示了中国建筑业对外开拓的辉煌成就，也反映了中国建筑业在国际上不断增强的竞争能力和发展潜力。面对全球经济全面走好的大好形势，中国建筑业应当抓住机遇，努力开拓，增强资源整合、资本运作、质量管理、风险控制能力，带动更多产业发展，为我国经济发展和扩大国际合作作出新的贡献。

## 一、2006年中国对外承包工程概述

### (一) 总体发展环境

2006年,世界经济延续快速增长的势头,全球经济增长3.8%,国际贸易增长9.4%,达到11.7万亿美元;国际投资增长22%,达到1.2万亿美元。世界经济的增长,特别是亚非拉等发展中国家经济全面增长,加大了公共基础设施的建设力度,全球建筑市场活跃,商机大增。据美国研究机构Global Insight的评估,2006年全球建筑市场投资达4.6万亿美元。

2006年,我国经济社会建设取得了较大成就,为开展对外承包工程提供了雄厚的物质条件。到2006年底,我国GDP达到20.96万亿元,对外贸易达1.76万亿美元,吸引外资达630.21亿美元,均居世界前列;外汇储备超过1万亿美元,排名全球第一。我国产业结构不断调整和优化,自主创新能力增强,大型机电设备、成套设备等工业化水平提高,使得中国企业的国际竞争力增强。同时,支持"走出去"的各项政策措施逐步落实,有力推动了我国对外承包工程事业的发展。

### (二) 业务简况

#### 1. 规模

在有利的国内、国际环境下,2006年我国对外承包工程取得了历史上最好的发展。据商务部合作司统计,2006年当年完成营业额300亿美元,同比增长37.9%;新签合同额660亿美元,同比增长123%。截至2006年底,我国对外承包工程累计完成营业额1658亿美元,签订合同额2519亿美元(图2-1)。

#### 2. 专业领域分布

2006年我国对外承包工程完成营业额业务领域分布如图2-2所示。其中,房屋建筑为90.2亿美元,占30%;交通运输为45.5亿美元,占15%;制造加工业为41.3亿美元,占14%;电子通信业为40.8亿美元,占14%;石油化工业为36.6亿美元,占12%;电力工业为27.6亿美元,占9%。

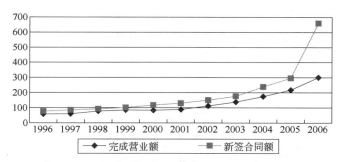

数据来源：商务部国外经济合作司业务统计年报

图 2-1　1996～2006 年中国对外承包工程发展趋势图

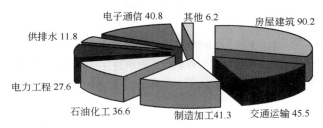

数据来源：商务部国外经济合作司业务统计年报

图 2-2　2006 年中国对外承包工程完成营业额行业分布图

从历年数据统计分析可以看出，房屋建筑所占份额一直在 30% 左右，其地位相对稳固。但是由于 2006 年交通运输领域新签超大项目，交通运输业新签合同额首次超过房屋建筑业跃居第一。2006 年，交通运输业新签合同额为 224.6 亿美元，占 34%；房屋建筑业新签合同额为 148.7 亿美元，占 22.5%；石油化工业新签合同额为 78.8 亿美元，占 11.9%；电力工程业新签合同额为 62.4 亿美元，占 9.5%；电子通信业新签合同额为 53.7 亿美元，占 8.1%。可以预测，未来两年交通运输业营业额将超过房屋建筑(图 2-3)。

**3. 地区市场分布**

2006 年我国对外承包工程市场多元化深入发展，亚非等传统市场和拉美等新兴市场业务增长迅速(图 2-4)。由于 2006 年中国公司接连在非洲签订大项目，非洲市场新签合同额增长趋势明显，首次超过亚洲市场，达到

287.4亿美元；中国公司在拉美市场表现亦比较突出，新签合同额首次超过欧洲市场，达到42.5亿美元；欧美大市场所占比例虽然变化不大，但是增长速度很快，特别是美国市场新签合同额同比增长162.3%；完成营业额同比增长178%。

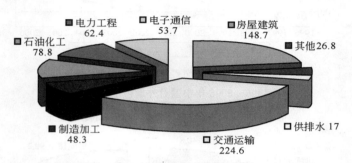

数据来源：商务部国外经济合作司业务统计年报

图2-3　2006年中国对外承包工程新签合同额行业分布图

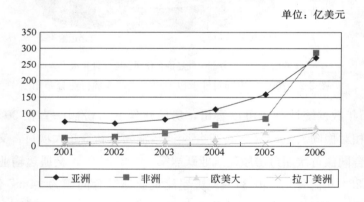

数据来源：商务部国外经济合作司业务统计年报

图2-4　我国对外承包工程新签合同额变化趋势图

从总体格局看(图2-5)，2006年亚非市场新签合同额558.8亿美元，占84.7%，而2005年该比率为81.8%。由此可见，亚非市场作为我国对外承包工程传统市场的优势地位得到了加强。拉美市场新签合同额为42.5亿美元，所占比率6.4%，高于2005年的3.7%，在业务总规模翻番的情况下，拉美市场所占比率仍然扩大，可见该地区的增长速度是相当快的。相形之下，欧美大市场虽然新签合同额绝对值保持增长，但是所占比率却有所下降。

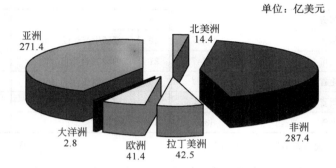

数据来源：商务部国外经济合作司业务统计年报

图 2-5　2006 年我国对外承包工程新签合同额地区分布示意图

**4. 各省市对外承包工程情况**

从 2006 年我国各省市对外承包工程情况看，东部沿海省市仍然占据较大优势，特别是上海市表现突出，以 42.9 亿美元的营业额雄居榜首，增长率达到 121.1%，超过了近年来一直排名第一的江苏省。江苏、广东分别以 37.6 亿美元和 34.4 亿美元的营业额列第二、第三名（其他省市排名见表 2-1）。

2006 年我国对外承包工程业务完成营业额分省、市、区排名　　表 2-1

| 序号 | 省、市、区 | 完成营业额（万美元） | 序号 | 省、市、区 | 完成营业额（万美元） |
|---|---|---|---|---|---|
| 1 | 上海市 | 429336 | 9 | 北京市 | 69227 |
| 2 | 江苏省 | 376509 | 10 | 天津市 | 50209 |
| 3 | 广东省 | 344170 | 11 | 辽宁省 | 49429 |
|  | 其中：深圳市 | 331526 |  | 其中：大连市 | 14401 |
| 4 | 浙江省 | 197442 | 12 | 陕西省 | 46209 |
|  | 其中：宁波市 | 94381 | 13 | 云南省 | 43130 |
| 5 | 山东省 | 150851 | 14 | 黑龙江省 | 42790 |
|  | 其中：青岛市 | 22719 | 15 | 湖北省 | 36390 |
| 6 | 河北省 | 81006 | 16 | 江西省 | 33809 |
| 7 | 四川省 | 74197 | 17 | 安徽省 | 30626 |
| 8 | 河南省 | 71548 | 18 | 山西省 | 27981 |

续表

| 序号 | 省、市、区 | 完成营业额（万美元） | 序号 | 省、市、区 | 完成营业额（万美元） |
|---|---|---|---|---|---|
| 19 | 湖南省 | 26350 | 25 | 广西壮族自治区 | 4636 |
| 20 | 吉林省 | 12337 | 26 | 新疆生产建设兵团 | 4492 |
| 21 | 重庆市 | 12147 | 27 | 内蒙古自治区 | 3314 |
| 22 | 福建省 | 11397 | 28 | 新疆维吾尔自治区 | 988 |
| 23 | 贵州省 | 6593 | 29 | 宁夏回族自治区 | 739 |
| 24 | 甘肃省 | 5349 | 30 | 海南省 | 246 |

资料来源：商务部国外经济合作司统计。

全国30个省市、自治区共完成营业额224.3亿美元，占全国对外承包工程完成营业额的74.8%，中央企业完成营业额约占25%。而2001年各省市对外经济合作完成营业额占全国的64%，由于地方企业对外劳务合作业务总规模大于中央企业，那么地方企业对外承包工程完成营业额所占比例可能还要低。由此可见，地方企业在"走出去"战略推动下，在国际市场上的表现越来越突出。

## （三）发展特点

### 1. 发展势头迅猛，项目规模与档次不断提升

在近年来快速发展的基础上，2006年我国对外承包工程完成营业额增长率达到近40%，新签合同额增长率达到123%，发展势头之迅猛是史无前例的。

据商务部合作司统计，2006年我国对外承包工程签订5000万美元以上的项目达212个，上亿美元项目达96个，10亿美元以上特大项目5个。其中两个特大型项目比较引人注目，即中信—中铁建总承包的合同额近60亿美元的阿尔及利亚高速公路东、西段工程，中国土木工程集团公司与尼日利亚交通运输部国务部签订的83亿美元的尼铁路现代化项目。尼铁项目是迄今为止我国企业承揽的最大的国际工程承包项目，整个项目从设计、采购到施工全部由中土集团公司负责。

从2006年新签合同的项目情况看，212个5000万美元以上的大项目总计达483.82亿美元，占当年新签合同总额的73.3%。这些大项目所涉及的领域广泛，除了中国公司具备传统优势的房屋、交通、电力等领域

外，中国公司在石油化工、电子通信以及水泥生产线等加工制造领域都签订了许多大项目。如中国石化工程建设公司签订的伊朗 ARAK 炼油厂扩建和产品升级项目达 27.8 亿美元；中信建设总承包的巴西 CSA 焦化项目，合同额达 2.69 亿欧元，是迄今为止中国企业在全球焦化领域承揽的最大一宗集设计、采购和施工于一体的工程总承包项目，标志着中国自主研发的焦化技术和国际工程总承包能力跨入世界先进行列。

**2. 从业主体不断壮大，竞争力提高**

随着国有企业改革的深化，市场开拓经验的丰富，以及国家产业结构的调整和优化，中国企业的国际竞争力日益提高。在国际承包工程领域，我国基本上形成了一支具有多行业组成、能与外国大承包商竞争的队伍，并得到了世界范围内的普遍认可。2006 年有更多的国家向中国政府、承包商会表达了希望中国公司参与其国家建设的愿望。根据美国《工程新闻纪录》(ENR)2006 年 8 月的统计，2005 年我国有 46 家企业进入"全球最大 225 家国际承包商"行列（表 2-2），虽然从数量上看比 2004 年减少了 3 家，但是累计完成营业额却比 2004 年增长 13.6%。

历年中国公司入选全球最大国际承包商情况　　　　表 2-2

| 年 份 | 公司数量 | 累计国外合同额/营业额（亿美元） |
|---|---|---|
| 1981 | 1 | 0.59（合同额） |
| 1991 | 4 | 7.92（合同额） |
| 2001 | 39 | 51.6（营业额） |
| 2002 | 43 | 71.29（营业额） |
| 2003 | 47 | 83.33（营业额） |
| 2004 | 49 | 88.3（营业额） |
| 2005 | 46 | 100.7（营业额） |

资料来源：历年 ENR 统计。

根据 2006 年中国公司完成营业额和新签合同额情况可以判断（表 2-3、表 2-4），在 ENR 新年度的排名当中，中国公司上榜座次和数量将会提升。根据 2005 年商务部合作司统计，当年完成营业额第 30 名的企业业绩是 1.07 亿美元，当年新签合同额第 30 名的企业业绩是 1.73 亿美元；而 2006 年则分别为 1.55 亿美元和 3.61 亿美元。2006 年完成营业额第 50 名的企业业绩是 1 亿美元，新签合同额第 50 名的企业业绩是 1.8 亿美元，两者基本上分别相当于 2005 年第 30 名企业的业绩。由此可见我国对外承包工程队伍的实力不断增强。从 2006 年各企业新签合同额情况看,中建总公司第一次从榜首的位置落至第三名,当年新签合同额为 45.13 亿美元;而中国土木工程集团公司和中信国华国际工程承包公司则分别以 113.9 亿美元和 50.1 亿美元的成绩居第一、第二位。从 ENR 历年统计情况判断,中国土木工程集团公司在 2008 年度公布的排名中将会进入前 10。

**2006 年我国对外承包工程完成营业额前 30 家企业**　　　　表 2-3

| 序号 | 企业名称 | 完成营业额(万美元) |
| --- | --- | --- |
| 1 | 中国建筑工程总公司 | 283762 |
| 2 | 华为技术有限公司 | 267565 |
| 3 | 上海振华港口机械股份有限公司 | 219246 |
| 4 | 中国水利水电建设集团公司 | 97983 |
| 5 | 长城钻井公司 | 79871 |
| 6 | 中国机械设备进出口总公司 | 66606 |
| 7 | 上海贝尔阿尔卡特股份有限公司 | 65859 |
| 8 | 中材国际工程股份有限公司 | 62743 |
| 9 | 中国港湾工程有限责任公司 | 61980 |
| 10 | 中国石油工程建设(集团)公司 | 59799 |
| 11 | 上海建工(集团)总公司 | 58002 |
| 12 | 深圳市中兴通讯股份有限公司 | 54057 |
| 13 | 中国路桥工程有限责任公司 | 39955 |
| 14 | 中石油东方地球物理勘探有限责任公司 | 37638 |
| 15 | 中国石化集团中原石油勘探局 | 37415 |
| 16 | 中国地质工程集团公司 | 34012 |
| 17 | 中国土木工程集团公司 | 31808 |
| 18 | 中国水利电力对外公司 | 30202 |
| 19 | 成都建筑材料工业设计研究院 | 27544 |
| 20 | 哈尔滨电站工程有限责任公司 | 26554 |
| 21 | 上海电气(集团)总公司 | 26537 |
| 22 | 中信国际合作公司 | 25102 |
| 23 | 中铁二十工程局集团有限公司 | 23322 |
| 24 | 中国冶金科工集团公司 | 21240 |

续表

| 序号 | 企业名称 | 完成营业额(万美元) |
|---|---|---|
| 25 | 山东电力基本建设总公司 | 20140 |
| 26 | 清华同方威视技术股份有限公司 | 18621 |
| 27 | 中国海外工程总公司 | 18539 |
| 28 | 中国农业发展总公司 | 18284 |
| 29 | 青岛建设集团公司 | 17525 |
| 30 | 中地海外建设有限责任公司 | 15475 |

资料来源：商务部国外经济合作司统计。

**2006年我国对外承包工程新签合同额前30家企业**　　表2-4

| 序号 | 企业名称 | 新签合同额(万美元) |
|---|---|---|
| 1 | 中国土木工程集团公司 | 1139317 |
| 2 | 中信国华国际工程承包公司 | 501238 |
| 3 | 中国建筑工程总公司 | 451345 |
| 4 | 华为技术有限公司 | 311896 |
| 5 | 中国石化工程建设公司 | 277504 |
| 6 | 中国路桥工程有限责任公司 | 203934 |
| 7 | 上海振华港口机械股份有限公司 | 168569 |
| 8 | 中铁二十工程局集团有限公司 | 156776 |
| 9 | 中国机械设备进出口总公司 | 142089 |
| 10 | 中国水利水电建设集团公司 | 140988 |
| 11 | 山东电力建设第三工程公司 | 123600 |
| 12 | 上海电气(集团)总公司 | 120910 |
| 13 | 深圳市中兴通讯股份有限公司 | 120046 |
| 14 | 中国港湾工程有限责任公司 | 94638 |
| 15 | 长城钻井公司 | 89388 |
| 16 | 上海建工(集团)总公司 | 77529 |
| 17 | 中材国际工程股份有限公司 | 69243 |
| 18 | 中国石油工程建设(集团)公司 | 65841 |
| 19 | 山东电力基本建设总公司 | 63900 |
| 20 | 中国石油天然气管道工程有限公司 | 58815 |
| 21 | 中国水利电力对外公司 | 53048 |

续表

| 序号 | 企业名称 | 新签合同额（万美元） |
|---|---|---|
| 22 | 中国石化集团中原石油勘探局 | 51171 |
| 23 | 中石油东方地球物理勘探有限责任公司 | 48933 |
| 24 | 中国寰球工程公司 | 46972 |
| 25 | 中地海外建设有限责任公司 | 43724 |
| 26 | 中信国际合作公司 | 39615 |
| 27 | 中国船舶工业集团公司 | 39120 |
| 28 | 中国万宝工程公司 | 38937 |
| 29 | 天津水泥工业设计研究院 | 37253 |
| 30 | 广厦建设集团有限责任公司 | 36121 |

资料来源：商务部国外经济合作司统计。

在国际工程承包领域，中国企业的竞争力不断提高，已经越来越引起世界同行的关注和重视。从当前市场竞争情况看，中国公司的竞争优势已经不仅仅体现在劳动力成本、价格等方面，而是在技术、设备配套等多个方面充分显示出来。从技术领域看，中国公司在房建、交通运输和电力领域的技术已经居世界前列。2006年7月1日，青藏铁路全线通车已经证明，中国可以实施世界上海拔最高、线路最长的高原铁路，科学技术和综合实力堪称一流。电力领域，无论从已建数量、在建规模还是技术水平，中国都当之无愧成为世界水电建设大国，整体技术实力处于世界领先水平，创造了多项世界之最，形成了强大的综合施工能力。在石油化工领域，中国的部分技术亦达到世界先进水平。从机械设备方面看，中国机电产品质量日益提高，2006年我国机电产品出口达4277.3亿美元。其中，中国的工程机械产量仅次于美国、日本，位居全球第三位，近两年来出口规模每年都以50%左右的速度增长，对提升中国公司在国际工程承包市场上竞争力发挥了积极作用。从综合能力看，中国公司在资源整合、资本运营和项目管理等方面的能力都不断提高。2006年4月，中信—中铁建联合体之所以能够在阿尔及利亚高速公路项目上胜出，联合体在技术、商务综合评分方面得第一，除了其出色的项目实施方案外，还有三个重要原因：一是中信—中铁建联合体具有整合、组织国内外资源的强大能力；二是中信—中铁建联合体在投标文件中明确承诺，将培训当地工人，提供当地就业机会以及帮助提高当地公司项目实施的能力；三是中信集团在项目前期为业主做了大量的技术支持工作，提供了包括 BOT、BT 以及"融资＋EPC"等多种菜单式的项目实施模式、运营方案及技术建议书供业主选择。

**3. 分工合作趋势不断增强**

当前，欧美日等国的大型承包商在技术专利、融资能力、管理水平等方面占有明显优势，在技术和资本密集型项目上形成垄断。同时，发展中国家承包商不断进入国际市场，技术水平和管理能力不断提高，国际承包工程市场的竞争日趋激烈，使得国际承包工程的产业分工体系进一步深化。为了在激烈的竞争中取胜，国际承包商之间的分工与合作趋势不断增强，在国际上，大型跨国公司之间的联盟与合作已司空见惯。从近年来新签上亿美元大项目情况来看，很多大项目都是强强联合的结果。如，有来自全世界至少64家顶尖级工程公司组成的7家投标联合体参与了阿东西高速公路项目的角逐。其中包括2005年《工程新闻记录》225家"全球最大承包商"排名第一的法国万喜公司、排名第五的美国柏克德公司、排名第七的日本大成建设、排名第八的日本鹿岛建设、排名第二十二的德国贝尔芬格伯格公司和排名第四十一的意大利 IMPREGLIO 公司等国际建筑业巨头。

企业间的分工与合作呈现增强趋势，不只体现在中国公司之间，同时也体现在中国公司与外国大型承包商之间，以及中国公司与当地承包商之间。如，2006年北方国际公司与当地企业 KAYSON 公司组成的联营体中标伊朗 AHWAZ 轻轨一号线项目，项目总金额为7.91亿美元。

**4. 政府间的合作有力推动了对外承包工程业务的增长**

2006年我国对外承包工程的迅猛发展，除了企业自身的努力和各项支持政策、措施的到位外，政府间的合作对业务的发展起到了有力的推动作用。

近年来，中国政府不断加强与世界各国的经济合作与往来，特别是加大了与周边国家和非洲国家的经贸合作，并提供了大量的优惠贷款支持这些国家的基础设施建设，从而带动了中国公司在上述市场对外承包工程业务的发展。从2006年新签5000万美元以上的大项目来看，仅安哥拉就达17个，其中包括7个上亿美元的项目，在该市场总共新签合同额为34.4

亿美元。应当说，2005年与安哥拉签订的20亿美元的"经贸、贷款、资源等一揽子协议"对该市场开拓的推动作用相当大。此外，在亚洲和非洲的许多国家，中国新签5000万美元以上的大项目都比较多，如越南10个，沙特10个，巴基斯坦9个，印尼9个，苏丹10个，印度8个，阿尔及利亚8个，马来西亚7个，埃塞俄比亚6个，等等。而中国政府与上述国家政府间的合作开展较好，其中很多项目都是由中国政府提供的优惠贷款来实施的。由此反映出，政府间的经贸合作对我国对外承包工程的推动力是不可估量的。

## 二、对外承包工程地区市场分析

### （一）亚洲地区市场

亚洲市场（不包括港澳）是我国对外承包工程的主战场之一。2006年我国在亚洲新签合同额达235亿美元，比2005年增长70.4%；完成营业额112.2亿美元，同比增长56.5%（表2-5）。新签合同额排在前8位的包括：伊朗32.4、印度32.3、越南26.2、巴基斯坦19.3、沙特17.1、阿联酋15.7、印度尼西亚15.5、马来西亚11.3亿美元。

亚洲市场情况统计表　　　　　　　　　　　　表2-5

| 年份 | 2001 | 2002 | 2003 | 2004 | 2005 | 2006 |
| --- | --- | --- | --- | --- | --- | --- |
| 合同额（亿美元） | 50.1 | 45.9 | 56.4 | 90.7 | 137.9 | 235 |
| 占总合同额比例（%） | 38.4 | 30.5 | 31.9 | 38.0 | 46.6 | 35.6 |
| 营业额（亿美元） | 29.0 | 35.2 | 41.2 | 53.8 | 71.7 | 112.2 |
| 占总营业额比例（%） | 32.6 | 31.5 | 29.8 | 30.8 | 33.0 | 37.4 |

数据来源：商务部国外经济合作业务统计年报。

从对全球225家大承包商在亚洲完成营业额所占比例的分析可以看出（不包括中东，如图2-6所示），近年来欧洲企业（主要是以德国、法国、英国为主）和日本企业在亚洲占据的份额基本上在60%左右，市场地位相对稳定，而美国公司呈下降趋势，中国公司在亚洲市场中所占的市场份额呈现增加趋势。

从今后发展趋势分析，亚洲仍将是我国对外承包工程的主要市场之

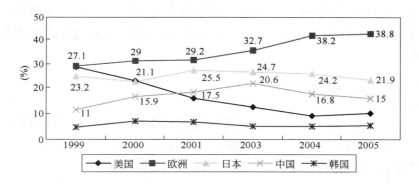

数据来源：根据 2000～2006 年《美国工程新闻纪录》

图 2-6　亚洲市场国际竞争格局

一。其主要因素有两个：一是从亚洲各国发展情况看，很多国家正在加速融入世界经济体系，加强了基础设施建设，市场机遇的确很多。特别需要指出的是印度、伊朗、越南、巴基斯坦、印尼、菲律宾等国家，工程建设规模较大。如，印度电力远远不能满足需求，发展潜力很大。印度政府决定在 2012 年以前新增 10 万 MW 的发电量，在输变电领域投资 1100 亿美元。预计印度在未来十年内在公共交通设施、城市化、住宅、道路、港口、机场基础等基础建设领域的投资将高达 5000 亿美元。再如越南，近年来经济持续快速发展，每年有大批基础设施工程和工业项目上马，且大都通过国际招标选择承包商。为实现到 2020 年成为现代工业国家的目标，每年投资 100 多亿美元兴建工业项目和基础设施工程。按越政府现行规定，凡投资规模在 10 亿越盾（约合 6.5 万美元）以上的项目，均须进行招标，因而招投标项目众多，承包工程市场相当活跃。二是中央提出的国家对外政策中，明确"周边是首要"，今后同周边国家的经济合作将会进一步加强。从目前看，在中国西边，有上海合作组织之间的合作；东南边，已经建成了中国—东盟自由贸易区；在南边，同巴基斯坦已经签订了双边自由贸易协定，与印度的关系日益密切，2005 年印度还成为我对外承包工程的最大签约国。2005 年中国政府提出，将向东盟国家提供 50 亿美元优惠贷款，积极支持中国企业赴东盟国家投资兴业，鼓励它们在东盟国家建立一批基础设施完善、产业链完整、关联程度高、带动和辐射能力强的经济贸易合作区。胡锦涛主席在联大成立 60 周年大会发言时提出的对发展中国家提供的 100 亿美元优惠贷款中，有 30 亿美元是给东盟国家的。因此，目前亚洲国家可使用的中国政府提供的优惠贷款有 80 亿美元,可以支持大量的项目上马。总体而言,中国公司开拓亚洲市场相对具有地缘优势和政策优势。

## (二) 海湾地区

由于石油价格持续高涨,海湾地区建筑业投资呈现出高速增长的态势。2006 年我国企业在该地区表现不凡,包括上文提到的部分国家,新签合同额上亿美元的有:伊朗 32.4、沙特 17.1、阿联酋 15.7、卡塔尔 6.6、也门 4.9 亿美元。

收入的增长为海湾国家工程承包市场的发展注入了动力。如:卡塔尔到 2012 年,能源部门计划投资 700 亿美元,旅游部门计划投资 150 亿美元,基础设施领域计划投资 350 亿美元。国际货币基金组织 10 月 9 日发布的报告预计,海湾六国在 2006~2010 年间的投资规划达 7000 亿美元,这些国家正在实行的蓬勃发展计划,包括基础建设、石油天然气投资、基础设施和房地产。

据《海湾新闻》报道,海湾合作委员会、伊朗、伊拉克计划建筑项目总值约为 1 万亿美元,其中阿联酋市场规模约占三分之一,约为 2940 亿美元。科威特、沙特分别名列第二和第三位,计划建筑项目总值分别为 2110 亿美元和 2010 亿美元。整个地区对于建筑项目需求庞大,目前尚无减缓的迹象。

总的来看,沙特市场值得关注:一是中沙双边政治关系逐渐升温。"9.11"及伊拉克战争之后,美沙关系恶化,美国一反常态,视沙特为恐怖主义温床,大肆干涉。新国王不得不调整外交政策,更加重视多元化外交,注重与中国发展关系。二是中国与沙特双边互补性强,合作基础好。两国签署能源协议即是证明。目前中沙不仅扩大了石油合作,而且还在天然气、铝土、磷酸盐等方面加强合作。三是沙特建筑业规模相对较大。沙特国民商业银行据沙特政府的宏观规划预测,未来 20 年内政府投资的建筑市场规模在 6000 亿美元左右。2012 年前将投资 2673 亿美元、419 个项目,主要分布在 5 个领域,即市政基础设施、石油化工、水、电力以及制造业。其中市政基础设施建设比重最大,为 1060 亿美元。

## （三）非洲地区市场

由于连续在非签约特大项目，非洲地区成为2006年我国对外承包工程增长最为迅速的市场，同时成为当年新签合同额最多的地区。2006年我国企业在非洲新签合同额287.4亿美元，同比增长241.7%；完成营业额93.2亿美元，同比增长53%。中国在非承包工程情况如表2-6所示。

非洲市场情况统计表　　　　表2-6

| 年　份 | 2000 | 2001 | 2002 | 2003 | 2004 | 2005 | 2006 |
|---|---|---|---|---|---|---|---|
| 合同额（亿美元） | 20.8 | 24.6 | 27.9 | 38.7 | 64.3 | 84.1 | 287.4 |
| 占总合同额比例（%） | 17.7 | 18.9 | 18.5 | 21.9 | 27.0 | 28.4 | 43.5 |
| 营业额（亿美元） | 11.0 | 15.2 | 18.1 | 26.0 | 38.1 | 60.9 | 93.2 |
| 占总营业额比例（%） | 13.1 | 17.1 | 16.2 | 18.8 | 21.8 | 20.6 | 31.1 |

数据来源：商务部国外经济合作业务统计年报。

从整个非洲市场来看，由于非洲曾经长期是欧洲的殖民地，因此欧洲国家占据了非洲市场近50%的份额，美国承包商所占份额不到20%。但是近年来欧美等发达国家承包商所占市场份额正在下降（图2-7），而我国企业从2000年起在非洲市场的占有率有了比较明显的提高，由此可以看出中非经贸关系正在逐步加强。

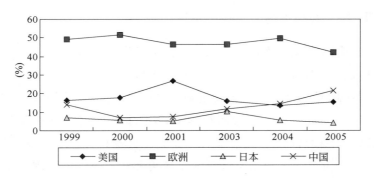

数据来源：2000～2006年《美国工程新闻纪录》
图2-7　非洲市场国际竞争格局

非洲承包工程市场前景广阔。首先，从非洲各国情况看，高油价和原材料出口产品价格的上扬带动了非洲各国出口收入的增长和经济增长率的上升，这一趋势在今后一段时间将继续看好。同时包括中国在内的很多国家减免了非洲的债务,使非洲国家有更多的资金投入本国基础设施建设,道路、港口、能源、电信等基础设施项目成为投资的热点。其中,在石油化工等资源领域的投入更大,有关资料表明,到2015年,仅尼日利亚在油气领域的投入就达到200亿美元。第二,中国政府非常重视发展同非洲国家的关系。2006年1月12日,国务院公布《中国对非洲政策文件》,明确宣布:"加强中非在交通、通讯、水利、电力等基础设施建设领域的合作。中国政府积极支持中国企业参与非洲国家的基础设施建设,进一步扩大对非承包工程业务规模,逐步建立对非承包工程的多、双边合作机制。"为推动中非新型战略伙伴关系发展,促进中非在更大范围、更广领域、更高层次上的合作,在2006年11月份召开的"中非合作论坛"上,中国政府宣布采取8个方面的政策措施,其中包括扩大对非洲援助规模,到2009年使中国对非洲国家的援助规模比2006年增加1倍;今后3年内向非洲国家提供30亿美元的优惠贷款和20亿美元的优惠出口买方信贷;为鼓励和支持中国企业到非洲投资,设立中非发展基金,基金总额逐步达到50亿美元;免除同中国有外交关系的所有非洲重债穷国和最不发达国家截至2005年底到期的政府无息贷款债务;今后3年内在非洲国家建立3~5个境外经济贸易合作区;等等。因此,以适合自身的方式抓紧走进非洲是适应当前形势的。

### (四)拉丁美洲市场

随着中国与拉美关系的日益密切,拉美成为我国对外承包工程增长最快的地区之一。2006年我国企业在拉美承包工程新签合同额达42.5亿美元,同比增长282.9%;完成营业额19.1亿美元,同比增长35.5%(图2-8)。在委内瑞拉新签合同额达18.3亿美元,完成营业额5.3亿美元;在巴西新签合同额达10亿美元,完成营业额1.6亿美元;在墨西哥新签合同额3.2亿美元,完成营业额4.1亿美元。其中,中信建设在拉美表现抢眼,其在委内瑞拉签订的住房项目达10.98亿美元,在巴西签订了合同额达2.69亿欧元的CSA焦化项目,合同总金额为4.28亿美元的巴西坎迪奥塔火电厂二期C项目。拉美一向被视为美国人的后院,因此,在拉美市场仍然主要是美国公司唱主角。但是中国公司在该市场日趋活跃引起了美国的关注。

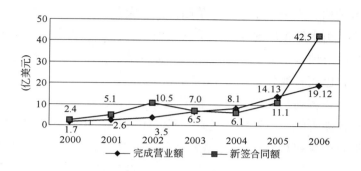

资料来源：商务部国外经济合作司统计
图 2-8 2000～2006 年我国公司在拉美对外承包工程增长示意图

由于石油和原材料、初级产品的市场需求加大，带动了国际市场价格的上涨，推动了拉美出口大幅增加，拉美经济连续第四年保持增长。当前，拉美区域内贸易繁荣，通货膨胀率进一步下降，外汇储备增加，外债大幅减少，外国直接投资呈上升趋势，拉美经济抵御外来风险的能力大大加强。拉美国家经济的增长带动了该地区建筑业的发展，特别是在基础设施领域项目机会更多。

中国与巴西在能矿资源、基础设施建设、高新技术和传统贸易等领域孕育着巨大合作潜力，近年来，中国与巴西经贸关系发展势头良好。2006年，中巴双边进出口贸易额达 203 亿美元，增长 37%。对外承包工程新签合同额达 10 亿美元，增长 132.6%。2006 年 6 月，巴西矿产能源部和中国商务部代表各自政府在北京签订了关于基础设施合作协议，目前协议已经正式生效。协议规定了两国政府主管部门将促进两国相关企业在电站建设，天然气管道建设等基础设施项目上的合作。2006 年 9 月 25 日，由中信建设总承包的巴西坎迪奥塔火电厂二期 C 项目 35 万 kW 机组奠基仪式在巴西南大河州坎迪奥塔市隆重举行。该项目为 EPC 总承包工程，中信建设负责整个项目的设计、采购、施工以及后期电厂操作人员的培训工作。项目合同总金额为 4.28 亿美元，合同工期 40 个月。从未来发展趋势分析，中国在巴西建筑市场前景看好。根据巴西公布的"加速经济增长计划"，巴西政府将投资 553 亿雷亚尔（约合 260 亿美元）改造全国交通基础设施，其中 310 亿雷亚尔来自联邦总预算、170 亿雷亚尔来自巴西社会经济开发银行的公共融资、73 亿雷亚尔来自私人投资。这些资金将用来修复全国

32000km 公路。未来 4 年，巴西基础设施投资集中在交通、能源、基础卫生、住宅和引水等领域的 300 个重点工程项目上，总投资 5039 亿雷亚尔，其中联邦政府预算投资 678 亿雷亚尔；联邦州、联邦企业和私人投资 4361 亿雷亚尔；巴西石油公司投资 1487 亿雷亚尔。

近年来，智利年平均经济增长率达 6.9%，经济增长率在南美处于领先水平。由瑞士的国际管理发展研究所(IMD)2002 年进行的"国际竞争力排名"调查中，智利位于拉美国家榜首，而且超过了法国、意大利和韩国，其市场经济透明度与美国并列第二位，政府腐败指数在拉美最低。中智两国经贸关系发展良好，特别是 2000 年以后，两国贸易平均年增长幅度在 20% 以上，2006 年两国进出口贸易额达 88.4 亿美元；但对外承包工程与 2005 年相比没有什么变化，2006 年中国公司在智利新签合同额为 2349 万美元，完成营业额为 2955 万美元。未来智利在矿业、交通、电力和房建领域存在较大市场机遇，其中铜委员会计划在 2006～2010 年期间投资铜矿、金矿以及银矿的金额将达到 130.9 亿美元。特别是 2006 年 10 月 1 日，《中国—智利自由贸易协定》正式启动，两国 97% 的产品将在未来 10 年内逐步实施零关税，中国公司将可以享受更低的关税水平和更好的优惠政策。

根据北美发展银行的估计，墨西哥每年需在基础设施方面投资 250 亿美元，以满足经济发展。新上任的卡尔德隆政府提出，将加强住房建设及基础设施建设。

### (五) 欧洲、北美及大洋洲市场

欧美市场是全球最具活力、亦是最大的建筑市场，但由于市场准入、劳工政策等方面原因，我国企业在欧洲、北美及大洋洲所占份额很低。中国的承包商在欧美市场的竞争力比较弱，每年大概只占不到 1% 的市场份额。这些市场在我国整个对外承包工程行业中所占的比重还较低(表 2-7)。根据 2006 年统计，欧美及大洋洲市场新签合同额仅占全国的 8.9%，完成营业额占全国的 16.5%。

与往年相比，2006 年我国对外承包工程在欧美市场增长速度还是比较快的。其中，在美国新签合同额 13.9 亿美元，同比增长 162.3%；完成营业额 11.4 亿美元，同比增长 178%。上海振华港机在美国市场表现突出，

2000～2005年我国公司在欧洲、北美、大洋洲市场统计　　表2-7

| 年　份 | 2000 | 2001 | 2002 | 2003 | 2004 | 2005 | 2006 |
|---|---|---|---|---|---|---|---|
| 合同额（亿美元） | 9.9 | 10.4 | 16.7 | 16.7 | 21.2 | 42.6 | 58.5 |
| 占总合同额比例（%） | 8.4 | 8.0 | 11.1 | 9.5 | 8.9 | 14.5 | 8.9 |
| 营业额（亿美元） | 6.0 | 9.1 | 15.7 | 13.8 | 17.3 | 26.4 | 49.4 |
| 占总营业额比例（%） | 7.2 | 10.2 | 14.0 | 10.0 | 9.9 | 12.1 | 16.5 |

数据来源：商务部国外经济合作业务统计年报。

连连击败日本、韩国、德国等世界一流竞争对手，在美国新签两个上亿美元大项目，分别为1.94亿美元的旧金山海湾大桥项目和2.5亿美元的新海湾钢结构工程项目。2006年我国公司在欧洲新签合同额41.4亿美元，同比增长38.5%；完成营业额34.2亿美元，同比增长60.6%。在大洋洲新签合同额比2005年下降较大，仅为2.77亿美元，同比下降47.3%，其主要原因是2006年没有签订大项目；但是完成营业额增长很快，达3.07亿美元，同比增长338.6%。

### 三、我国对外承包工程当前面临的形势

我国对外承包工程业务的迅猛发展，主要得益于"走出去"战略的实施，得益于各项支持政策的出台，得益于企业竞争实力的增强。到2020年前的十几年，是我国大力发展对外承包工程的重要战略机遇期，随着促进体系的不断完善，外部环境的优化，我国的对外承包工程面临着广阔的发展前景。

#### （一）有利因素

第一，从当前全球经济形势看，和平、发展与合作仍是世界经济的主流，未来两年，世界经济扩张略有回落，但仍将保持较高增速。据世界银行预测，2007年世界经济仍将保持3.2%的增长速度。全球建筑投资保持稳定增长，据美国研究机构Global Insight的分析，近年来全球建筑业投资额以每年4%～5%的速度增长，2007年全球建筑业投资规模预计达4.78万亿美元。与此同时，经济全球化趋势和区域经济一体化进程深入发展，世界各国与地区之间的分工合作不断增强，经济联系日益紧密。

第二，我国在推动建立国际政治经济新秩序中发挥的作用日益重要，

对外经济工作布局基本建立，国家对经济外交日益重视。中国政府重视并积极参与多边贸易体制的建立和完善，积极推动区域经济合作的进展，一贯鼓励国内企业本着"平等互利、讲求实效、形式多样、共同发展"的原则开展国际经济合作，扩大与各国各地区的经贸往来。当前，中国与周边国家的经济贸易关系更加密切，相互依存度加深。中国与广大发展中国家的经贸合作规模不断扩大，合作模式得到了广泛认同；中国政府承诺今后将向发展中国家提供更多的优惠贷款和对外援助，并主要用于发展中国家的基础设施建设和工业项目，为对外承包工程的发展提供了更大机遇。中国与发达国家间的经济贸易合作不断深化，利益共同点越来越多。中国—东盟自由贸易区、中非合作论坛、上海合作组织等区域经济合作不断加强。中国与巴基斯坦、智利签署的自贸区协定已生效，并正与澳大利亚、新西兰、海湾合作委员会等展开自由贸易区谈判。通过构建区域经济合作制度，为我国对外承包工程创造了更加有利的宏观环境，特别是通过政府间的合作协定，使以往多年难以开拓的市场得以集群式、大规模开发。

第三，支持对外承包工程发展的政策环境不断完善，并即将出台法律制度。随着"走出去"战略的实施，各项政策措施逐步落实，有力推动了对外承包工程事业的发展；同时，中国政府先后专门出台了许多支持对外承包工程发展的措施，包括财政、金融及外交支持等诸多方面。最近还将出台进一步支持对外承包工程发展的政策，并将颁布对外承包工程管理条例。我国对外承包工程将走上规范化发展的道路。

第四，我国经济社会建设取得了较大成就，我国产业结构不断调整和优化，工业化水平提高，自主创新能力增强，对外经济贸易发展迅速，中国企业在大型机电设备、成套设备制造等方面的竞争力增强，势必推动中国公司对国际工程承包市场的开拓。目前，中国外汇储备已超过1万亿美元，中国政府承诺今后将向发展中国家提供更多的优惠贷款和对外援助，并主要用于发展中国家的基础设施建设和工业项目，为对外承包工程的发展提供了更大机遇。未来几年内，我国对外投资年增长速度约为40%左右，其对工程承包的拉动作用将越来越明显。无论是以资源开发合作为导向的投资，还是以出口贸易为导向的加工制造领域的投资，都将大大推动我国对外承包工程的发展。同时，社会主义市场经济体制逐步完善，落实科学发展观的体制机制保障正在形成，为开展对外承包工程提供了有力的制度保障。

第五，企业改革步伐加快，中国企业的国际竞争力不断提高。通过改制重组，企业群体的构成开始向多元化发展，一批具有实力的国有跨国企业正在形成，部分具有很强实力的民营企业、合资企业积极向国外市场发展，并取得了良好的业绩。部分大型企业已经在国际上确立自己的品牌形象和专业优势，形成了稳定的市场区域和市场份额。当前，中国企业在交通运输、电力及普通房建等领域具备技术特长，竞争优势明显。

第六，商会作为行业组织，在促进行业发展方面所发挥的作用越来越大。近年来，承包商会积极改革，扎实工作，在反映诉求、行业自律、提供服务方面做了不少工作。下一步，商会将围绕对外承包工程行业转变增长方式，提高质量和效益这一中心开展工作，积极推进专业化服务体系建设和行业信用体系建设，增强商会的可持续发展能力，努力促进行业发展。

**(二) 不利因素**

总体而言，国际工程承包环境对我们是有利的，但还需要清醒地认识到，前进的道路并不平坦，我们仍然面临一些挑战，在看到有利因素的同时，也不能忽视不利因素的存在：

第一，国际政治形势复杂多变，地区安全仍然存在不确定因素，安全问题不容忽视。在经济全球化深入发展的背景下，国际政治势力之间依然存在着各种矛盾和斗争，政局动荡和局部战争仍然存在，部族间的利益冲突不断发生。同时，传统安全威胁和非传统安全威胁的因素相互交织，国际恐怖活动对地区和世界安全的影响明显增大。随着我国走出去的领域越来越广，境外人员和机构面临的新情况也越来越多，遇到的问题越来越复杂，总体安全形势日趋严峻。另外，自然灾害、管理不善等原因造成的安全问题时有出现，需要提高警惕。

第二，西方国家对既得利益的保护增强了市场开拓难度。随着中国企业越来越多的走向国际市场，必然直接面临着和欧美承包商、跨国公司之间的激烈竞争。历史上，非洲是西方国家的殖民地，西方国家在非洲已经营了近百年，直到今天决定非洲国家经济命脉的重工业、矿产业、制造业等重要领域仍然被西方跨国公司所操纵。在这种局面下，西方公司必然会通过各种手段维护既得利益。另外，国际投资与贸易保护主义依然存在，一些国家以安全、技术和卫生为由设置准入障碍，同样加大了市场开拓的难度。如：印政府仍明文规定对来自中国的投资提案要接受印度内阁安全委员会的安全审查。2006年，其Vizhinjam港口项目目前已经完成招标，但中标的中国港湾工程公司未能获得印政府的"安全许可"。在2006年10月份，印度还排斥了中兴公司参与其国家电信建设项目，其中摩托罗拉由于准备采购华为公司的部分设备也被淘汰。

第三，企业综合竞争力与欧美大型承包商有差距。目前，我国企业在项目规划、技术研发、资本运作、人力资源管理等方面还难以同欧美大型承包商竞争；还需要加强对项目有关的生态、环境等的考虑，加强风险管理。从欧美大型承包商的规模看，国际大型承包商经营多元化，拥有在世界范围内开展业务所需要的执照和许可证，能够充分利用全球的资源供应链管理。从欧美大型承包商的经营范围看，其都能提供全方位的工程服务，产业延伸较长。所提供的服务包括：项目的可行性研究报告、环境评价、项目融资、概念设计、基础设计、工程施工及管理、设备材料采购及管理、项目管理、项目启动及试车、运行维护、人员培训等。从欧美大型承包商的项目运作看，从项目的决策到项目的管理都比较规范，通过资金链、完善的制度保证项目的有序进行，避免了因主观臆断可能造成的损失。此外，欧美大型承包商特别重视对技术研发和人力资源的投入，这都是中国企业需要提高的。

### 四、需要关注的几个问题

近年来我国对外承包工程总体发展势头良好，特别是2006年，业务增长突飞猛进。但是，有几个问题需要引起关注。

第一，如何推动增长方式的转变。我国对外承包工程"十一五"规划提出要实现增长方式的转变，如何实现这一目标是摆在每个企业家面前的重大课题。从2006年新签合同额情况和新签大项目情况分析，中土集团公司、中信国华和中国石化工程建设公司的突飞猛进具有典范意义，摆脱了过去单靠数量累积增长的模式，而是通过资源整合能力、融资能力、技术进步来实现的飞跃发展。相形之下，有一些公司未能及时调整公司发展战略,表现在公司业务领域较为单一、资本运营能力不够强和项目运作模式不灵活等方面,使得业务增长缓慢。目前,认清自身的定位,找出中外承包商之间的不足,提高国际竞争力,是中国对外承包工程企业的当务之急。

第二,在促进业务健康发展的同时要更加注重规范,特别是境外生产过程中的质量控制及监管问题必须引起政府部门和企业的重视。在当前业务迅速发展的大好形势下,对我国企业总承包的项目必须要加强监管,尤其是政府合作框架下的项目,如果由于质量监管缺位,所损失的将不是一个项目,一片市场,而是整个中国企业的信誉。我国对外承包工程当前快速发展的局面来之不易,要特别珍惜,要坚持信誉第一,质量第一,全面提高质量和效益。

第三,企业社会责任意识需要加强。随着我国对外承包工程的进一步发展,涉及的市场领域越来越多,与当地发生纠纷和摩擦的几率越来越多,社会矛盾问题以及由此引发的经营安全方面的问题日益突出。为了避免发生大家都不愿意看到的情况,我国企业需要学会在谋求业务发展的同时与当地社会和谐相处,在促进当地就业、改善生活条件、兴建公益项目、培养当地人才、保护生态环境等方面为当地排忧解难,在力所能及的范围内多做深得民心的好事实事。

第四,加强风险防范。从当前看,今后我国对外承包工程将保持相当的规模,由于对外承包工程占用资金多、经历时间长,其中的风险要特别注意规避和防范。对一些特大型项目,其项目管理、资本运作、与东道国的协调等更为复杂,涉及的风险也更大。在所有的风险中,要注重防范金融风险,许多金融工具如利率、汇率、股价等虽然在很大程度上取决于实体经济的发展,但更多地受预期心理、市场信心等外界的影响。当前,人民币汇率升值问题对业务的影响就需要引起企业的关注(图2-9)。由于我国企业承包的大项目越来越多,这些项目本身的现金流量也很大,任何一个环节出现问题,都可能出现悲剧性结果。对于承揽这些大项目的企业而言,要更加注重防范支付风险,保证工程的效益。为了防范尼铁项目的支付风险,中国进出口银行评估后,在签订的贷款协议中要求尼方用石油担保。这样,万一尼方资金不到位,可以保证中方拿到实实在在的石油。这种方式值得借鉴和参考。

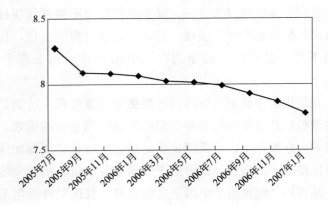

注：根据近年来国家外汇牌价绘制

图 2-9　人民币汇率趋势图

第五，人才缺口加大。随着对外承包工程事业的快速发展，当前对外承包工程企业普遍缺乏适应国际市场需要的各种人才，人才已经成为制约企业发展的重要因素。要注重人才的激励和培养机制，建设企业领军人物、企业经营管理人员、专业技术人员和一线操作人员队伍，保证事业的持续稳定发展。

（中国对外承包商会编写组　执笔：王玉梁　张湘　辛修明　付勇生）

# 专 题 篇

伴随着我国经济的崛起，中国建筑业规模增长，能力提升，发展迅速。面向未来，中国建筑业亟须探索新时期的发展方向和道路。尊重工程建设的客观规律，适应工业化、信息化、节能减排的潮流，努力破除计划体制遗留的产业分割、建造环节分割、企业分割的组织模式。沿着组织更合理、建造方式更科学、技术更先进、资源更节约的方向，发展建筑工业化，用先进技术改造传统建筑业，积极探索采用新的项目组织方式，是建筑业进行创新发展的重要组成部分。

# 专题一：关于建筑工业化发展的探讨

## 一、引言

建筑业是国民经济的支柱产业，就业容量大，产业关联度高，全社会50%以上固定资产投资要通过建筑业才能形成新的生产能力或使用价值，建筑业增加值约占国内生产总值的7%。建筑业的技术进步和节地、节能、节水、节材水平，在很大程度上影响并决定着我国经济增长方式的转变和未来国民经济整体发展的速度与质量。

但是，由于建筑业生产活动固有的特点和传统，使得建筑业的生产技术发展缓慢。建筑产品式样多、不定型；体积庞大、材料零碎；地点分散、施工流动；费用大、时间长。这些特点使机械化生产普及到建筑业所遇到的问题比其他工业部门更复杂，进程更长。虽然也使用了各种施工机械、更新了建筑材料、扩大了建筑规模、完善了建筑功能，但就总体而言，建筑业在其他行业都已实现工业化以后很长时间内，仍然处于分散的、零星的、单独的小生产方式，施工封闭进行、构件小批定作，装修就地完成。为改变这种面貌，各国都正在大力发展建筑工业化，采取类似现代工业大生产的方式来建筑房屋，并使整个行业成为一个完整的、配套的工业生产体系。

## 二、建筑工业化的内涵

### (一) 建筑工业化的含义

英语中工业化(industrialization)的概念以联合国经济委员会的定义最为著名，即工业化包括：

（1）生产的连续性(continuity)
（2）生产物的标准化(standardization)
（3）生产过程各阶段的集成化(integration)

(4) 工程高度组织化(organization)

(5) 尽可能用机械化(mechanization)作业代替人的手工劳动

(6) 生产与组织一体化研究与开发(research & development)

建筑工业化(construction industrialization)是社会生产力发展的产物，指采用大工业生产的方式建造工业和民用建筑。即按照最终产品的需要，把相关的科研、设计、材料、构配件生产、机械设备、施工方法以及组织管理等各个方面的工作，组成一个整体，形成不同的建筑体系，做到批量生产、商品经营，也就是用标准化、工厂化、机械化、科学化的成套技术来改造建筑业传统的生产方式，将其转移到现代大工业生产的轨道上来。

建筑工业化是建筑业从分散、落后的手工业生产方式逐步过渡到以现代技术为基础的大工业生产方式的全过程，是建筑业生产方式的变革。当实现了在工厂运用先进手段大批量生产构配件，在现场进行机械化装配施工及用科学的方法进行组织管理时，就能有效地提高生产效率、加快建设速度、改善劳动条件、提高产品质量、降低工程成本，以此取得最佳的经济效益和社会效益。这一方针的生命力已为实践所证明，正如1974年国际事务部在《关于逐步实现建筑工业化的政府政策和措施指南》报告中指出：建筑工业化是不可逆转的潮流，它最终将达到地球上最不发达的地区。

## (二) 建筑工业化的内容

世界各国推行建筑工业化各有不同的做法和要求。建筑工业化的基本内容和发展方向可概括为以下几个方面：

1. 建筑设计标准化、体系化。这是建筑工业化的前提。要求设计标准化与多样化相结合，构配件设计要在标准化的基础上做到系列化、通用化。主要包括：

建筑构配件的标准化，建筑构配件主要包括梁、板、柱、楼梯、阳台、天窗和墙体等。建筑配件主要是指门、窗、栏杆、内外装修饰面以及水、暖、电、卫生设备的配件等；

对建筑产品的规格、尺寸具有统一的质量标准、工艺标准，尽量减少构配件的规格型号，逐步作到系统化和通用化；

大量建造和多次重复使用的建筑物、建筑群、构筑物或它们的单元、节间等采用标准设计、通用设计或定型设计；

建筑产品采用统一的建筑模数和建筑参数；

在建筑设计标准化的基础上进一步发展建筑设计体系化，所谓体系化，就是根据各地区的自然条件、材料来源、材料供应方式以及设计标准，设计出定型的设计图纸，同时再配以合理的施工方法，把整个施工过程统一定型，组织不同类型的工业化建筑体系，大力推广成套工业化建筑体系。

2. 构配件和部品生产工厂化。就是将原来在现场完成的构配件加工制作活动和部分部品现场安装活动相对集中地转移到工厂中进行，改善工作条件，可实现优质、快速、低耗的规模生产，为实现现场施工装配化创造条件。根据工厂化程度可以分为三个发展阶段，如表3-1-1所示：

建筑工业化发展阶段　　　　　　　　　　表 3-1-1

| 阶 段 | 特 点 | 预制构件价值占全部材料和制品价值的比例 |
| --- | --- | --- |
| 第一阶段 | 局部采用预制构件，如少量小型的构件如楼板、门窗过梁、楼梯、平台等，而大量的主要分部分项工程还是在现场完成 | 20%～30% |
| 第二阶段 | 大部分采用预制装配构件，如梁、板、柱、桩、墙板、屋面板等均在工厂预制 | 50%～70% |
| 第三阶段 | 几乎全部采用预制装配构件，并且部品都采用工厂预制，建筑基础以上的构件和部品80%以上都在工厂预制或生产，还可以生产某些建筑结构单元，甚至整个建筑 | 80%以上 |

构配件和部品生产工厂化程度在很大程度上反映了建筑工业化的水平。建筑工业化的发展目标通常是指第三阶段。

3. 现场施工机械化。这是建筑工业化的核心，即在施工中采用合适的机械，有效地逐步地代替手工劳动，用机械完成主要构配件装配施工。施工机械化为改变建筑生产以手工操作为主的小生产方式提供了物质基础。施工机械化是与构配件工厂化相对应的。

4. 组织管理科学化。这是建筑工业化的重要保证。从建筑的设计开始，直到构配件生产，施工的准备与组织，建筑生产全过程都应当纳入科学管理的轨道。按照工业产品生产的组织管理方法和建筑产品的技术经济规律来组织生产。这里主要是指科学地安排建筑构配件生产与现场施工的组织管理工作。应该按照建筑工业化这种新的生产方式的特点，采用与之相适应的组织管理理论、方法、手段。

## 三、国内外建筑工业化历程、发展现状和趋势

### （一）建筑工业化发展历程

建筑工业化是各国建筑业发展的一个共同方向，1989年在国际建筑研究与文献委员会（CIB）第11届大会上，各国专家在总结各国经验的基础上，把建筑工业化的发展列为当前世界建筑技术的八大发展趋势之一。

建筑工业化的概念起源于欧洲。18世纪产业革命以后，随着机器大工业的兴起、城市的发展和技术的进步，建筑工业化的思想开始萌芽。

20世纪20~30年代，早期的建筑工业化理论就已基本形成。当时有人提出，传统的房屋建造工艺应当改革，其主要途径是由专业化的工厂成批生产可供安装的构件，不再把全部工艺过程都安排到施工现场完成。

建筑业出现全行业的改造推行工业化，是在第二次世界大战后从欧洲开始的。第二次世界大战后，由于战争造成大量房屋倒塌，土地荒芜，欧洲面临住房紧缺和劳动力缺乏两大困难，促使建筑工业化迅速发展。欧洲一些国家，如前苏联、波兰、法国、英国、德国等国把其他部门工业化的成果用于建筑业，加快了建筑部门工业化的发展，其中，法国和前苏联发展最快。

世界各国推行建筑工业化已有几十年的历史。20世纪50~70年代，主要发展"专用体系"工业化，这个时期以预制大板建筑体系为主的建筑工业化，法国就称之为"第一代建筑工业化"。由于采用相同的结构形式，竣工的建设项目千篇一律，居住环境单调呆板，由于大板体系各种类型的构件不能互相通用，所以在生产规模小和工程分散的情况下，不能充分发挥工业化的优越性。因此，20世纪70年代起，一些发达国家开始探索"通用体系"工业化，法国称之为"第二代建筑工业化"，在日本称之为"部件化"，从专用体系向通用体系的发展，克服了建筑产品经营者各自为政的状态，使建筑产品的生产工艺能够发挥其理想的效果，提高了设备的利用率，解决了预制加工厂开工率不足的问题。有人把"专用体系"认为

是一种"封闭式"的经济模式。为了寻求一种新的经济平衡点，打破各个专用体系之间的分界线，去寻求一种适应于建筑市场要求的经济发展模式，把"通用体系"认为是一种"开放式"的经济模式。通用体系的出现对于世界建筑市场的发展，对于工业化发展的道路提供了一种新的尝试。

## （二）建筑工业化发展现状

### 1. 发达国家建筑工业化发展现状

（1）欧洲

法国是世界上推行建筑工业化最早的国家之一，20世纪50～70年代的第一代建筑工业化是以全装配式大板和工具式模板现浇工艺为标志，表现为大规模成片住宅建设，并出现"专用建筑体系"。第二代建筑工业化以发展通用构配件制品和设备为特征，并推出"构造体系"。构造体系是以尺寸协调规则为基础，由施工企业或设计事物所提出的主题结构体系，由一系列能相互代换的定型构件组成，形成该体系的构件目录。法国建筑工业化的特点为：一是以推广"构造体系"作为向通用建筑体系过渡的一种手段；二是推行构件生产与施工分离的原则，发展面向全行业的通用构配件的商品生产。

瑞典从20世纪50年代开始在法国的影响下推行建筑工业化政策，并由民间企业开发了大型混凝土预制板的工业化体系，以后大力发展以通用部件为基础的通用体系。以住宅为例，目前瑞典的新建住宅中，采用通用部件的住宅占80％以上。瑞典建筑工业化的特点可以归纳为：在较完善的标准体系基础上发展通用部件；独户住宅建造工业十分发达；政府推动建筑工业化的手段主要是标准化和贷款制度。

丹麦是世界上第一个将模数法制化的国家，国际标准化组织的ISO模数协调标准就是以丹麦标准为蓝本的。丹麦推行建筑工业化的途径是开发以采用"产品目录设计"为中心的通用体系，同时比较注重在通用化的基础上实现多样化。

英国在1998年由政府委托建筑领域的业主完成的一份被称作"建筑生产反思"的报告中明确指出了，英国建筑生产领域需要实现的具体目标，即通过新产品开发、集约化组织、工业化生产等以实现：成本降低10％，时间缩短10％，可预测性提高20％，缺陷率降低20％，事故发生率降低

20%，劳动生产率提高10%，最终实现产值利润率提高10%。这份报告中所强调的一个观念是：将制造业的生产方式引入建筑业是解决上述问题的重要途径。它打破了长期以来人们认为建筑业不同于制造业，因为它的每一个产品都是独一无二的概念。正是由于政府的推动以及一些极有影响的业主对提高建造速度和尽早收回投资的强烈要求，英国掀起了一场建筑领域生产方式的革命，轻钢结构的装配式住宅及单元式建筑（Modular Construction）得到了较快的发展。单元式建筑是事先设计，再在工厂制作符合设计标准规格的单元式建筑，最后运至现场进行安装。至20世纪90年代，英国已形成了从设计、制作到供应的成套技术及有效的供应链管理，广泛应用与住宅、饭店、酒店的修建和扩建中。（李世蓉，2004）

（2）美国

美国是全面发展建筑工业化的典型国家，建筑工业化已达到较高水平。

美国注重建筑工业化的全面发展，在主体结构、装修和设备三方面发展都很全面。表现在主体结构构件的通用化上，特别表现在种类制品和设备的社会化生产和商品化供应上；除工厂生产的活动房屋和成套供应的木框架结构的预制构配件外，其他混凝土构件与制品、轻质板材、室内外装修以及设备等产品十分丰富。

模板工程从设计到制作已成为独立的制造行业，并已走上体系化道路。模板类型很多，并能组合拼装。在经营方面，可定购、选购租赁，并提供免费技术指导和现场培训。

现场施工方面，分包商专业化程度很高。并且专业承包商的专业分工很细，为在建筑业实现高效灵活的总分包体制提供了保证。

建筑装饰装修材料的特点是基本上消除了现场湿作业，同时具有较为配套的施工机具，厨房、卫生间、空调和电器等设备近年来逐渐趋向组件化，便于非技术工人安装。

对于住宅产业来说，美国住宅用构件和部件的标准化、系列化及其专业化、商品化、社会化程度很高，几乎达到100%，各种施工机械、设备、仪器等租赁化非常发达，混凝土商品化程度达到84%。美国住宅建筑没有受到"二战"的影响，它没有走欧洲的大规模预制装配道路，而是注重于住宅的个性化、多样化，美国住宅多建于郊区，以低层木结构为主，用户按照样本或自己满意的方案设计房屋,再按照住宅产品目录到市场上采购所需的材料、构件、部品,委托承包商建造。其特点是采用标准化、系列化的构件部品,在现场进行机械化施工。其结果是功能满意、质量好、效率高、价格适当。

(3) 日本

20世纪60年代掀起建筑工业化高潮,发展各类工厂生产的主体结构,20世纪60年代中期很快就由主要注意发展主体结构转向包括主体结构、装修和设备的"部件化",并认为发展建筑工业化最理想的顺序应是发展建材生产工业化→部件化→建筑物的全面工业化。同时也认为发展部件化也是解决标准化与多样化矛盾的有效措施,并且将发展部件化作为发展建筑工业化的一个重要组成部分进行扶植和发展。

日本建筑工业化的发展很大程度上得益于住宅产业化的发展,20世纪70年代是日本住宅产业的成熟期,大企业联合组建集团进入住宅行业,在技术上产生了盒子住宅、单元住宅等多种工业化住宅形式;20世纪80年代中期为了提高工业化住宅体系的质量和功能,设立了工业化住宅性能认定制度;到20世纪90年代采用产业化生产方式生产的住宅占竣工住宅总数的25%~28%,详细数据见表3-1-2:

20世纪90年代日本工业化住宅占住宅总数的比例(户)    表3-1-2

| 年份 | 1991 | 1992 | 1993 | 1994 | 1995 |
| --- | --- | --- | --- | --- | --- |
| 竣工住宅总数 | 1342977 | 1419752 | 1509787 | 1560620 | 1484652 |
| 其中装配化住宅数量 | 380384 | 387870 | 392978 | 391566 | 407527 |
| 装配化住宅比例 | 28.3% | 27.3% | 26.0% | 25.1% | 27.5% |
| 其中工业化住宅数量 | 253255 | 264942 | 261438 | 247313 | 249124 |
| 工业化住宅比例 | 18.9% | 18.7% | 17.3% | 15.8% | 16.8% |

资料来源:日本建筑中心,《日本的工业化住宅》,1997年

在日本住宅产业化发展的三十年间,住宅产业造就了一大批成功的大企业集团。这些企业既有综合性、一体化生产经营的住宅产业集团,也有大规模生产某种制品的专业化大企业,形成了高水平、大规模、低成本、高效益、综合化与专业化相结合的格局。

**2. 中国建筑工业化发展现状**

我国建筑工业化走过了五十多年的曲折发展历程,建筑工业化的各个

要素都有不同程度的发展，物质技术基础有很大加强，主要表现在以下几个方面：

（1）建筑体系成套技术日益成熟和完善，一些成熟的新型建筑体系成套施工技术，如大开间板式楼大模板施工技术、滑升模板施工技术、隧道模施工技术等不断完善，已被审定列入国家级工法；砖混建筑体系的工业化水平得到进一步发展和提高；开发出了一些新的建筑体系，如盒子建筑体系、大开间灵活住宅体系、SAR体系等。

（2）施工、生产专业化、社会化进一步发展，商品混凝土已逐步形成独立的行业；装饰装修企业已具有相当的生产能力；机械租赁业有所发展；防水专业公司发展壮大；模板脚手架的专业化租赁、承包业务有较快发展。

（3）建筑机械化水平不断提高，高层建筑机械化施工有很大突破，小型、多功能机具有新的发展，减轻了劳动强度，提高了劳动效率。

（4）构配件与制品生产能力不断提高，混凝土、钢筋、钢门窗等年产量大大增加，预制品厂可按用户要求加工。

（5）建筑标准化进一步完善，各地编制了多种通用图集。以住宅为例，围绕住宅设计标准化和多样化问题，进行了探索。在设计方法、住宅套型、内部空间组织、室内装修、立面、体型以及住宅群体组织等的标准化和多样化的结合方面有了新的突破。

**3. 中国建筑工业化存在的主要问题**

由于发展建筑工业化的观念淡化，技术政策不明，各个环节和要素缺乏必要的协调，经济手段不完善，从总体来看，建筑工业化发展较缓慢，不能适应建设市场和住宅建设发展的需要，主要存在以下问题：

（1）总体水平较低，劳动生产率低，发展缓慢

人均竣工面积指标长期徘徊不前。人均竣工房屋面积是衡量劳动生产率的实物量指标，也是衡量建筑工业化水平一项综合指标。

质量问题突出，质量是关系到行业信誉和人民生命财产安全的大问题。以住宅为例，虽然近几年城市住宅工程质量有某些提高，但合格率仍在60％左右，农村住宅按国家施工规范验收要求衡量，合格率更低。从住宅建筑工业化角度看，材料、制品质量差是一个大问题。材料、制品与配套产品品种少，质量差，一些企业生产规模不大，生产设备不完善，缺少

质量控制和管理手段，造成产品质量过低。装修、抹灰、安装等费力劳动仍然大量存在。这些工程的机械化程度一般不超过10%。各类新型建筑体系所占比例有所下降。农村建筑队伍缺乏承担各类新型住宅体系所需的设备和经验。

（2）发展建筑工业化的观念淡化，技术政策不明

在坚持工业化的方向上，认识不明确，从全行业的角度来看，发展建筑工业化，如何发展建筑工业化等问题未得到及时研究和解决。没有结合新的经济情况提出可行的发展建筑工业化的重点和技术政策。

（3）经济政策不配套

推行建筑工业化，就必须要有配套的经济政策，保证企业的经济利益，从而保证一定技术政策的推行。现有经济政策不配套、不完善造成企业采用新技术不能获得相应的效益，有的还要增加投入，减少利润，严重影响了企业开发采用先进技术的积极性。

（4）缺乏必要的协调

在纵向，科研开发、设计、施工、生产之间缺乏围绕提高最终产品质量，提高建设速度和总体经济效益开展的协作和配合。在横向，在各有关行业间缺乏协调。发展建筑工业化，要把最终产品搞好，必须通过必要的行政和经济手段把有关方面组织起来，在统一的目标下开展协作。

### （三）建筑工业化发展趋势

建筑工业化的发展趋势主要体现在以下几个方面：

1. 标准化，特别是模数协调标准对建筑工业化有十分重要的意义，各国的模数协调标准正在逐步向国际标准化组织（ISO）颁布《模数协调》的系列标准靠拢。

2. 新型的、工业化的建筑结构体系的广泛应用，主体结构通用体系进一步发展。建筑结构体系标志着一个国家经济以及工业化、现代化的发展水平，发达国家经过多年的发展，形成目前的以钢结构、钢筋混凝土结构、木结构等为主的新型建筑结构体系，主体结构通用体系进一步发展。

3. 标准化、系列化、通用化的部品开发、生产和供应不断发展。以住宅产业为例，日本经过二十多年的发展，推行住宅部品，现在住宅的各个

部分都有通用部品，对无特殊要求的住宅，只要将通用部品组合起来即可。

4. 现场施工的技术服务体系日趋完善。经济发达国家目前已基本做到分工种、专业来进行施工，同时施工机具（模板、脚手和建筑机械、工具）经营专业化不断深化，大大提高了工程的建造质量。

5. 建筑业技术含量不断提高，IT和电子技术的应用将继续推动工厂化生产和机械化、自动化水平的提高。近年来，发达国家都十分重视将IT、电子和机器人等高新技术应用于建筑业的各个部门，不仅提高了建筑本身的科技含量，而且大大提高了建筑业施工过程的自动化水平。

6. 制造业等其他行业先进的生产、管理技术与方法不断被引入建筑业工业化生产。最近几年生产管理与企业管理领域里的很多理论与方法被引进建筑业的工业化生产中，包括大规模定制（Mass Customization）、敏捷生产、企业经营过程重构（BPR）、供应链理论、并行工程（CE）、虚拟企业、学习型组织等，为建筑工业化的发展开辟了广阔的发展空间。

7. 可持续发展理念的引入。可持续发展理论，核心是"发展"，关键是"可持续"，其内涵是淘汰落后，着眼现实的技术物质条件，合理利用资源，不断优化和提高效率，遵循发展的螺旋型上升和量变到质变的规律，坚持发展的阶段性、创新性，保持发展的可持续性，注重环境、生态保护和优化以及人文历史的保护和延续。

### 四、建筑工业化的发展构想

#### （一）新型建筑工业化的背景

中国作为一个发展中国家，如何成功追赶并超过发达国家，选择适合自身国情的发展道路是至关重要的问题。美国经济史学家格申克龙（Gerchenkron）在总结德国、意大利等国经济追赶成功经验的基础上，于1962年创立了后发优势论。后发优势是由后发国地位所致的特殊有利条件，这一条件在先发国是不存在的，后发国也不能通过自身的努力创造，而完全是与其经济的相对落后性共生的，是来自于落后本身的优势。后发优势的主要观点为：

（1）由于后发优势的存在，发展中国家的发展道路将不同于发达国家发展初期的道路。发展中国家不会、也没有必要按照统一的模式重走发达国家走过的老路，各个发展中国家应该根据自己的情况选择不同的发展道路。

(2) 由于后发优势的存在，发展中国家必须充分借鉴发达国家的成功经验，进行技术的模仿创新、制度的借鉴改造、结构的优化升级，以人之长、补己之短。基于后发优势的技术发展的"蛙跳"（Leap-frogging）模型（Brezis，PaulKrugman，Tsiddon，1993）指出后进国家可以跨越技术发展的某些阶段，直接开发、应用新技术、新产品，进入国际市场与先进国家进行竞争。

(3) 在全球化的新形势下，后发优势的表现更加突出，影响更加明显，发展中国家必须抓住这一历史性机遇，化消极因素为积极因素，提高参与全球化的能力和水平，充分利用后发优势发展自己。

中国的建筑工业化与国外已经完成的建筑工业化是不同的，国外发达国家在三四十年前就已经逐步实现了建筑工业化，目前正在向信息化、现代化方向发展。中国目前建筑工业化尚未完成，而世界已经进入了知识经济、网络信息时代，目前中国建筑业、住宅产业前工业化特征明显，具有前工业化时期的手工作坊、粗放型特征；工业化进程加快；同时后工业化特征开始显现（聂梅升）。党的十六大报告中明确指出："实现工业化仍然是我国现代化进程中艰巨的历史性任务。信息化是我国加快实现工业化和现代化的必然选择。坚持以信息化带动工业化，以工业化促进信息化，走出一条科技含量高、经济效益好、资源消耗低、环境污染少、人力资源优势得到充分发挥的新型工业化路子。"与传统的工业化相比，新型工业化有三个突出的特点：第一，以信息化带动的、能够实现跨越式发展的工业化。第二，能够增强可持续发展能力的工业化。第三，能够充分发挥我国人力资源优势的工业化。按照新型工业化的要求，中国建筑工业化不能完全走国外发达国家已经走过的道路，而应该走一条符合中国特点的新型工业化道路。

## (二) 建筑工业化的发展道路

建筑业是国民经济的重要支柱产业，引导和推动建筑业走新型工业化道路具有重要意义。2006年7月，建设部颁布的《关于进一步加强建筑业技术创新工作的意见》中指出新型建筑工业化主要体现在以下四个方面：

1. 推广应用高性能、低能耗、可再生循环利用的建筑材料,提高建筑品质,延长建筑物使用寿命。

2. 大力发展整体装配式结构技术,提高建筑构配件的标准化、系列化、定型化程度,加大建筑部品部件产业化生产比重。提高建筑施工技术装备水平,全面提升施工现场装配和机械化生产能力,大幅度提高建筑业的劳动生产率。

3. 有效应用清洁生产技术,推进"绿色施工",减少施工对环境的负面影响。创建节约型工地,在施工过程中节约使用煤电油气等资源,降低建筑施工能耗。

4. 施工总承包企业要充分利用信息技术提高项目管理能力;专业承包企业要大力开发专有技术和产品,形成设计、施工安装一体化服务优势;劳务分包企业应重点改进施工工艺,推广应用各类专用小型施工机具,减少手工作业,减轻操作人员劳动强度。

### (三)建筑工业化发展的技术支撑体系

建筑工业化作为以技术进步为基础的发展取向,其发展必然要求有相应的技术来支持,由于建筑业与其他行业相比,是一个涉及专业多、范围广、部门单位多而又复杂的产业,涉及建筑、建材、设备等专业的多门学科,其技术体系非常庞大复杂,本文按技术对象划分,将其分为建筑产品技术、建筑生产技术、管理技术等,具体划分见表3-1-3:

建筑工业化技术支撑体系　　　　表 3-1-3

| | | | |
|---|---|---|---|
| 建筑工业化技术支撑体系 | 产品技术 | 建筑结构技术 | 建筑体系技术 |
| | | | 结构体系技术 |
| | | 新型材料技术 | 绿色新型建筑材料技术 |
| | | | 新型化学建材技术 |
| | | | 其他新型建材技术 |
| | | 性能保证技术 | 供热节能技术 |
| | | | 空调通风技术 |
| | | | 给排水与管线布设技术 |
| | | | 绿色生态和智能化技术 |
| | | 环境技术 | 外环境规划设计与监测技术 |
| | | | 内环境技术 |

续表

| | | | |
|---|---|---|---|
| 建筑工业化技术支撑体系 | 工业化生产与管理技术 | 生产技术 | 产品开发与设计技术 |
| | | | 部品和设备工厂化生产技术 |
| | | | 现场建造、装配、清洁生产技术 |
| | | 生产管理技术 | 生产运作计划与控制技术 |
| | | | 成组(group technology)技术 |
| | | | 精益生产(lean construction) |
| | | | 敏捷制造(agile manufacturing) |
| | | | 大规模定制(mass customization) |
| | | | 并行工程(concurrent engineering) |
| | | | 敏捷供应链(agile supply chain) |
| | | | 计算机集成制造系统技术 |
| | 工业化经济管理技术 | 工业化运行机制 | 市场化运行、科技创新、金融支持运行机制体系 |
| | | 工业化组织管理与协作体系 | 管理组织结构建立；管理体系与运行管理；社会化协作体系 |
| | | 工业化发展战略与促进工程 | 发展战略、途径；技术经济政策；示范工程 |
| | 工业化信息技术 | 工业化管理信息系统平台技术 | |
| | | 工业化应用系统技术 | 产业管理信息化技术 |
| | | 建筑企业生产与管理的信息化技术 | |

## (四) 建筑工业化应发展的内容

目前建筑工业化应重点发展的内容为：

1. 推广建筑结构体系，包括钢、钢混、集成式建筑体系等。
2. 构部件(包括柱、梁、板、墙、配件等)的工厂化预制，提高建筑构配件的标准化、系列化、定型化程度，加大建筑部品部件产业化生产比重。
3. 新型绿色环保建材的生产与使用及工具(模板体系、脚手等)的专业化、社会化供应。

4. 建筑现场的合理组织，包括现场装配、施工等，应用清洁生产技术，推进"绿色施工"，减少施工对环境的负面影响。创建节约型工地，在施工过程中节约使用煤电油气等资源，降低建筑施工能耗。

5. 在建筑业充分引入 IT、电子、自动化等高新技术，大力推广数字化建造技术。

6. 基于产业链的设计、制造与装配（施工）集成化管理。

## （五）建筑工业化基地建设

### 1. 建筑工业化基地的概念

建筑工业化基地以生产企业为载体，依托对建筑业现代化具有积极推动作用、技术创新能力强、产业关联度大、技术集约化程度高、有市场发展前景的企业建立建筑工业化基地。国家建筑工业化基地应具有对建筑体系和建筑部品的研究开发、应用技术集成、工业化生产与协调配套、市场开拓与集约化供应以及技术扩散与推广应用的能力和效用。通过基地的建立，可以形成产业聚集和规模经济优势，增强区域经济实力，培养和发展一批骨干企业，发挥现代工业生产的规模效应，在地区和全国起到示范和带动作用。

### 2. 建筑工业化基地的组成与分类

建筑工业化基地是由一系列相关企业组成，如图 3-1-1 所示，包括进

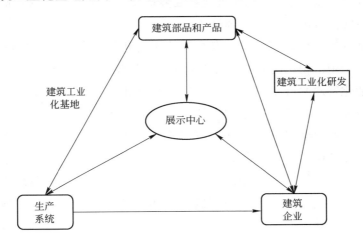

图 3-1-1　建筑工业化基地构成

行相关建筑产品(如住宅)、原材料、构配件等的研究开发单位、生产企业、销售企业等。

基地内企业的这种组成方式具有以下特点：

(1) 基地中的企业呈现相对集中的地理空间布局，分布密度高，可充分利用基础设施等公共产品的规模经济优势，实现在相同供给水平下公共基础设施和服务平均使用成本的降低；

(2) 基地内的企业也由于相对集中，并且总是与功能发达而完善的专业市场共存，企业容易通过市场的变化灵敏捕捉多种最新的市场技术信息，借助丰富的人际渠道将信息高效传播，大大节省企业搜索信息的时间和成本。

按照基地中占主导地位的企业类型的不同划分，建筑工业化基地的类型可以分为以下几种：

(1) 生产型基地，指基地中的企业以生产型企业为主，企业大多从事部品、构配件以及原材料的生产加工。包括建筑体系工业化基地、部品体系工业化基地；

(2) 研究开发型基地，指整个基地的运行以科研院所、高校、研究开发型企业等为龙头，带动其他企业经营运作；

(3) 销售型基地，指众多的部品、原材料、构配件的销售企业聚集在一起，进行批发零售。

实际上，现实中的建筑工业化基地多是以上三种基地类型的综合。

**3. 建筑工业化基地的管理运作**

基地的管理与运作可以吸取高科技园区和经济技术开发区的成功经验，可以采用市场化模式运作，政府进行宏观调控的管理模式。按照建立建筑工业化基地的目标，确定其发展方向并加以引导。建筑工业化基地中的这些企业应成为建筑业的支柱和骨干，具有产业现代化综合体的优势，它们不仅要在即期市场上占有较大份额，而且要有足够的技术储备，为开发新的市场领域超前做好准备。为此，政府要积极鼓励这些企业参与示范工程建设，并在技术上予以引导，政策上予以支持，培育以系列化新型建筑产品生产为主导，从事建筑产品和技术的研究、实验、开发、推广的建筑产业现代化基地。

## 五、建筑工业化的发展建议

基于以上对国内外建筑工业化发展现状、趋势的分析及中国建筑工业化的发展构想，提出如下建议：

1. 编制建筑工业化发展纲要，组织对建筑工业化技术政策的研究，确定"十一五"的发展方向和具体任务。

2. 编制建筑工业化体系分类，制定攻关的目标，组织对施工企业或设计事务所提出主体结构体系的评审、选优和推广，以及配套通用、专用构件的规格确定。

3. 编制评价与认证体系（评价指标、验收标准、认证体系）。

4. 研究建筑工业化的法规及优惠政策，推进建筑工业化示范工程的扶持和推广及建筑工业化基地建设。

5. 建设科技力量的布局与资源调整应向建筑工业化、住宅产业现代化、建筑节能和建筑可持续发展、城建和市政公用事业发展倾斜。

6. 增大建设科技投入总量，建立国家和企业相结合的投入机制，以企业和工程作为投入主体，用足国家的扶持政策。

7. 住宅产业是关系到人民群众生活切身利益的重要产业，以发展住宅产业化为契机，推动建筑工业化的发展。对于节能省地型住宅的发展要有相应的技术政策、产业政策、经济社会发展政策。技术政策上加快基础性工作的进度，如住宅相关标准规范的编制与修订，以形成比较完善的四节和环境保护的综合性标准体系的工作；在产业政策方面要通过完善和提高通用住宅部件的配套体系，形成符合模数协调的标准化产品系列，加快住宅产业化的进程。对新技术的研究、开发和推广，给予政策上的支持和倾斜，税收和信贷方面的优惠。

（江苏省建筑工程管理局，东南大学建设与房地产研究所联合课题组）

## 参考文献

[1] 卢达溶. 工业系统概论(第2版)[M]. 北京：清华大学出版社，2005.

[2] 续晓春，陈新华. 建筑经济管理与工业化施工[M]. 北京：中国计划出版社，2001.

[3] 李忠富. 住宅产业化论——住宅产业化的经济、技术与管理[M]. 北京：科学出版社，2003.

[4] 童悦仲，娄乃琳，刘美霞. 中外住宅产业对比[M]. 北京：中国建筑工业出版社，2005.

[5] 李世蓉. 国外住宅产业化发展及启示[J]. 建筑科技，2004(2)：56～57

[6] Roger Bruno Richard. Industrialized, flexible and demountable building systems: quality, economy and sustainability [C]. In: The CRIOCM 2006 International Symposium on "Advancement of Construction Management and Real Estate", 2006. 1～10

# 专题二：关于创新型建筑业建设问题的探讨

## 一、引言

建筑业是国民经济的重要物质生产部门，它与整个国家经济的发展、人民生活的改善有着密切的关系。中国作为世界上最大的发展中国家，建筑业走可持续发展道路，走跨越式发展道路，走新型工业化发展道路都是必须的选择，但无论选择什么样的道路，其根本点和出发点必须是走建筑业创新之路，创新是经济增长的源泉，创新对经济增长的贡献率由20世纪的5％～10％上升到近期的60％～80％（约瑟夫·熊彼特，1990）。惟有创新，才能使建筑业保持旺盛的生命力，才能在世界经济全球化的形势下生存和发展。

同其他产业部门比较起来，建筑业的创新活动是落后的，一方面由于制度的缺陷，建筑企业还不能成为真正的创新主体，企业缺乏创新的动力和能力，另一方面，产业链的各部门的知识互动障碍以及生产空间的离散状态都提高了创新的费用和风险。随着时代的发展，人们日益深刻地认识到，创新是企业、产业发展的强大动力，在这样的情况下，探讨、研究建设创新型建筑业的问题，十分必要。

## 二、技术创新理论分析

产生于20世纪80年代的新增长理论（又称为内生增长理论），认为技术进步是经济实现增长的决定因素。随着科技与经济的发展。对技术的理解也有狭义与广义之分，狭义的技术，仅仅是指生产技术。广义的技术包括三个层次：生产中的技能、方法；生产工具及其他物质装备；组织与管理知识经验和方法。也就是说，技术应该包括生产技术和管理技术（傅家骥，1998）。技术的本质是知识，技术进步的本质是知识存量的增加，也即创造新的知识。依据创新理论的创立者熊彼特的定义，创新（innovation）是指把一种从未有过的关于生产要素的"新组合"引入生产体系。这种新的组合包括以下内容：①引进新的产品；②引进新的技术；③开辟新的市场；④控制原材料新的供应来源；⑤实现工业的新组织（约瑟夫·熊彼特，1990）。熊彼特的创新概念其涵义相当广泛，而且只有第一次将发明引入生产体系的行为才是创新行为，而第二、第三个则是模仿。对中国这样一个发展中国家来说，拥有符合熊彼特要求的创新的行业很少。因此，有必要将创新限制在特定的技术经济系统内，这里所说的技术经济系统，可以指一个行业、一个部门、一个地区，也可以是一个国家等的生产、经济活动空间。进行这样的界定之后，对于建筑业而言，只要是在中国建筑业历史上没有过的技术，被引进了建筑业，并产生了经济效益，我们就可以称之为一种技术创新，从而当然是一种技术进步。

自从熊彼特之后，许多学者对技术创新展开了研究，而且对其作了不同的定义。我国著名的技术创新研究专家傅家骥在总结前人的成果的基础上，对技术创新重新定义。他认为技术创新"是企业家抓住市场的潜在盈利机会，以获取商业利益为目标，重新组织生产条件和要素，建立起效能更强、效率更高和费用更低的生产经营系统，从而推出新的产品、新的生产（工艺）方法、开辟新的市场、获得新的原材料或半成品供给来源或建立企业的新的组织，它是包括科技、组织、商业和金融等一系列活动的综合过程。"技术创新按其创新对象不同可分为产品创新（product innovation）和过程创新（process innovation）。产品创新是指技术上有变化的产品的商业化。按照技术量变化的大小，产品创新又可分成全新产品创新和改进产品创新。过程创新又成为工艺创新，是指产品的生产技术的变革，它包括新工艺、新设备和新的组织管理方式。

技术创新战略可以分为自主创新战略、模仿创新战略和合作创新战略。施培公认为模仿创新是"指企业以率先创新者的创新思路和创新行为为榜样，并以其创新产品为示范，跟随率先者的足迹，充分吸收率先者成功的经验和失败教训，通过引进购买或反求破译等手段吸收和掌握率先创新的核心技术和技术秘密，并在此基础上对率先创新进行改进和完善，进一步开发和生产富有竞争力的产品参与竞争的一种渐进性创新活动"。简单地讲，模仿创新就是后发者的创新。需要说明的是在我国，许多所谓的自主创新，其实质都是模仿创新，靠自己的力量研究开发国外已有的技术，或者在国外已有的技术的基础上进行进一步研究，而这正是模仿创新的内容。出生于俄国的美国经济史学家格申克龙（Gerchenkron）在总结德国、意大利等国经济追赶成功经验的基础上，于1962年创立了后发优势论。后发优势是由后发国地位所致的特殊有利条件，这一条件在先发国是不存在的，后发国也不能通过自身的努力创造，而完全是与其经济的相对落后性共生的，是来自于落后本身的优势。他认为后发有优势很重要的一点是后发国可以引进先进国家的技术、设备和资金，引进技术是一个正在进入工业化国家获得高速发展的首要保障因素。后进国家引进先进国家的技术和设备可以节省科研费用和时间，快速培养人才，在一个较高的起点上推进工业化，同时资金的引进也可解决后进国家工业化中资本严重不足的问题。

制度经济学已经指明，合理的制度有助于系统的有效运作。技术创新涉及的因素众多，如何安排这些因素的关系是构建技术创新体系的关键，学者们对国家创新体系的研究为解决这个问题提供了很好的借鉴。国家创新体系（National Innovation System，NIS）的概念产生于1980年代中期，由英国技术经济学家克里斯托夫·弗里曼、丹麦技术创新经济学家本特雅克·朗德威尔和美国经济学家里查德·纳尔逊三人的研究成果共同构成的。弗里曼和纳尔逊侧重于从宏观层面进行分析。按照弗里曼的观点，国家创新体系就是"公私部门的机构组成的网络，它们的活动和相互作用促成、修改和扩散了各种新技术"。按照纳尔逊的观点，国家创新体系就是"其相互作用决定着一国企业的创新实绩的一整套制度"。郎德威尔的国家创新理论侧重于分析国家创新体系的微观基础，即国家边界是如何对技术创新实绩发挥作用的。按照郎德威尔的观点，国家创新体系就是"由在新且经济有用的知识的生产、扩散和应用过程中相互作用的各种构成要素及其相互关系组成的创新系统，而且这种创新体系包括了位于或者根植于一国边界之内的各种构成要素及其相互关系。"就国家创新体系的结构而言，国家创新体系具体可以划分为两个层次，即内圈因素和外圈因素。

国家创新体系的内圈因素包括三个部分，即：

（1）科研机构和高校。科研机构与高校是重要的技术创新源，是科技知识的主要供应者。

（2）企业。企业是技术创新的主体。

（3）教育培训和中介组织。教育培训和中介组织是科学技术知识转移和扩散的主要机构。

国家创新体系的外圈因素包括四个部分，即：

（1）政府。政府在国家创新体系中扮演协调者的角色。

（2）金融体系。金融体系是国家创新体系顺利运转的支持条件。

（3）历史文化因素。一国的历史文化在很大程度上影响人们的思维方式和行为模式，进而对国家创新的实绩产生影响。

（4）国际经济技术环境。一国的技术创新活动处于一个大的国际经济技术环境，后者对前者的影响随经济技术全球化而不断增强。

## 三、建筑业技术创新现状

产业技术创新是一项复杂的系统工程，涉及到技术创新过程的方方面面，与产业技术创新相关的指标可以说遍及产业的整个投入产出活动之中，从国内外的研究看，分析评价产业技术创新能力主要采用三类指标，一是产业技术创新能力的（直接）因素指标，包括技术创新经费投入、技术人员投入和产业技术装备水平等；二是产业技术创新能力的显示性（产出）指标，包括市场占有率、生产率、新产品产值率和专利数等；三是产业技术创新能力的间接因素指标，包括产业结构、创新环境和经营管理水平等。本文首先选择相关产业技术创新能力的（直接）因素指标和显示性（产出）指标，分析中国建筑业技术创新的现状。

### （一）技术创新投入

#### 1. R&D投入水平

现实社会中，科学的技术化，即高度地依赖实验技术，以及技术的科学化，即高度地依赖科学原理，已成为明显的事实。所以科学技术活动常常和研究与开发（R&D）相提并论。研究与开发是促使科学和技术本身进步的基本活动，通过研究与开发所取得的技术发明是产业持续增长的潜力。

中国建筑业R&D投入水平　　　　　表3-2-1

| 年度 | 全产业R&D经费 | | 建筑业R&D经费 | | |
|---|---|---|---|---|---|
| | 总支出(亿元) | 占GDP(%) | 总支出(亿元) | 占总产值(%) | 占增加值(%) |
| 2000 | 896 | 1 | 5.3 | 0.0414 | 0.16 |
| 2001 | 1043 | 1.1 | 5.8 | 0.0357 | 0.17 |

数据来源：国家统计局网站。

**2000 年中国各行业 R&D 经费支出水平比较**　　　表 3-2-2

| 行　　业 | R&D 经费支出(亿元) | 占 R&D 经费总支出比例(%) |
|---|---|---|
| 农、林、牧、渔及其服务业 | 7.7 | 0.9 |
| 工业 | 490 | 54.7 |
| 建筑业 | 5.3 | 0.6 |
| 地质勘查、水利管理业 | 5 | 0.6 |
| 交通运输、仓储及邮电通信业 | 9.7 | 1 |
| 计算机应用服务业 | 14 | 1.6 |
| 卫生业 | 12 | 1.3 |
| 教育 | 73.6 | 8.2 |
| 科学研究业 | 258.2 | 28.8 |
| 综合技术服务业及其他 | 20.5 | 2.3 |

数据来源：2000 年全国 R&D 资源清查主要数据统计公报。

表 3-2-1、表 3-2-2 的数据显示，中国建筑业的 R&D 投入水平是很低的，以占建筑业增加值的比例计算，大约只相当于 1/6，与其他行业比较来看，建筑业 R&D 的投入占中国各行业 R&D 经费总支出的比例不到 1%，一方面由于建筑业的收益水平较低，更重要的是由于建筑业生产空间的离散状态提高了技术创新的费用和风险，对技术创新活动造成了障碍。

据世界经合组织 OECD 的统计，建筑企业(仅限于承包商和专业分包商)对 R&D 投入经费占产业增加值的比例约在 0.01%～0.4%，相比而言，制造业企业的投入比例是 3%～4%，而所有产业平均为 2%～3%，在图 3-2-1 中，除了日本比例在 0.4% 以上，其他国家的 R&D 投入比例都很低。据资料统计，1994 年全国被抽样调查的 591 家大中型建筑企业的科技活动经费当年只有 5.75 亿元，仅相当于日本建筑企业同期 R&D 投入的 3.5%，此后虽有增长，却始终没有超过 5%，中国建筑业 R&D 投入还有很大的增长空间。

**2. 人才结构**

全国建筑业实际从业人员约为 4000 万人，占全社会就业人员总数的 5.3% 左右。从整个行业的企业人员结构来看，行业整体人才素质不高(如表 3-2-3 所示)，据有关资料分析，农民工占整个建筑职工人数的 70% 左右，这种状况不利于新技术、新材料、新设备、新工艺在生产中的广泛应用，制约了技术进步和创新活动的发展。

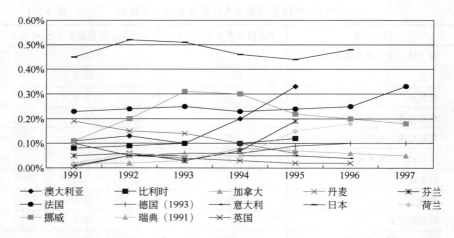

图 3-2-1 建筑企业 R&D 投入 BERD(Business Expenditures in R&D)
在产业增加值中的比例

数据来源：Seaden, G. and Manseau, A., 2001

建筑业工人文化构成(%) 表 3-2-3

| 年 份 | 大学毕业 | 大学肄业 | 高 中 | 初 中 | 小 学 | 文盲或半文盲 |
|---|---|---|---|---|---|---|
| 1982 | 0.03 | 0.02 | 13.6 | 40.7 | 36.8 | 8.9 |
| 1990 | 0.04 | 0.06 | 19.1 | 47.5 | 25.9 | 7.4 |

数据来源：关柯等，《现代住宅经济学》

与此同时，建筑业的管理和技术人员的职称和文化结构基本趋于稳定，近年来有所提高，但是这些管理和技术人员的知识结构与国际专业人士相比还存在一定差距。

根据中华建筑报报道，目前我国建筑企业中大中型企业从事技术开发工作的技术人员还不到职工 2%，发达国家比我国高 5～6 倍，由此可以看出我国建筑企业对建筑技术的研究开发投入不够。

3. 技术装备

图 3-2-2 显示了中国建筑企业历年技术、动力装备的变化情况，从图中可以看出，建筑企业技术装备率、动力装备率呈稳步上升的趋势。但我国建筑业在新技术、新设备的应用方面仍与发达国家存在较大差距，1992 年底，我国国有建筑施工企业技术装备率为 3618 元/人，而德国在 1988 年就已达到了 11236 美元，相当于我国的 20 多倍，西方国家建筑机械设备使

用年限一般为 5 年，我国为 15 年。

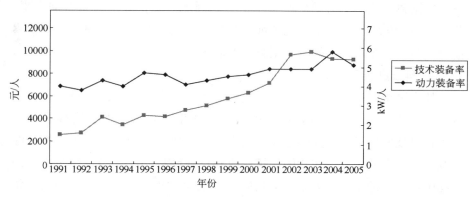

图 3-2-2　历年建筑企业技术、动力装备情况

### （二）技术创新产出

**1. 劳动生产率**

建筑业劳动生产率是指建筑业劳动者在报告期内生产出建筑业产品的效率。它以建筑产品产量或价值和其相适应的劳动消耗量的比值来表示，是考核建筑业生产效率的提高和劳动节约情况的重要指标。在投入劳动力相同的情况下，创造的价值越多，劳动生产率越高；反之则低。

按建筑业增加值计算，我国建筑业劳动生产率从 1992 年的 4000 美元左右增加到 2004 年的 11770 美元左右，接近于原来的 3 倍，取得了较大的成绩。但是和其他国家和地区建筑业劳动生产率相比，我国建筑业劳动生产率仍然比较低，如英国、日本、瑞典、美国这些建筑强国的劳动生产率虽然增长较慢，甚至出现下降（如美国），但这些国家的建筑业劳动生产率普遍达到 30000 美元以上，我国台湾地区建筑业劳动生产率 1998 年也接近 20000 美元。与此同时，1992 年我国建筑业劳动生产率基本为主要发达国家的 10% 左右，2003 年这一比率在 20%～30% 之间，2004 年我国建筑业劳动生产率已达美国的 32.7%，表明我国建筑业相对劳动生产率取得了较大进步，与主要发达国家的差距在不断缩小，但同时也看出我国建筑业劳动生产率与发达国家的差距还是比较明显，表明我国建筑业劳动生产率仍有较大的发展空间，仍需要对我国建筑业作较大的投入，提高其劳动生产率以提高建筑业的国际竞争力。

新技术、新设备、新材料的应用,可以大规模提高建筑业的劳动生产率。中国建筑业的低劳动生产率水平的原因之一是行业的过于劳动密集,与一个现代化的产业要求差距较远,与此同时建筑产业自身缺乏资本积累能力,阻碍了建筑产业规模扩张和技术创新。

**2. 科技进步贡献率**

技术进步就是在原有任何一种生产要素的组合下生产出比没有技术进步时更多的产品,或者说,比以前用更少的生产要素生产出同样多的产品。在科技发展日新月异的今天,技术进步已成为产业国际竞争和提升综合竞争力水平的焦点。在我国建筑业改善产业结构和改变经济增长方式的过程中,技术进步已成为经济增长的主要推动力和决定性的制约因素。相关的技术进步测算研究表明:中国各主要产业的科技进步贡献率如表3-2-4所示:

**各产业技术进步贡献率比较** 表3-2-4

| 产业名称 | 电信产业 | 邮政行业 | 畜牧业 | 农业 | 工业 | 建筑业 |
|---|---|---|---|---|---|---|
| 技术进步贡献率 | 76.39% | 66.19% | 50.4% | 40.15% | 27.11% | 13.15% |

数据来源:本项目专题研究《中国建筑业科技进步贡献率测算及评价研究》。

通过比较可以发现,建筑业技术进步贡献率仅为工业的一半左右(13.15%)。远低于第三产业中的电信、邮政行业,第一产业中的农业、畜牧业。建筑业在几个主要产业中的技术进步贡献率处于较低的水平,需要进一步提高。建筑业是一个复杂系统,影响建筑业经济增长因素很多,但理论和实证研究均表明:技术进步、资本投入、劳动投入是最主要的影响因素,现阶段中国建筑业主要依靠要素投入的增长而获得总产出的增加,技术进步的速度较慢且推动作用不明显。究其原因,又从另一个角度反映了建筑业存在对技术创新的资金和人力投入不足、技术创新激励制度缺失、科研机构效率低下和市场机制不完善、政策不配套、没有形成高效的技术进步运行体制等问题。

**3. 专有技术、专利**

在激烈的市场竞争中,中国建筑企业对知识积累和创新的重视程度越来越高,经过改革开放以来二十多年的发展,中国建筑业的技术能力和经济实力有了相当的提高,并且,通过国外技术的引进已经大大提高了建筑企业的技术水平,一般已具备消化、吸收、模仿和创新的能力。大型建筑企业对科技兴企日益重视，成立技术研发中心，加大对研究开发活动的投入，提高自主创新能力，大力开发具有自主知识产权的技术创新项目，形成自己的核心技术和专有技术，增强自身的核心竞争力。表 3-2-5 显示了部分企业 2005 年技术创新情况：

部分企业 2005 年技术创新情况　　　　　　表 3-2-5

| 企　　业 | 建立技术中心（个） | 研发投入占企业总收入比重（%） | 授予专利（个） | 专有技术（个） | 出台标准（个） |
|---|---|---|---|---|---|
| 中国铁路工程总公司 | 17 |  | 24 | 105 | 7 |
| 中国建筑工程总公司 | 13 | 0.5 |  |  | 2 |
| 中国铁道建筑总公司 | 22 | 0.43 |  | 161 |  |
| 中国冶金建设集团公司 | 2 | 0.9 | 94 | 150 |  |
| 中国葛洲坝集团 | 2 | 1.33 | 2 |  | 2 |
| 上海建工（集团）总公司 | 2 | 1.5 | 28 | 10 | 22 |
| 上海隧道工程股份有限公司 | 1 | 8 | 17 | 4 | 3 |

数据来源：《中国建筑业改革与发展报告（2006）》。

与此同时，伴随着我国大规模工程建设，建筑业建造技术和能力已经达到或接近国际先进水平，完成了大量规模大，技术、工艺难度高，需要集成创新的工程，如超高层、大跨度房屋建筑及施工，大跨度预应力、大跨径桥梁设计及施工，地下工程盾构施工及施工设备制造，大体积混凝土浇筑，大型复杂成套设备安装等，完成了一系列专有技术的开发。长江三峡工程、西气东输、南水北调等能源和水利工程，青藏铁路、杭州湾跨海大桥等交通工程，上海浦东的金茂大厦、环球金融中心等超高层房屋建筑集中反映了我国建筑业建造能力和水平。

与发达国家相比，我国建筑行业的专利申请数量仍然存在一定差距。以日本为例，专利授权方面，1986 年清水建设公司专利发明产品数为 464 件。目前，日本的几家超大型建设企业，像鹿岛、清水建设、大成建设、大林组、竹中工务店，每家企业每年获得的专利授权为 500～600 件，超过我国建设行业的专利获得总量。这也从一个侧面反映出，我国建筑业的投资效率有待提高。

通过以上对建筑业技术创新现状的分析，可以看出中国建筑业：

（1）技术创新经费投入严重不足；

(2) 技术创新人才短缺；

(3) 产业技术水平低；

(4) 专利数量大大低于发达国家；

(5) 劳动生产率低。

### 四、发达国家建筑业创新模式借鉴

在市场经济成熟的国家，建筑业的技术创新以研究开发为标志主要有两种类型，一种是以日本为代表的企业自主研究开发为主的方式，另一种则是欧美各国普遍采用的企业与社会化的研究机构相结合的研究开发方式。

### （一）日本

日本建筑业每年对R&D投入约为20亿美元，其中建筑企业的投入要占90%以上，这些建筑企业中有24家大型建筑公司设有高规格的研究开发机构（研究所），配备有一流的研究人员和一流的实验设备，每年投入相当于公司营业额1%左右的研究经费，开展包括基础理论和应用技术在内的广泛研究，这些研究使日本的建筑技术水平达到了世界先进水平。日本建筑企业典型的R&D组织结构如图3-2-3所示。

日本建筑业创新具有以下特点：

1. 技术创新已成为企业一种主动的、持续的和发生在各个管理层次的全员参与的核心活动。企业已形成一种持续地开展技术创新的文化。职工的日常工作已成为一种主动的持续学习过程。企业人员团队精神很强，特别是在企业R&D机构中，不同专业的研究人员和工程师不仅能在企业内部开展多学科的合作，还能同其他企业（如：电子、制造和化工企业）进行合作创新。

2. 大型建筑企业比小型建筑企业的技术创新要多。技术创新是一个高风险的过程。小型企业由于资本少，在技术开发失败时，会产生较大的企业破产的风险。而大型企业则拥有较大的资本来抵御风险，消化风险造成的损失。一些有商业价值的技术的创新周期往往比预计的要长，大型企业可利用其雄厚的资本来维持技术创新，而小企业则办不到。因此，小企业在开发新技术方面的风险比大企业要大。然而，另外一个方面，小企业则

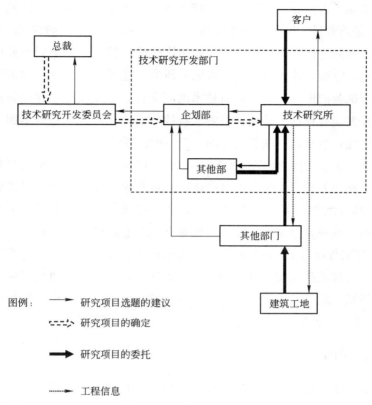

图 3-2-3　日本建筑企业典型的 R&D 组织结构

比大企业具有较强的创新倾向。这是因为小企业中企业家精神较强、官僚制度少，更适于管理者开展在大企业组织中无法有效开展的创新。因此，小企业往往创新率较高，但失败的比例也较大。据 JSCE 建筑技术创新的来源的资源显示，在日本，大型建筑企业比小型建筑企业更能开展技术创新。另外，专业承包商也对一些新技术进行创新。日本大型总承包公司由于规模大、资本雄厚和拥有研究开发机构，比小型承包公司更有创新性，此外，大型的专业承包公司也开展技术创新。

3. 日本建筑业对新技术是快速实验，谨慎采用。日本建筑业为避免建筑新技术对公众和承包商产生的风险，对新技术的应用采取了保守和谨慎的态度。根据有关法律的规定，一切建筑新技术的使用应预先得到建设省的批准，建设省通过严格的控制手段来鼓励新技术的应用。一方面，大型承包商建立了人员齐备设备先进的技术研究所和实验室，通过试验保证设计（特别是新设计）的可行性和成功。尽管一些大型总承包商的 R&D 投入占营业收入的比例（1%）同其他行业相比较低，但在国际上同行业中却是最高。另一方面，建设省还通过对同一研究课题资助多个总承包商同时开发、重要试验的形式，以保证新技术的安全性，减少风险。建设省还要求新技术开发应有长期的计划，并要求新技术的采用通过承包商集团的方式实施。因此，在日本一项新技术的实施一般需要 5～10 年。

4. 建筑产品创新比工艺创新多。R&D 机构的主要目的是通过提高抗灾能力提高建筑产品（建筑物和构筑物）的质量。最近，很多建筑企业的 R&D 机构还增加了环境、生物、化学等内容以适应公众对环境质量和可持续发展的重视。建筑业在施工过程等方面的创新和改进较少。

5. 建筑行业内 R&D 机构之间的交流较少。企业研究设备存在重复闲置现象，同时从建筑技术及其创新的特点来看，企业存在重复研究和效率低下等问题。此外，由于国内建筑市场的萎缩，R&D 机构中的基础研究比 1990 年少，大量集中在开发应用研究和检验、试验方面。

## （二）美国

欧美国家、特别是美国建筑业的创新，近 10 年来确立了一种由具有政府职能的技术推进机构集中加以协调的机制，从科技资源的合理配置及创新的有效性来看，其优点已日趋显现。在美国，1989 年国会批准成立了面向全国的技术服务机构——国家技术转让中心，主要任务是将联邦政府每年拨给的 700 多亿美元，用于资助国家实验室、大学等把科研成果迅速推向工业界，尽快成为产品，增强美国工业的竞争力。

美国建筑业创新具有以下特点：

1. 政府在美国各个建筑协会中推动创新企业群的发展，"创新企业群"强调的是一个中心点，多方面参与，坚持的是横向联合、纵向发展的原则。"创新企业群"的发展有利于在建筑业中造就一定数量的高质量的专业人才，造就一大批具有强大的研究和开发能力、拥有雄厚资本和创业动力的建筑业技术创新团体。为了促进建筑业"创新企业群"的发展，美国的建筑企业、大学和政府间建立了独特的合作伙伴关系，建筑企业可以从中获得先进的建筑业技术创新的发展理念、高效的设施装备、科学而具有超前意识的专业技术和良好的技术创新的发展机会。还可以在自身发展的情况下加强新材料、新工艺、新技术、新结构的研制和应用。

2. 政府支持建筑企业间的合作，建造电子商务基础设施，鼓励企业充分利用因特网技术来保持竞争力。电子商务的应用，使建筑业技术创新的交流更及时、更频繁。美国的建筑业已经迈入电子商务时代，大量的应用软件使建筑业科技含金量大大提高，促进了建筑业科学化、标准化、正规化发展。同时，良好的电子商务的安全护航系统，使美国建筑业的技术创新具有一定的隐蔽性。

## （三）英国

近年来加强了扶持建筑企业推动技术创新的力度。已经设立了多种资金计划帮助建筑业和科技人员开创思路，进行各种技术创新研究，大力发展科技型建筑企业。其中与建筑企业相关的有：

1. 建筑企业研究援助计划。这是隶属于技术创新的一项创业基金，旨在帮助建筑企业在发展科技型建筑企业之前开展以商业为目的的风险研究。申请获准的建筑企业可以获得最高 29.8 万美元的无息"可免除偿还贷款"。为了提高援助计划实施的档次，英国在实施建筑企业研究援助计划时有许多规定，要求建筑企业有一定的经济实力和技术实力，坚持宁缺毋滥的原则，不符合要求的企业不能得到援助。著名的英国皇家学会也参与这项援助计划的实施，使得援助计划具有较大的权威性。丰厚的援助基金，无疑大大促进了建筑企业对创新计划的实施，有利于提高建筑企业的科技水平。

2. 联合研究、设立赠款基金。目的在于促进大学与建筑企业之间在科技创新领域进行研究开发合作。要想获得赠款，建筑企业必须与一所大学联合开展研发工作。赠款承担一半项目费用，另一半费用由建筑企业承担。另外还有专利申请赠款。该赠款资助建筑企业和个人申请专利。赠款最高可达 12800 美元或覆盖全部申请费用的 90%。还有各种专门组织机构，如英国科技园公司和英国建筑生产理事会，来帮助建筑企业提高科技创新能力，提供专门针对各种建筑企业类型的支持服务。在提升技术创新人力资本方面，英国除在基础教育方面的投资外，一直推行一项 1300 万美元的建筑业科技创新培训计划，实施效果十分明显，一大批技术创新精英应运而生，巩固了英国建筑业在国际建筑业中的重要地位。

### 五、创新型建筑业建设的总体构想

#### （一）建筑业技术及技术创新特点

建筑技术包括建设工程的规划技术、设计技术、施工技术和项目管理技术，其中的设计技术和施工技术为建筑工程技术，是建筑业的核心技术。

建筑业是以大自然为对象并在其中建造不动产的产业，它的技术创新与其他产业不同，具有以下几个显著的特点。

1. 核心技术（建筑工程技术）的研究开发的方向和重点，必须紧密结合国土、资源、气象、环境的条件和特点来进行，同时取决于国家经济建设的目标，离不开具体的工程实践。例如，中国的三峡工程、南水北调工程、西气东输工程以及青藏铁路的建设等，为中国建筑业的技术创新提供了良好的机遇，使其在有关工程理论、工程实践和工程技术方面已经达到了世界先进水平或居于领先地位。研究成果特别是原创性工程理论与应用技术成果的取得，多半需要多学科的互动交叉，需要相关学科协调发展并建立不同学科间的合作机制。

2. 由于建筑业的特殊性，应用技术创新中存在较多的障碍，建筑企业的施工生产经营活动以一次性的工程项目为核心，建筑企业在空间上处于离散状态，同时建筑企业不像一般工业企业那样享有区域的范围经济和规模经济的优势，其技术创新的投入产出比很低。基于同样的原因，建筑业企业之间通常也缺乏足够的和稳定的信息交流，技术创新很难连续、系统地进行。其次，由于建设项目其中一个环节的技术创新往往需要其他环节的协作、配合，是共同合作的结果，但并非每项创新都能给其他环节的主体带来好处，因此建筑产品供应链上的不同主体不得不承担各自的创新风险和费用，从而极大地影响着技术创新的进行。

3. 建筑技术的重大突破，多半由新材料、新设备的出现以及IT技术的渗入所引起。信息技术逐步从规划、设计、施工、管理等方面全方位渗入建设过程，正沿着信息化、智能化的方向推动建筑技术的变革。

## （二）创新型建筑业内涵

创新型建筑业，是指能在建筑经济活动中不断引入新的生产函数（或新事业）并改变已有资源的财富创造潜力的建筑业。根据技术创新理论，创新型建筑业至少应具备以下几个基本创新功能：

1. 通过市场开发为现有技术和资源的有效利用开拓工程服务的新空间。
2. 通过技术开发为现有市场的工程服务活动提供新技术、新机具、新材料等生产力的新要素，提高建筑业生产力的水平。
3. 通过生产要素的新组合，能在建筑业现有事业的基础上发展新事业。（金维兴，2006）

创新型建筑业的经济增长主要是由创新引起的增长，不是或不单是依靠资本和劳动力等生产要素的增加引起的增长，而产业的成长发展也不是被动地受惠于建设投资的繁荣，应当能够在建设投资波动时具有平衡能力（自稳定），在建设投资或社会需求处于稳定状态时具有自进化的能力，当产业外部环境出现有利条件时，能够有效地提升建筑业的产值比重（建筑业增加值/GDP）和增加值增长率。

## （三）创新型建筑业建设构想

### 1. 创新型建筑业的构成

根据国家创新体系理论，创新型建筑业由企业、政府、公共研究机构、大学、中介服务机构和金融机构组成。分为三个层次，核心层、中间层与外层：

（1）核心层由建筑企业、公共研究机构、大学和中介组织和培训机构四个部分组成；

（2）中间层由政府、金融体系、其他产业和历史文化传统四个部分组成；

（3）外层是国际经济技术环境。

各构成要素的关系如图 3-2-4 所示

其中企业是创新的主体，各构成要素以创新的主体——企业为中心，优化资源配置，形成合力推动创新顺利进行。与此同时各构成要素，以不同的创新方式，在创新体系中发挥不同的作用，组成完整的建筑业创新体

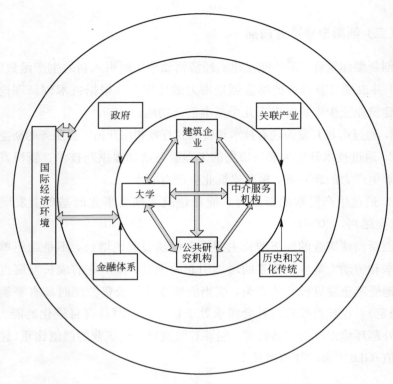

图 3-2-4　创新型建筑业各要素关系图

系，各构成要素的创新领域和在创新体系中的作用如表 3-2-6 所示。

创新型建筑业各构成要素的创新领域和在创新体系中的作用　　表 3-2-6

| 层次 | 构成要素 | 主要创新领域 | 创新活动 |
| --- | --- | --- | --- |
| 核心层 | 企业 | 技术创新 | 技术研究、开发和应用 |
| | 大学 | 知识创新 | 主要进行基础性研究，兼顾应用基础研究 |
| | 公共研究机构 | 知识创新 | 主要进行应用基础研究，兼顾基础性研究 |
| | 中介服务机构 | 服务创新、技术创新 | 为创新提供技术评估、技术经济、信息咨询等服务 |
| 中间层 | 政府 | 制度创新 | 建立适应技术创新需要的制度体系，制定技术创新政策 |
| | 金融体系（银行、金融机构） | 制度创新、服务创新 | 为创新提供金融支持 |

**2. 创新型建筑业的基本思路、目标、主要内容及战略**

（1）基本思路

创新型建筑业，应在国家产业政策、创新政策和财政税收政策的引导下，以企业为主体，以提高技术创新能力为核心，以教育和培训为途径，政府引导和市场导向相结合，以市场为激励创新的基本动力，实现建筑业结构优化和产业升级，从而进一步提高工程质量和投资效益，为培育新的经济增长点和提升建筑业的国际竞争力提供技术保障。这一体系的外围是与技术创新有关的法律法规、金融及文化等创新环境建设。

（2）目标

形成创新型建筑业的制度结构及其有效运行机制。这是创新型建筑业建设的最基本目标。制度结构主要应当包括政府建立适宜技术创新需要的管理机制以及有效的调控手段，建筑业企业建立现代企业制度及相应的技术创新体系，大学及应用型科研机构形成面向市场的科研体系，创建高效率的社会中介服务体系。有效的运行机制主要指上述与创新相关的活动主体围绕创新，相互间形成一种紧密衔接，沟通顺畅，协调互动的良好关系。

优化创新资源配置，提高建筑业的创新效率。主要是指在市场机制发挥作用的基础上，通过上述制度结构及其运行机制的作用，使创新的人才、资金、规模及布局趋于合理，使外来的技术更好地转移和扩散至整个建筑业，进而促进建筑业创新的整体效率的提高。

加强建筑业的自主创新能力。通过市场机制和相关政策，选择部分重点领域，组织实施一批重大创新项目——尤其是可以促进产业技术升级和产业结构调整的项目，充分发挥比较优势，率先实现部分领域的赶超。引导企业抓住经济效益上升的有利时机，进一步加大技术中心的投入力度，加快技术中心研究开发基础设施建设，加强关键技术的超前研究开发，积极吸收和利用国内外先进经营管理模式和技术成果，提高整合能力和自主创新能力。

（3）主要内容

以规划—设计—施工—销售—交付—物业增值服务的产业链为基础，通过各个环节的创新，提升建筑业的整体发展质量。

加强现代企业制度建设，健全技术创新机制，积极推进勘察设计、建筑施工、房地产开发、市政公用产业等企业成为技术创新主体。根据企业的业务范围和资质标准，确定各类企业的发展重点。如总承包类企业重点进行管理技术和成套施工技术，专业施工类企业重点发展专业施工技术和专项工艺专利，而劳务分包类企业则要通过技术创新，实现四新技术（新技术、新工艺、新材料、新机具）的熟练应用。

建立完善的市场机制，加强科技型企业的建设，建立覆盖整个产业的创新成果转化体系，提高创新效率。

"十一五"期间，建筑企业继续加大以10项新技术为主要内容的新技术推广力度，以"10项新技术"的推广和应用带动全行业整体技术水平的提高。在技术领域，主要抓钢筋混凝土施工技术、预应力、基础工程、钢结构、新型防水材料、建筑节能与新型墙体材料、大型结构与设备安装技术；开发推广节能、低污染的环保建筑技术，营造绿色建筑；大力推广设计、施工一体化；发展完善提高施工监测、材料检测、功能检测、使用寿命检测等多项测试技术。大力发展信息技术，用信息技术改造提升传统产业。

完善配套政策措施，包括：建立和完善知识产权和收益保护机制、建立多元化的科技投入机制、建立一支高素质的建设科技队伍、积极拓展国际科技交流与合作，营造良好的创新环境。

加快建筑业的制度建设，完善行业技术标准和技术规范。

运用经济杠杆和政策导向，加大金融机构对企业技术创新的扶持力度，鼓励和引导企业采取多种形式、通过多渠道筹集技术开发资金。研究建立科技风险投资机制，为企业拓宽科技融资渠道创造良好的环境。

(4) 技术创新战略

根据比较后发优势理论和模仿创新理论，中国建筑业已经具备了发挥后发优势的基本条件，并可以选择与发达国家不同的技术发展道路。

1) 中国的建筑技术总体上与发达国家的建筑技术还存在相当的差距，这是建筑技术发挥其后发优势的外在条件。

2) 中国的教育事业有了很大的发展，建筑业的专业人才已经有了一定的规模，并且具备了一定的技术研发能力。

3) 中国改革开放以后初步形成的市场经济体制为发挥后发优势提供了必要支持。这形成了建筑技术后发优势的内在条件。

因此，中国建筑技术的发展道路完全可以采用技术发展的"蛙跳"（Leap-frogging）模型，走跨越式发展的道路。有研究表明（吴贵生等，2003），建筑业的技术进步是建立在以项目为载体的新技术开发和使用上的；推动建筑业技术进步的创新是以项目为导向的，除了产品形式的新建筑物外，建筑企业的创新大部分属于工艺创新。工艺创新指产品的生产技术的变革，它包括新工艺、新设备和新的组织管理方式。而模仿创新理论则指出，模仿创新尤其适合于工艺创新（施培公，1999），基于后发优势理论和模仿创新理论，要通过技术创新的方式提高我国的建筑技术水平，可以采用"监测—引进—消化吸收—创新—扩散"模式。该模式能在较短的时间里提升中国建筑业的技术水平。

## 六、结论分析与评价

创新是建筑业经济增长方式转变的关键，通过本文的研究，中国创新型建筑业建设面临以下的问题：

### （一）缺乏创新的资金能力，企业的利润空间继续缩小

建筑市场秩序不规范，投资行为无约束，业主普遍要求承包商垫资，压价、拖欠工程款仍以不同形式存在，市场恶性竞争，企业在招投标中知识产权得不到保护，执法难以到位，市场退出机制缺失，导致各类承包企业普遍效益低下，利润低微甚至亏损。利润空间过窄严重影响企业技术开发、人才培养，企业发展后劲减弱，竞争力难以提高，严重影响产业的健康发展。

### （二）缺乏创新的技术能力

我国建筑业的人才结构不合理，行业人才整体素质不高，建筑职工中，农民工占很大比例，与此同时，管理与技术专业人才知识结构与国际相关专业人士还有一定差距，这些均阻碍创新在建筑业的发展。

### （三）缺乏有利于建筑业创新的政策体系与外部支持

政府关于企业创新的政策繁多、变化大，企业不完全了解；有些条文虽已颁布，但实际执行却因种种原因受到限制，建筑业有自身特点，一些

创新政策的本身与其他产业就有区别，激励作用很难发生。与此同时，技术市场发展不适应科技成果转化的客观要求，科技立法不完备，缺乏系统法规和条例。

## 七、创新型建筑业建设的发展策略建议

结合创新型建筑业建设构想及我国发展实际，提出以下政策建议：

### （一）建立以企业为主体、市场为导向、产学研相结合的技术创新体系

建立并完善知识产权保护机制，切实发挥工程设计咨询在建筑业技术创新中的主导作用，加强建筑业新技术、新工艺、新材料、新设备的研发和推广应用，进一步完善有利于建筑业技术创新的配套政策措施，建立有利于创新的激励机制，在企业资质标准中，应进一步体现企业管理技术、科技创新、资源节约和企业效益等内容，引导企业加强管理，降低资源消耗，提高企业以技术创新能力为主要内容的核心竞争力。

### （二）以人为本，实施人才兴业战略

构筑建筑业人才体系，加速建筑业人力资源的开发与整合。完善建筑业从业人员职业资格制度和职业技能岗位培训制度，建立起建筑科技人力资源交流、培训、考核鉴定的社会化平台，通过市场供求关系和建筑技术人员的合理流动，调整建筑业科技人才结构，促进人才资源的优化配置。推进建筑工人技师考评制度的改革，将技术工人的培养纳入施工企业人力资源开发计划。各类企业要制定本企业的人才战略，形成人才辈出、人尽其才的良好局面。要通过工作实践和有针对性的培养，形成由专业技术带头人、技术骨干和一般技术人员组成的专业人才梯队。加速培养开拓国际市场需要的懂技术、会管理、善经营的复合型人才。要积极探索企业核心骨干持股的股权激励机制，以及符合企业实际、行之有效的各种激励方式，吸引并留住人才。

### （三）加强对知识产权的保护

随着知识在经济发展中作用的加强，以专利为核心的知识产权保护措施显得有些不力。政府应出台更强有力的知识产权保护措施，同时制订法

律法规（如成果转让法等）的实施细则，加强可操作性。特别要注意对发明人的激励，以及对发明人合法权益的保护，并鼓励到国外申请专利。

### （四）完善风险投资机制

风险资本以长期股权投资的形式提供给企业的建立、扩张和收购活动，分担企业创业和创新的风险。它在推动高新技术产业化及高新技术企业创收方面的作用已被世界各国所承认。建筑业历来被认为是与高新技术无缘的产业，这种观念限制了风险投资在建筑业的实施。总的来说，建筑业的技术含量比其他工业行业要低，但其中的某些领域对风险资金同样具有吸引力。对于建筑技术而言，有望引进风险投资的有结构技术、施工工艺和材料形式的变革等三方面内容，尤其是新型建筑材料的研究开发对风险投资具有相当的吸引力。而缺乏资金是限制广大建材企业进行研究开发活动的瓶颈。在建筑业的某些领域内引进风险资金，对建筑技术创新能起到积极的促进作用。

### （五）注重中小企业的发展

中小企业往往将一项创新看作是进入市场的机会，而已经占有一定市场份额的大企业则将小企业的创新看作是一种潜在的威胁。大企业为了维持其市场份额，必须改进其过时的技术或者引进和开发新技术。中小企业体制灵活，能及时跟踪市场变化作出较快的反应。研究表明，中小企业比大企业有更大的平均创新能力，提供更多的就业机会，经常能够成为新的经济增长点。因此，中小企业的存在及其技术创新活力使得大企业时刻感到竞争压力的存在，整个产业因而保持了竞争的活力。常见的推动中小企业的措施有：政府融资、风险资金、项目支持、信贷担保等。

### （六）鼓励创新主体间的合作创新

合作创新是指企业间或企业、研究机构、高校之间的联合创新行为，是目前国际经济技术发展新形势下技术创新的发展趋势。合作创新通常以合作伙伴的共同利益为基础，以资源共享或优势互补为前提，有明确的合作目标、合作期限和合作规则，合作各方在技术创新的全过程或某些环节共同投入，共同参与，共享成果，共担风险。合作创新与内部研究开发相比，是一种创造技术资源和能力的有效方式，并能够缩短创新时间。合作创新的价值不仅仅在于投资回报率以及创新成果对企业自身研究开发的影响，而且在于技术资源、核心能力和知识的获取，这对企业的长远发展具有重要的意义。

（江苏省建筑工程管理局，东南大学建设与房地产研究所联合课题组）

## 参考文献

[1] 约瑟夫·熊彼特. 经济发展理论 [M]. 北京：商务印书馆，1990.

[2] 金维兴，盛淑凯，宁文泽. 创新型建筑业及其经济增长原理 [J]. 建筑经济，2006，(6)：5-8

[3] 金维兴，唐晓灵，张建儒. 中国建筑业技术创新体制研究 [J]. 建筑经济，2004(9)：17-22

[4] 国家统计局，科学技术部，财政部，国家发展计划委员会，国家经济贸易委员会，教育部，国防科学技术工业委员会，2000年全国R&D资源清查主要数据统计公报，2001年10月11日

[5] 李世蓉. 国外住宅产业化发展及启示 [J]. 建筑科技，2004(2)：56-57

[6] 陈松. 日本建筑业的技术创新简介 [J]. 建筑经济，1997(3)：45-48

[7] 林小丹，陈松. 建筑业创新体系的构建 [J]. 建筑经济，2003(11)：13-15

[8] 傅家骥. 技术创新学 [M]. 北京：清华大学出版社，1998

[9] 何云峰. 中国建筑业技术创新体系研究. 西安建筑科技大学硕士论文，2004

[10] A. M. Blayse and K. Manley. Key influences on construction innovation. Construction Innovation，2004(4). 143-154

[11] George Seaden1 and André Manseau. Public policy and construction innovation. Building Research & Information，2001，29(3)

# 专题三：建筑业伙伴关系管理模式研究

## 一、建筑业应用伙伴关系管理模式的必要性

20世纪80年代初，我国建筑业从鲁布革电站建设开始，引进了国外传统管理模式，二十年来，对我国建筑业市场起到了巨大作用。但是必须认识到，在传统管理模式中，建筑行业的竞争性和高风险性，经常导致项目参与各方关系由于利益因素难以理顺，进而严重影响项目实施的绩效（Scott，2001）。本研究对我国建筑业现状调研结果（唐文哲等，2006、2007；何伯森等，2005；赵振宇等，2005）证实了传统管理模式体现出来的局限性：

（1）项目各参与方存在较大的目标差异；
（2）缺少合作氛围；
（3）项目参与组织之间关系紧张，难以形成信任关系；
（4）沟通与交流水平低；
（5）利益/风险分配不合理；
（6）项目实施过程中决策水平低；
（7）项目实施重合同条款轻实施效果，索赔与争端牵扯了各方大量资源；
（8）相互之间资源难以共享。

这些因素导致大量工程项目实施绩效低下，这些项目的管理与实施主要暴露了传统管理模式如下方面的弊端（李德全，2003）：

（1）投资、建设、监管、使用关系没有理顺，管理体制不健全；
（2）投资失控；
（3）业主大量拖欠工程款，扰乱市场经济秩序；
（4）非专业化管理，投资效益差；
（5）机构重复设置，资源浪费严重；
（6）工程质量安全没有保证，造成大量"豆腐渣工程"。

因此，如何对传统项目管理模式进行改革，以提升建筑业项目管理和实施绩效具有重要现实意义。以上所揭示的各方面问题涉及所有项目参与方，例如，工程项目质量品质是业主、承包商、设计、监理、材料设备供应商和政府相关管理部门共同实施和管理的结果，出现工程质量事故，所有相关方都要承担责任；其他问题，如业主大量拖欠工程款、非专业化管理、机构重复设置造成资源浪费、利益/风险分配不合理、索赔与争端、决策水平低等也都涉及不同组织间的协调问题。解决上述问题不能依赖于某一方，而是需要把所有在项目中起不同作用的利益相关者纳入一个系统进行协调，通过项目参与各方的合作，实现所有项目参与组织的资源优化配置，最终提升项目实施绩效。对此，我国建筑业已有的"项目级管理"和"组织级项目管理"理论对指导多组织管理与实践还有局限性。鉴于伙伴关系模式有助于项目相关组织的革新、学习和提高效率，最大程度地整合建筑业不同组织的资源（Egan，1998），本研究认为以伙伴关系模式为理论基础结合我国建筑业现状与实际需求创立"利益关系人级项目管理"理论和方法将能够充分整合项目开发相关各方资源，以有效提升我国建筑业管理水平和项目实施绩效。

## 二、伙伴关系理论、应用及发展方向

伙伴关系模式是："两个或多个组织间一种长期的合作关系，旨在为实现特定目标尽可能有效利用所有参与方的资源；这要求参与方改变传统关系，打破组织间壁垒，发展共同文化；参与方间的合作关系应基于信任、致力于共同目标和理解尊重各自的意愿"（CII 1991）。从构建和谐社会的国家主题来看，伙伴关系模式有助于保障项目参与各组织利益分配的机会、过程和结果公平，各方面利益关系得到妥善协调。从行业效率来看，国资委也指出"十一五"期间，具有上下游产业关系或具有优势互补关系的企业间，要加强产品供应、技术开发、市场开拓等方面的合作，形成战略联盟，实现资源、信息共享。从社会管理成本来看，国务院（2006）指出我国需加快建立健全社会信用体系，以有利于形成社会管理的长效机制，促进统一、开放、竞争、有序市场体系的形成，降低社会交易成本；伙伴关系旨在建立项目参与各方的信任关系，有助于降低项目实施过程中的交易成本，提高建筑业绩效；目前信用体系建设也是建设部（2006）工作重点之一。从建筑业的自身特点来看，引入伙伴关系模式也有其必要性（Tang et al. 2004）：

（1）建筑业每个项目具有独特性，所以建设管理难以像流水线产品那样实施标准化管理。

（2）建筑业项目大、周期长、各具特色，导致无论业主还是承包商都很难从有限的经验中获得持续提高。

（3）项目实施的绩效与所有参与者（业主、承包商、设计、监理、供应商等）有关，由于中间环节多，项目绩效不易控制。

（4）由于市场压力，建筑业组织如一些承包商生存下来已属不易，很难依靠自身力量提高管理水平。

从上述特点可知，建筑业项目品质由不同的组织共同决定，这些组织包括业主、承包商、设计、监理、供应商和运营单位等。如果各组织间缺乏合作，将导致决定项目品质的各个组织的资源难以充分整合。伙伴关系管理模式则可以通过不同层面的措施实现组织间资源的优化配置，从而提高项目的实施结果，最终为所有组织带来利益。

伙伴关系应用于项目实施发源于美国。从20世纪80年代末至今，主要成功应用于北美、欧洲、澳洲和香港等地。国内已经有文献（文理健，2004；曹吉鸣，2005）介绍伙伴关系模式是提高建筑业绩效的国际经营模式。国际上关于伙伴关系的研究主要包括应用必要性、概念、流程、效果、应用障碍识别、实施要素识别、构筑理论及应用新模型等方面。很多机构和个人（Kadefors，2004；Scott，2001；National Audit Office，2001；Australian Construction Association，1999；Carr et al. 1999；Egan，1998；Pietroforte，1997；Li，1996；Growley et al. 1995；Hanly，1993；Cowan，1992；Contracts Working Party，1991）的研究提出了应用伙伴关系模式的必要性。这些研究认为，建设行业的竞争性和高风险性经常导致项目参与各方关系处于相互戒备的紧张状态，造成组织间的壁垒，不利于项目资源的优化配置。为改善项目参与各方之间的关系，伙伴关系及其原则被认为很有必要应用在工程建设中。CII（1991）、Cowan（1992）、CIDA（1992）、Stevens（1993）、Hanly（1993）、Kubal（1994）、Construction Industry Board（1997）、MeGorge & Palmer（1997）、Critchlow（1998）和ECI（2003）都对伙伴关系的概念做了阐述，指出伙伴关系的核心就是项目参加各方如何建立良好的关系合作完成好项目,避免传统方式下项目参加各方因关系紧张导致的一些弊病。CIDA(1992)、Kubal(1994)、CIB(1997)、McGeorge and Palmer(1997)总结了基于项目的伙伴关系管理流程;Critchlow(1998)区分了战略层面和项目层面的伙伴关系管理流程;ECI(2003)提出了长期合作模式下的伙伴关系管理流程。Cowan(1992)、McGorge & Palmer(1997)和Larson(1995)定性总结了伙伴关系的效益,包括降低成本、加快进度、提升质量和减少管理费用等。Grajek et al.(2000)、Gransberg et al.(1999)、Pocock et al.(1997)和Weston and Gibson(1993)则给出了一些定量的效益,这些研究结果表明,相对传统方式,伙伴关系方式可以减少项目造价1.76%,缩短工期8.99%。在伙伴关系的基础上,一些工程加入了激励机制,即风险共担,利益共享。澳大利亚、英国和美国二十几个采用激励机制(Gallagher, 2002; Olds, 2002; Ross, 2001; Clegg, 2001; Scott, 2001; Voordijk, 2000; Barlow, 2000; Shwer, 1997; ACA, 1999)的工程项目实施结果显示,成本比预期目标平均降低8.10%,工期比预期目标缩短6.94%。Chan et al.(2003)、Larson and Drexler(1997)、Li(1996)和Ng et al.(2002)指出了导致伙伴关系失败的不同障碍,主要涉及组织结构、技能技术、个人素质和项目环境等方面。Cheng & Li(2002)、Scott(2001)、Black et al.(2000)、Cox et al.(1999)、ACA(1999)、Bennet & Jayes(1998)、和Cowan(1992)则辨识了伙伴关系的成功要素。模型研究代表了对伙伴关系最系统和深入的研究:Growley and Kairm(1995)模型揭示了传统模式、伙伴关系早期和伙伴关系成熟期下的组织结构形式;Thompson and Sanders(1998)模型描述了业主与承包商之间的关系,包括四个阶段:传统阶段、合作阶段、联盟阶段和一体化阶段;DeVilbiss and Leonard(2000)模型阐述了伙伴关系各方应如何建立一个学习型的组织;Crane et al.(1997)模型提出了伙伴关系实施的过程:建立业主目标、选择合作伙伴、建立项目参与组织各方共同战略目标、建立项目目标、建立共同工作流程;Cheng and Li(2001,2002)建立了伙伴关系组织结构设计、伙伴关系实施、伙伴关系完结的三阶段模型;Bennett and Jayes(1998)在其伙伴关系模型中指出7个伙伴关系要素应该作为一个相互关联的整体来考虑,因为项目成功实施是这些要素相互作用的结果。但上述模型均没有明确伙伴关系要素之间的关系及这些要素如何提高项目实施结果,如果了解这些机理,可以帮助应用伙伴关系的组织和个人更合理的配置资源,并有效避免导致伙伴关系失败的各种障碍。唐文哲等(2006)建立的伙伴关系模型则成功地解决了以上问题。该模型揭示了各伙伴关系要素之间的关系及其如何结合激励机制促进组织间信息、资源共享,有利于决策优化,降低监控成本和促进学习与创新,最终提高项目绩效;并据此提出不同的管理思想应与伙伴关系相结合,以最优化整合所有相关组织的资源,高效实现组织的目标。

### 三、建筑业伙伴关系管理模型

基于上述最新伙伴关系理论,本研究根据我国建筑业现状和实际需求,创建了建筑业伙伴关系管理研究模型,以使各种管理方法在伙伴关系网络中能最大程度地发挥作用,充分整合项目参与组织内部和外部资源,促进企业高效运营。具体研究内容如图 3-3-1。

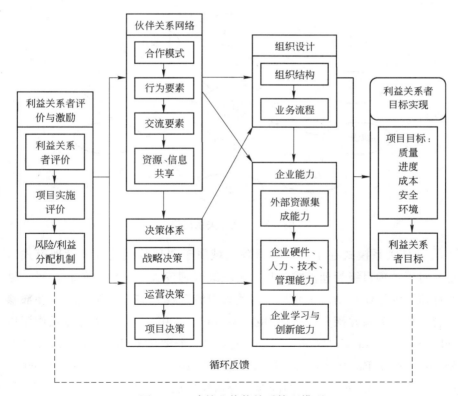

图 3-3-1 建筑业伙伴关系管理模型

该模型建立了伙伴关系网络、决策体系、组织设计、企业能力和利益关系者评价与激励之间的关系，完整地描述了伙伴关系管理模式各主要环节构成的绩效链。伙伴关系网络成员通过建立信任关系实现信息、资源共享，以促进项目参与各方的决策优化、组织结构和业务流程的合理设置、企业核心能力的形成，最终提高项目实施的绩效，达成所有利益相关者目标；在这一过程中利益关系者评价与激励机制起推动和控制的作用。

## （一）伙伴关系网络

伙伴关系旨在整合项目开发所有组织的资源，其中项目开发核心企业居于中心地位，因而需建立以项目开发核心企业与咨询机构、设计、监理、承包商、供应商、中央政府、地方政府、当地居民、用户和金融机构等利益相关组织参与的立体化、多层次伙伴关系模式，见图3-3-2。

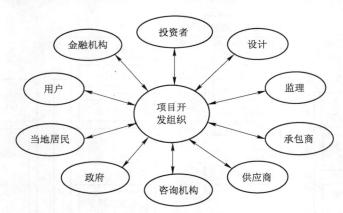

图 3-3-2 伙伴关系网络

伙伴关系模式在工程项目管理领域属于"利益相关人级管理模式"，是相对于"项目级管理模式"和"组织级管理模式"的组织创新，属于复杂环境下的组织行动。研究利益相关人级管理模式需要了解组织与外部参与者的相互关系并探究其活动内涵(Ancona, 2005)。根据伙伴关系作用机理研究(Tang et al. 2006)，伙伴关系10个要素(Cheng & Li, 2002; Scott, 2001; Black et al. 2000; Cox et al. 1999; ACA, 1999; Bennet & Jayes, 1998; Cowan, 1992)的聚类分析结果如图3-3-3：

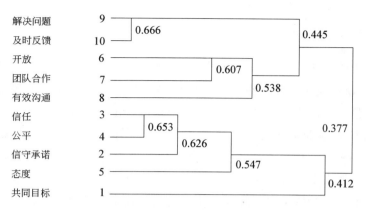

图 3-3-3　伙伴关系要素聚类分析结果(Tang et al. 2006)

　　分析结果显示各个伙伴关系要素是紧密相关的，表明伙伴关系的效果是这些要素之间相互作用的结果。从各个要素之间的相互距离来看，伙伴关系要素可以分为两类：一类是行为要素，包括信任、公平、信守承诺、态度、共同目标，其中信任是核心；另一类是交流要素，包括解决问题、及时反馈、开放、团队合作和有效沟通，解决问题为核心；两组要素具有强相关性。图 3-3-3 显示，伙伴关系首先需要建立起项目组织的共同目标，使各方能以积极的态度进行合作，而积极态度就是执行力。如果在执行过程中各方能信守承诺(即承诺的事情愿意兑现，并有能力兑现)，奉行公平原则(即风险/利益分配合理)，就能逐渐建立起信任的关系。信任的作用在于能促进项目各方开放、加强团队建设、有效沟通、及时反馈和解决问题。这使项目管理系统内各种信息能顺畅交流，获得四方面的好处：一是可让信息流动加快，有助于提高项目实施各个流程的效率，进而提高组织和项目实施总体效率；二是可鼓励各方分享经验和对问题的看法，即增加了用于决策的数据，使决策更为科学，从而使决策价值最大化；三是减少了组织间信息不对称性，有助于降低项目实施过程中的交易成本，特别是有利于减少机构的重复设置，降低监控成本；四是外部信息的流入有助于组织的学习和促进组织的创新。伙伴关系网络需根据伙伴关系要素之间的关系，建立项目利益相关组织基于信任的合作模式，促进各组织间迅速、高效的交流，实现组织间信息、资源共享，以支持项目参与各方决策、优化组织结构与业务流程、提升项目参与企业核心能力。

## (二) 决策体系

决策的主要步骤包括信息收集、分析、策略选择三部分(Marakas, 1999)。伙伴关系的作用在于能够帮助项目参与各方更快、更多地获得和处理信息以支持决策。决策者通常希望获得完全的信息。完全信息就是决策者能够预测未来所有将要发生的事件并据此做出价值最大化的决定(Buck, 1989)。但是获得完全信息以去除所有不确定因素通常是不现实的,这需要大量的成本,包括调研、咨询、监测、试验、数据分析等费用。获取更多的信息以及减少为获得信息所发生的费用是矛盾的(Ruskin, 1995)。在信息上面的投入同其他方面的投入一样,必须要有经济上的回报(Buck, 1989)。在大多数的情况下,由于调研和咨询费用有可能过于昂贵,或没有时间进行深入的分析,或管理人员不足等原因,决策者必须依赖不完全信息进行决策。在这些情况下,须依靠当事人的判断力、团队的经验以及对相关问题的认识程度来决策。决策的效率与所掌握信息的完全性有直接关系(Buck, 1989),见公式:$\xi$(信息)=(所掌握信息的价值)/(完全信息的价值)。

在伙伴关系项目参与各方相互信任的基础上所形成的开放环境,可帮助伙伴关系参与组织只付出相对较少的人力、财力和物力就能获取较为完全的决策信息,以增加决策的价值。例如,美国Arizona Department of Transportation所采用伙伴关系模式的项目中,平均不可预见费由传统模式中占工程总成本5%降低到了3%,即决策效率的提高减少了40%的不可预见费(Warne, 1994)。

然而,组织利用所获得的信息进行分析和策略选择以实现决策价值最大化,前提条件是组织和个人具备相应的决策管理知识和技能,以及相应的决策支持体系。本研究调研了我国建筑业项目参与方是否拥有正式的组织决策体系(唐文哲等, 2007)。调研结果显示目前我国建筑业参与组织缺乏正式的决策体系,组织决策体系的有效性远远不够;很多决策失误造成的后果,如果管理得当,应该可以避免或降低损失。这表明我国建筑业未来需要系统地提高决策水平,使组织决策体系从非正规化向正规化转变,以系统地提高组织决策的效率。

因此,建筑业企业需建立组织决策体系,结合相应的企业部门职责明确决策具体程序，每部分程序均要设置合理，方法明确，部门和管理者都可以依据这些程序处理与己相关的决策活动。鉴于外部资源、信息对组织决策的重要性，组织决策体系的每个部分与伙伴关系的交流要素要直接相连，以使项目参与各组织贡献的信息能迅速进入决策系统。

此外，伙伴关系能影响项目参与各方在策略选择时的偏好。利益兼顾原则是决策需遵循的首要原则（卫民堂等，2000），即组织的利益应与其他利益相关者有机统一，在实现组织利益的同时要满足其他利益相关者的合理需求。伙伴关系可以为各个组织树立利益共享的决策价值观，帮助利益相关者建立和谐共赢的合作关系，相互之间提供信息及资源的支持，充分考虑各种不确定因素，实现科学决策。这是由于项目参与各方在项目开发过程中角色不一样，各个组织不仅要在决策时充分了解本组织的作用，也需要了解其他组织在同一决策中的作用、位置和资源配置，才能制定兼顾各方利益的合作型对策，实现整体最优化结果。例如，岷江上游杨柳湖水库离都江堰很近，因项目利益相关者之间存在利益冲突而叫停（张可佳，2006），此例说明了在项目决策时充分考虑各方利益的重要性。

基于伙伴关系管理以共赢为目标的决策体系，应能指导企业进行战略层面、运营层面和项目层面的决策：

（1）战略决策将指导企业应选择何种路径实现组织的长远目标，例如选择哪种组织模式、发展哪些企业核心能力等；

（2）运营决策将指导企业如何建立高效的业务流程确保战略目标的实现；

（3）项目决策将指导企业从项目可行性研究、设计、招投标、实施到运营等各个阶段进行高效决策，以确保项目目标的实现。

### （三）组织设计

本研究对建筑业企业组织运作的调研表明，企业运作低效主要反映在：

（1）企业组织结构和业务流程根据传统惯性因循下来，已不适应当前外部环境和企业的内部运营需求。

（2）企业现有组织趋于封闭，缺乏有效利用外部资源解决问题的能力。

在调研中进一步通过对建筑业整个管理链条的解剖发现，上述问题的根源在于：

第一，建筑业各种问题往往发生在组织以外或与其他组织有关。例如，对于业主企业，可行性研究、设计、监理、施工、材料设备供应、环保等活动都发生在组织以外；而当前企业组织结构和业务流程主要基于自身内部资源的配置来设计，这就常常造成项目管理链条在组织间结合部断裂或衔接不佳，这是由于对企业自身资源配置合理的组织结构与流程在项目管理整体层面并不一定是最佳设计。

第二，更深层次的原因在于项目参与各方之间由于理念、人员素质、组织能力、市场压力、利益分配等主客观原因，难以形成信任关系。不信任其他组织的管理环节将导致在组织设计时就难以考虑充分利用其他组织的资源。对此，本研究的调研也证实：很多项目在实施过程中，因项目参与方相互信任的程度不足，则业主在组织设计中需要设置规模较大的监控体系来管理监理、设计和施工单位等，在项目管理整体层面造成了组织机构和业务环节的重叠，增加了附加于项目建设成本以外的企业内部管理成本；同时，决策环节的增加也降低了项目实施效率。

因此，很多建筑业企业运作的低效源于组织对外部环境的不适应，难以高效解决组织以外的各种问题，导致利用外部资源的能力不强。系统管理学派和权变理论学派都指出组织与外部环境之间有着相互依赖和相互影响的关系，不同企业及同一企业在不同的发展阶段上，都应当根据当时的具体条件来设计对外部环境具有适应性的组织结构，才能保证企业的生存和发展（任浩等，2005）。种群生态学理论也指出环境是决定组织模式成功或失败的重要因素，组织的多样性是各种组织在变种、选择和保留的过程中对环境的适应结果，不适应环境的组织会被逐渐淘汰（Daft，2002）。

据此，建筑业企业组织设计不能局限于单一组织的内部资源配置，而是要着眼于利益相关组织的更高层面。企业的组织结构和业务流程应根据外部环境（其他利益相关组织）和企业的战略目标需要来设计，这要求把伙伴关系网络建设与企业组织设计结合起来。例如，如图3-3-3所示，伙伴关系中解决问题与及时反馈有密切关系，提示在组织设计时可通过组织结构扁平化来减少决策环节，或在流程设计时通过充分授权来提高解决问题的效率。因此，伙伴关系模式下组织设计所要解决的具体问题为：如何合理地根据外部和内部资源最优化配置原则和效率原则设计组织结构和业务流程，以优化实现组织的战略目标。

### (四) 企业能力

建筑业伙伴关系通常是基于项目来构建，随着已有项目的完成与新项目的开发，合作伙伴也会相应改变。企业如何避免因外部环境发生变化而造成对组织的不利影响，做到持续有效地利用外部资源，并能将所获得的资源与企业内部资源有效整合，就要求企业具有自身的核心能力。在企业拥有独特资源的基础上，卓越的能力是企业持久竞争力的源泉(Wernerfelt，1984)。本研究在调研中发现，很多企业即使通过投入获得了一定基于资源的竞争优势，例如，项目的开发权或项目实施承包资格等；然而，一旦项目完成，资源消耗掉以后，这些企业的竞争优势很快就消失或陷入困境。在我国建筑业中，业主、承包商、设计、监理、材料设备供应商等都不同程度存在上述问题，其中承包商表现得最为明显。一个重要原因是企业不能够抓住机会将外部资源有效转化为组织自身的能力，即资源投入后的产出没有形成有效增值，企业仅仅是维持在低水平的生存状态，没有形成支持企业可持续发展的核心能力。环境变化以及竞争对手的发展将使得没有核心能力的企业遭到被淘汰的命运(Prahalad and Hamel，1990)。

因此，建筑业企业需要把通过伙伴关系所获取的外部资源转化为企业内在的核心能力，以支持企业持久的竞争力。企业应注重形成以下三个方面的能力：

1. 外部资源集成能力。伙伴关系是解决资源限制性问题的一个强有力途径(Tidd et al. 2001)，但它所带来的益处并不是轻而易举就能够获得。企业需铺设、建立各种获取资源的途径和渠道，帮助企业知道本组织稀缺资源在哪里；如何与这些资源发生联系；如何建立与维护与合作伙伴的关系；如何在环境变化(项目变更、合作伙伴变化等)的情况下保持组织聚积、获取稀缺资源的能力。

2. 企业硬件、人力、技术、管理能力。在企业凭借伙伴关系获得组织稀缺的资源后，企业应通过合理地硬件建设、人力资源开发、核心技术选用、管理系统的建立与执行来有效地利用这些资源。然而，稀缺资源是有时效性的，因为资源可以消耗或因环境改变而不再稀缺；企业应在利用资源的过程中，抓住每一次机会不断提高上述各项能力，使企业实践的每一个项目都成为提升能力的台阶。

3. 企业学习与创新能力。组织学习在建立和提高核心能力中具有重要作用(Prahalad and Hamel,1990)。Cohen and Levinthal(1990)指出外部知识源对创新过程相当关键。伙伴关系作用机理研究(Tang et al. 2006)也显示：伙伴关系能有效促进项目参与组织间对相互需求的了解、有助于组织间学习，并促进各项目参与组织的创新活动。这源于伙伴关系各交流要素能带给项目参与方的不同信息，加深各方对问题的理解，有助于业主做出更好的决策、设计人员设计出更优化的产品、施工单位更好的理解项目实施的具体内容并进而提出优化的项目实施方案。建筑业企业应系统化、制度化地通过伙伴关系网络获取外部知识，并能够将外部知识与企业内部知识有效整合，实现企业内可共享知识的不断增值，形成企业卓越的学习与创新能力，支持企业获得持续竞争优势。

### (五) 利益关系者评价与激励

以上主要阐述了伙伴关系各方应如何通过建立信任关系实现信息、资源共享，以促进项目参与各方的决策优化、组织结构和业务流程的合理设置、企业核心能力的形成，最终提高项目实施的绩效。接下来需要解决的问题是：项目成功实施的利益如何分配，或项目实施过程中的风险如何分摊。这就需要在伙伴关系中引入评价与激励机制来解决。本研究对我国建筑业激励机制的现状调研显示：

(1) 项目参与各方虽然总体上都希望项目的各项目标能够顺利实现(这也是伙伴关系建立的基础)，但项目各具体目标的优先次序对每一方而言是不一样的，例如：业主的目标是如何最优化均衡实现进度、成本、质量、安全、环境目标；设计最关心的是工程项目的技术风险；监理的工作重点在质量管理方面；施工单位最为关心的是利润。

(2) 传统管理模式中业主倾向于利用其在市场中的优势地位，将较多风险转嫁给其他项目参与组织。例如，业主迫使承包商接受偏低的承包价格；反过来，承包商寄希望于工程项目的变更和索赔来收回成本。何伯森等(2005)的调研也揭示，52.59%的监理合同存在"阴阳合同"现象，即业主与监理之间明里根据国家取费标准签订一份"阳合同"应付政府检查，暗里签订一份"阴合同"用于实际支付，有时价格相差达一半。由此引起的各方利益不一致会严重影响组织间的信任关系，引发各种问题，不利于工程项目实施绩效的提高。

激励机制能有效协调项目参与各方目标的差异性和改善传统模式中利益风险分配不公的局面(Scott, 2001; Carr et al. 1999)，有助于项目参与各方摆脱传统的紧张关系，形成更加紧密的合作关系(Bower et al. 2002)。本研究关于激励机制的调研也证实：受访者一致认为激励机制使项目风险分配趋于合理，可以改变项目利益主要归于市场中强势的业主方的局面，能为项目参与各方提供强大动力，促进项目实施绩效的提高。

鉴于激励机制的作用，建筑业项目参与组织有必要构造一套合理的激励机制。伙伴关系理论的核心理念是共赢思想，利益共享、风险共担的公平原则是激励机制的基础(ACA, 1999)。图3-3-3也证实，公平原则对项目参与各方信任关系的影响最大，是项目各方维持合作关系的重要因素。因此，激励机制应基于项目利益相关者来设计，使项目参与各方能通过成功完成项目的实施也实现各自的目标，形成各方共赢的结果。但应该清楚，激励机制并没有告诉项目参与成员如何具体解决问题，只是为项目各方提供了一个强大的动力，就是各参与方能公平的享受项目成功实施带来的利益。这个动力是通过将绩效评价与奖励资源有机结合以促进其他手段的高效运行来发生作用。

建筑业传统的绩效评价体系主要是考核已完成项目是否符合要求，其主要缺陷在于不能预防问题的发生和不利于管理水平在项目实施过程中的不断提高(Cox and Townsend 1998)。平衡记分卡理论Kaplan和Nortan(1996, 2001, 2004)的评价体系则较为全面，包括财务、顾客、内部流程、学习与创新四个方面，其绩效指标设置的全面性值得本研究借鉴。但平衡记分卡理论的局限性是所设置的绩效指标通常是彼此不相关，未从逻辑上揭示组织的绩效链，不利于实施者找到关键的管理环节加以改进和提高(Meyer, 2002)。平衡记分卡理论的另一局限性是只考虑了本组织和顾客的需求，未考虑众多利益相关者的需求(Neely et al. 2002)。因此，在激励机制中需建立利益相关者评价体系，考虑业主、承包商等项目参与方的需求和对项目实施的贡献；该评价体系可根据本研究建立的伙伴关系管理模型所展现的绩效链来设计。如图3-3-1所示，激励机制是通过推动伙伴关系网络、决策体系、组织设计、企业能力的高效运行来提升项目绩效，因此，激励机制绩效评价指标需围绕上述各个管理环节设计如下：

（1）伙伴关系网络——项目各参与组织需求与贡献，合作模式，信任关系，信息交流，资源共享；

（2）决策体系——决策组织环境，决策效率，战略、运营策略和项目策略的有效性；

（3）组织设计——组织结构的合理性，业务流程的合理性、运行效率、投入产出效果；

（4）企业能力——外部资源集成能力，企业硬件、人力、技术、管理能力，企业学习与创新能力；

（5）项目实施——项目实施的保障措施，实施过程，成本、进度、质量、安全和环境目标实现程度；

（6）利益风险分配——利益风险分配的公平性、合理性、可执行性，奖励资源对组织、部门、人员、项目实施的激励效果。

激励机制将使项目参与方致力于实现其共同目标，使每一个利益相关者都能够从成功的项目实施中获取应有的利益，在项目目标成功实现的同时也达成自己的目标。

## 四、结论

建筑业项目的品质是由不同的组织决定，这些组织包括业主、承包商、设计、监理、供应商、运行单位和政府等。如果各组织间缺乏合作，将导致决定项目品质的各个组织的资源难以充分整合。伙伴关系管理模式及其原则应结合其他管理理念和技术，形成利益关系人级管理理论和方法，以提高组织运作和项目实施的绩效；为此，建筑业企业未来发展过程中需重视以下方面：

1. 建立项目开发参与组织基于信任的伙伴合作模式，支持各组织间迅速、高效的交流，实现组织间信息、资源共享，以支持项目参与各方决策、优化组织结构与业务流程、提升项目参与企业核心能力。

2. 建立正式的组织决策体系，指导企业进行战略层面、运营层面和项目层面的决策；该决策体系能通过伙伴关系网络与其他组织交流信息和分享资源，以利于决策价值最大化。

3. 根据外部环境（其他利益相关组织）和企业的战略目标需要来设计企

业组织结构和业务流程，以利于企业外部和内部资源最优化配置，保证企业低成本高效运行。

4. 把通过伙伴关系所获取的外部资源转化为企业内在的核心能力，以支持企业持久的竞争力；这些能力包括：外部资源集成能力，企业基础设施、人力、技术、管理能力，企业学习与创新能力。

5. 根据伙伴关系管理模式绩效链建立多视角多层次考核体系来评价项目参与组织的工作绩效和项目实施的结果，再根据考核结果按公平原则来分配额外收益或风险，以此激励项目参与方致力于实现其共同目标，使每一个利益相关者都能够从成功的项目实施中获取利益，在项目目标成功实现的同时也达成自己的目标。

未来研究应在以上方向形成系统的理论与方法，同时需加强应用研究，以指导项目参与组织间加强合作、优势互补和集成资源，形成企业的核心能力，促进建筑业绩效提升，产生社会和经济效益。

（作者：唐文哲　强茂山　陆佑楣　陈云华　吴之明）

## 参考文献

国务院. 加快社会信用体系建设.《政府工作报告》，2006

建设部.《建设部建筑市场管理司 2006 年工作要点》，2006

李德全. 关于我国政府投资工程管理方式改革的建议.《长江建设》. 2003 年第 1 期，pp. 29-31.

何伯森.《工程建设监理的国际惯例与我国建设监理业的发展前景》. 建设部软课题研究报告. 2005

赵振宇，乌云娜，黄文杰. 我国建设项目管理现状与问题问卷调查分析.《建筑经济》. 2005 年第 9 期，pp. 59-63.

文理健. Partnering：提高建筑工程绩效的国际经营模式.《湖南城市学院学报》，2004 年第 13 卷第 4 期.

曹吉鸣. 基于房地产供应链的合作伙伴关系管理.《建筑经济》. 2005 年第 1 期，pp. 40-44.

唐文哲，强茂山，陆佑楣，于增彪，陈云华. 基于伙伴关系的水电企业流域开发管理研究.《水力发电学报》，2008 年第 2 期.

唐文哲，强茂山，陆佑楣，陈云华. 基于伙伴关系的项目风险管理研究.《水力发电》.

2006 年第 7 期，pp. 1-4.

唐文哲．《建设业伙伴关系管理模式研究》，博士后研究报告．清华大学．

张可佳．云南虎跳峡水库仓促上马将造成巨大损失．中国青年报，2006 年 03 月 06 日．

卫民堂，王宏毅，梁磊．《决策理论与技术》．西安：西安交通大学出版社，2005

任浩，李信民，淘向京，李建华．《企业组织设计》．上海：学林出版社，2005

Ancona, D., Kochan, T. A., Scully, M., Maanen, J. V., Westney, D. E. Managing for the future: organizational behavior & Process. Thomson Learning, 2005

Australian Constructors Association (ACA) Relationship Contracting - Optimising Project Outcomes, Australian Constructors Association, 1999

Bennett, J., and Jayes, S. (1998). The Seven Pillars of Partnering, Thomas Telford, London

Black, C., Akintoye, A., and Fitzgerald, E. (2000). "An analysis of success factors and benefits of partnering in construction." Int. J. Proj. Manage., 18: 423-434.

Bower, D., Ashby, G., Gerald, K., and Smyk, W. (2002). "Incentive mechanisms for project success." J. Manage. Eng., 18(1): 37-43.

Bresnen, M., and Marshall, N. (2000). "Motivation, commitment and the use of incentives in partnerships and alliances." Constr. Manage. Econom., 18: 587-598.

Buck, J. R. (1989). Economic risk decisions in engineering and management, Iowa State University Press, Iowa.

Carr, F., Hurtado, K., Lancaster, C., Markert, C., and Tucker, P. (1999). Partnering in Construction - a practical guide to project success, American Bar Association, USA.

Chan, A. P. C., Chan, D. W. M., and Ho, K. S. K. (2003). "Partnering in construction: Critical study of problems for implementation." J. Manage. Eng., 19(3): 123-135.

Cheng, E., and Li, H. (2001). "Development of Conceptual model of construction partnering." Eng., Constr., Archit. Manage., 8(4): 292-303.

Cheung, S., Ng, T. S. T., Wong, S., and Suen, H. C. H. (2003). "Behavioral aspects in construction partnering." Int. J. Proj. Manage., 21, 333-343.

Clegg, J. (2001). "No Business as Usual." Alliancing and Risk Sharing Seminar, September 17, London.

Cohen, W. M., and Levinthal, D. A. (1990). "Absorptive capacity: a new perspective on learning and innovation", Administrative Science Quarterly, Vol. 35, pp. 128-152.

Construction Industry Institute (CII). (1991). In search of Partnering excellence, Construction Industry Development Agency.

Contracts Working Party. (1991). "Building and Construction Industry Development." Building Science Forum Seminar, 37-98.

Cowan, C. (1992). Partnering -A Concept for Success, Master Builders, Australia.

Cox, A., and Townsend, M. (1999). Strategic Procurement in Construction: Towards better practice in the management of construction supply chain, Thomas Telford, London.

Daft, R. L. (1998). Organization Theory and Design, Thomson Learning.

Egan, J. (1998). Rethinking Construction, Department of the Environment, Transportation and Regions.

Gallagher, J. (2002). "Project Alliancing - Creating the possibilities." ICEC 3rd World Congress (CD-Rom), Melbourne.

Graijek, K. M., Gibson, G. E., and Tucker, R. L. (2000). "Partnered project performance in Texas Department of Transportation." J. Infrastr. Systems, 6(2): 73-79.

Gransberg, D., Dillon, W., Reynolds, L., and Boyd, J. (1999). "Quantitative Analysis of Partnered Project Performance." J. Constr. Eng. Manage., 25(3): 161-166.

Growley, L. G., and Karim, M. A. (1995). "Conceptual model of partnering." J. Manage. Eng., 11(5): 33-39.

Hanly, G., and Valence, G. (1993). "Partnering: an Australian perspective, Part 1 - Partnering explored." Australian Constr. Law Reporter, 12(2), 50-59.

Kadefors, A. (2004). "Trust in project relationships - inside the black box." Int. J. Proj. Manage., 22: 175-182.

Kubal, M. T., (1994). Engineered Quality in Construction: Partnering and TQM, McGraw-Hill, New York.

Larson, E. (1995). "Project partnering: results of study of 280 construction projects." J. Manage. Eng., 11(2): 30-35.

Larson, E., and Drexler, J. A. (1997). "Barriers to project partnering: report from the firing line." Proj. Manage. J., 28(1): 47-52.

Li, D., and Green, D. (1996). "Project Partnering in Australia." Australian Project Manager, 16(3): 37-43.

McGeorge, D., and Palmer, A. (1997). Construction Management - New Directions, Blackwell, Australia.

Meyer, M. W. (2002) Rethinking performance measurement: beyond the balanced scorecard, Cambride University Press.

Neely, A., Adams, C., and Kennerley, M. (2002) The performance prism: The scorecard for measuring and managing business success, Pearson Education Limited.

Ng, S. T., Rose, T. M., Mak, M., and Chen, S. E. (2002). "Problematic issues associated with project partnering - the contractor perspective." Int. J. Proj. Manage., 20: 437-449.

Olds, R. (2002). "The Port of Brisbane Motorway Alliance." Information Coffey, 3, 8-9.

Pocock, J. B. Liu, L. Y., and Kim, M. K. (1997). "Impact of Management Approach on Project Interaction and Performance." J. Constr. Eng. Manage., 123(4): 411-418.

Prahalad C. K. and Hamel 1990 "The core competency of the corporation", Harvard Business Review, May-June: pp. 79-90.

Ross, J. (2001). "Introduction to Project Alliancing." Defence Partnering and Alliances Conference, Canberra, Australia.

Scott, B. (2001). Partnering in Europe - Incentive based alliancing for projects, Thomas Telford, London.

Shwer, M. (1997). "Alliancing the Griffin Venture Revamp." International Management Resources, BHP Petroleum.

Tang, W., Duffield, C. F. and Young, D. M., (2006) Partnering Mechanism in Construction: An Empirical Study on the Chinese Construction Industry, Journal of Construction Engineering and Management, American Society of Civil Engineering(ASCE), Vol. 132, No. 3: 217 - 229.

Tang, W., Duffield, C. F. and Young, D. M. (2004) "Developing a matrix to explore the relationship between partnering and Total Quality Management in construction", Journal of Harbin Institute of Technology, Vol. 11, No. 4: 422-427.

Thompson, P., and Sanders, S. (1998). "Partnering Continuum." J. Manage. Eng., 14(5): 73-78.

Tidd, J., Bessant, J., Pavitt, K. (2001) Managing Innovation: Integrating Technological, Market and organizational Change, John Wiley & Sons Australia

Voordijk, H. (2000). Project Alliances: Crossing Company Boundaries in the Building Industry, Tilberg University, Netherlands.

Warne, T. R. (1994). Partnering for Success, America Society of Civil Engineers, New York.

Wernerfelt, B. 1984 A Resource-based view of the firm. Strategic Management Journal, 5: 171-180.

Weston, D. C., and Gibson G. E. (1993). "Partnering-project performance in U. S. Army Corps of Engineers." J. Manage. Eng., 9(4): 410-425.

# 行 业 篇

中国建筑业具有丰富的行业内涵，展现各个行业的发展成就，更深入地探触各个行业的律动，对于重要行业的发展方向进行探索，汇集各个行业的改革发展状况，形成行业的信息交流平台，为行业、企业及社会提供服务，具有十分重要的意义。本篇集中了勘察设计行业、装饰装修行业、钢结构、预拌水泥等行业的相关研究成果和发展报告。行业报告启示我们，尽管各行业发展形势喜人，但各行业组织结构调整、生产方式革命、技术进步的任务都相当繁重。

# 工程勘察设计咨询业改革发展调研报告

工程勘察设计咨询业是国民经济的基础产业之一,是生产性服务业的重要组成部分。为深入了解国务院办公厅"国办发〔1999〕101号、〔2000〕71号"以及《勘察设计条例》等相关文件出台后全国勘察设计咨询业改革发展状况,研究在新形势下如何按照《国务院关于加快发展服务业的若干意见》的要求,适应国家投资体制改革的需要,进一步推进勘察设计咨询业的改革与发展,完善相应的体制机制,提高勘察设计企业核心竞争力,充分发挥勘察设计咨询在工程建设活动中的主导作用,2007年上半年建设部组成专题调研组对不同隶属关系的72个勘察设计咨询单位进行了调研。有关情况如下:

## 一、勘察设计咨询业改革发展的基本情况

### (一)勘察设计咨询业发展概况

近年来,我国工程勘察设计咨询业的队伍数量、经营规模、管理水平和经济效益都有较快发展,完成了大量的固定资产投资项目的勘察设计任务,为我国国民经济的持续健康发展、城乡面貌和人民居住条件的不断改善,做出了重大贡献。

据统计,截至2006年底,工程勘察设计企业总数为14264家,比2001年的11338家增加了25.8%,年均增长4.7%(图4-1-1)。

全行业2006年底从业人数为112.1万人,比2001年的73.7万人增加52.1%,年均增长8.7%(图4-1-2)。

全行业2006年完成的营业收入为3714.4亿元,比2001年增长416.8%,年均增长38.9%,高于同时期全社会固定资产投资总额的增长速度(年均增速为24.2%)(图4-1-3)。

全行业2006年实现的利润总额为291亿元,比2001年增长476.3%,

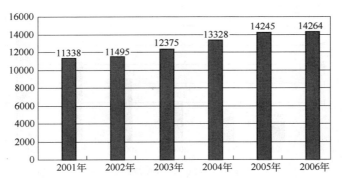

图 4-1-1　勘察设计企业数量变化图示（单位：个）

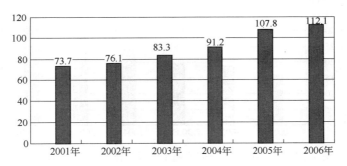

图 4-1-2　勘察设计行业从业人数变化图示（单位：个）

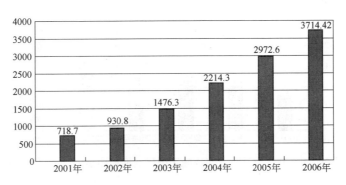

图 4-1-3　勘察设计行业营业收入变化图示（单位：亿元）

年均增长 41.9%（图 4-1-4），人均实现利润 25962 元，产值利润率为 7.8%。

全行业 2006 年完成的施工图投资额为 35124.8 亿元，比 2001 年增长 119.5%，年均增长 17%（图 4-1-5）；完成的施工图建筑面积为 26.9 亿 $m^2$，比 2001 年增长 229.9%，年均增长 27%（图 4-1-6）。

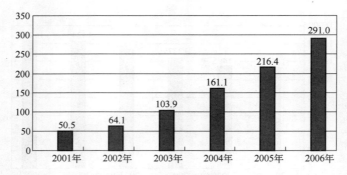

图 4-1-4　勘察设计行业利润变化图示（单位：亿元）

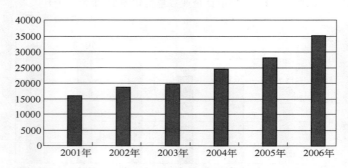

图 4-1-5　勘察设计行业完成施工图投资额图示（单位：亿元）

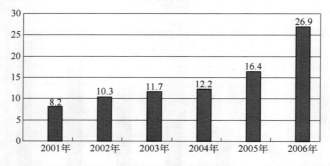

图 4-1-6　勘察设计行业完成施工图建筑面积图示（单位：亿 $m^2$）

由以上分析可以看出，从 2001 年至 2006 年，勘察设计咨询业以增加 25.8% 的企业、增加 52.1% 的从业人员实现了全行业营业收入 416.8% 的增长。

## （二）勘察设计咨询业体制改革的简要回顾

伴随着我国改革开放的进程，工程勘察设计咨询业的改革不断深入。

大体经历了两个阶段：

一是实行事业单位企业化管理阶段(1979~1999年)。改革开放以前，工程勘察设计单位属于事业性质，任务由国家下达，人员由编制控制，经费由国家财政全额拨款。1979年，勘察设计咨询业开始进行改革试点，中共中央、国务院中发〔1979〕33号批转国家建委党组《关于改进当前基本建设工作的若干意见》指出"勘察设计单位现在绝大部分是事业费开支，要逐步实现企业化，收取勘察设计费"。随后在中央及地方部分勘察设计单位开始了企业化和勘察设计取费试点工作，拉开了改革序幕。1984年国务院下发《国务院关于改革建筑业和基本建设管理体制若干问题的暂行规定》(国发〔1984〕123号)、《国务院批转国家计委关于工程设计改革的几点意见的通知》，要求国营勘察设计单位实行企业化，增加勘察设计单位的活力，规定"勘察设计向企业化、社会化方向发展，全面推行技术经济承包责任制"。从此，勘察设计单位作为事业单位实行企业化经营，全行业取消事业费，按照国家规定收取勘察设计费，独立核算，自负盈亏，并在全行业推开。

二是由事业单位改为企业阶段(2000年以来)。1999年12月、2000年10月，国务院办公厅先后下发《关于工程勘察设计单位体制改革的若干意见》(国办发〔1999〕101号)、《国务院办公厅转发建设部等部门关于中央所属工程勘察设计单位体制改革实施方案的通知》(国办发〔2000〕71号)两个文件，明确了勘察设计单位由事业单位改为科技型企业、逐步建立现代企业制度的改革方向和目标，并具体规定了体制改革的基本原则、方案、配套政策和组织领导。从此，中央和地方所属勘察设计单位中绝大部分由事业单位改为企业，并加快进行产权制度改革、建立现代企业制度，实现企业制度创新。

### (三) 国务院办公厅两个文件及《建设工程勘察设计管理条例》的贯彻落实情况

国务院办公厅101号、71号两个文件下发以后，为了规范勘察设计市场，为勘察设计企业改革创造良好的外部环境，国务院又于2000年9月颁发了《建设工程勘察设计管理条例》，这些文件和条例的出台为勘察设计咨询业的改革发展提供了制度框架。

从这次调研的情况来看,各级建设行政主管部门和各勘察设计企业在贯彻实施国办两个文件和《勘察设计条例》、深化勘察设计单位体制改革、推动勘察设计咨询业发展方面做了大量工作,各项政策基本得到了贯彻落实,勘察设计企业管理体制得到转变,企业组织模式和产权结构呈现多元化格局,行业监管制度得到加强,行业发展环境有所改善。

1. 实现政企分开。勘察设计单位与原主管部门脱钩,或划归国资委直接管理、或进入大型企业集团、或移交地方管理,在文件规定的时间内基本完成政企分开。目前,中央所属178家勘察设计单位全部完成了体制调整,完成了与政府主管部门的脱钩,改变了隶属关系。

2. 实现事业改企业。从全国范围看,除个别行业和个别地区外,大多数勘察设计单位已经改为科技型企业,工商登记为企业法人,实现由事业单位转变为企业的体制转变。改企工作基本完成。

3. 实现企业模式多样化。勘察设计单位参照国际通行模式进行改造,基本实现了由勘察设计院单一模式向工程公司、工程咨询设计公司、专业公司、设计事务所和岩土工程公司等多种模式转变。

4. 实现产权结构多元化。勘察设计咨询业所有制结构发生很大变化,出现了国有、集体、合伙、私营、合营、股份合作、股份有限责任公司、有限责任公司、中外合资等不同企业经济类型,形成了以国有经济为主体、多种经济成分并存、产权结构多元化的新格局。总的情况是,大部分中小院民营化了,大院实现产权多元化的不到三分之一,多为国有独资和国有控股。目前,国有勘察设计企业数量已由2001年的8076家减少到2006年底的5419家,减少30%;私营企业则由62家猛增到1374家,增加21.2倍。如图4-1-7所示。

5. 深化企业内部机制改革。许多勘察设计单位从实际出发进行了企业内部人事、劳动和分配制度改革,优化人才、技术、管理和资产等资源配置,强化质量管理,加强企业文化建设,增强发展内在动力。

6. 落实改革配套政策。改为科技型企业的勘察设计单位不同程度享受了国家给予的扶持政策:

(1)离休、退休和在职职工参加当地企业职工社会保险统筹制度,改革前的连续工龄(工作年限)视同缴费年限,不再补缴基本养老保险费。

(2)改革勘察设计收费制度,由政府定价改为实行政府指导价,有关

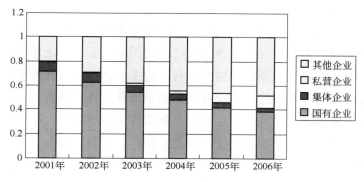

图 4-1-7 勘察设计企业所有制构成变化图示（%）

部门适时调整原收费标准，提高了勘察设计单位经济效益。

（3）税收优惠。一部分勘察设计单位改为企业后享受了减半征收企业所得税优惠政策，以及技术转让收入的营业税和所得税减免享受国家有关科技型企业的税收政策。

（4）工资分配管理。已实行工效挂钩办法的勘察设计单位继续执行了原分配制度；许多勘察设计企业积极探索适合科技型企业特点的分配制度，进行项目核算分配制和年薪制等改革试点。

7. 建立健全规章制度。《勘察设计条例》的颁布，以法规的形式确立了勘察设计单位资质管理制度、执业资格注册制度、勘察设计发包承包制度、施工图审查制度以及勘察设计文件编制与实施制度等。之后，建设部又颁发了《建筑工程设计招标投标管理办法》（建设部令第 82 号）、《建设工程勘察设计企业资质管理规定》（建设部令第 93 号）、《外商投资建设工程设计企业管理规定》（建设部令第 114 号）、《建设工程勘察质量管理办法》（建设部令第 115 号）、《房屋建筑和市政基础设施工程施工图设计文件审查管理办法》（建设部令第 134 号）和《勘察设计注册工程师管理规定》（建设部令第 137 号）等部门规章；各地建设行政主管部门也结合本地实际情况，制定了贯彻上述法规、规章的实施办法，从而建立健全了行业监管制度，为勘察设计企业改革和发展创造了较好的制度环境。

## （四）勘察设计咨询业体制改革的主要成效

总体来看，这几年勘察设计单位体制改革取得了比较明显的成效，行业发展态势较好，勘察设计单位成为自主经营的市场主体，服务功能延伸，市场竞争力增强。

**1. 确立了企业的市场主体地位，增强了企业活力**

通过改革，勘察设计单位逐步由过去的国家统管、缺乏活力的事业单位转变为适应市场经济要求的自主经营、自主创新、自我发展和自我约束的企业法人实体和市场主体。企业按照市场规律运作，拥有人员任免、调配、收益分配和经营管理等自主权。企业实现了从靠计划、等任务向主动对接市场、参与竞争的观念转变，强化了利润、效益、服务、品牌和人才等经营理念，增强了发展的内在动力。许多勘察设计企业在激烈的市场竞争中，以优质勘察设计、服务配套和灵活反应赢得项目，在增强综合竞争力上下功夫，与进入国内的国际工程咨询公司相抗衡，并积极开拓国外市场，实现了快速发展。上海现代集团1998年集团成立时年营业收入仅为3.12亿元，到2006年上升至13.29亿元，年均增长率近20%；实现利润总额2006年为8490万元，年平均增长率超过15%。由北京钢铁设计研究总院于2003年底改制设立的中冶京城工程技术有限公司，2004年营业收入为18.77亿元，2006年达到55.44亿元，增长195%；净利润增长率为1189%。营业收入、净利润年均增长率为72%、259%。

这几年，各类名人领衔的设计事务所大量涌现，目前全国共有各类建筑设计事务所319家，其中综合事务所77家，专业事务所242家。事务所机制灵活，效率高，并具有专业特色，是适应市场经济发展需要并与国际通行模式接轨的成功尝试。

**2. 拓宽了服务功能，初步形成了全过程的勘察设计咨询服务体系**

改革后的勘察设计企业不断延伸服务功能，拓展经营领域，面向经济建设主战场，为提高固定资产投资效益服务，形成了为建设工程提供全过程技术和管理服务的咨询设计服务体系，促进了我国工程建设水平的提高。许多勘察设计企业在搞好勘察设计主业的同时，积极拓展业务范围：纵向方面向投资咨询、城市规划、工程监理、招标代理、设备采购、项目管理、工程总承包延伸；在横向方面向多领域、精细化发展，如建筑设计向装饰装修、建筑智能化、设计施工一体化发展；工业设计打破了行业壁垒，对各类油库、矿山、桥隧、造纸、物流、轻型加工机械、建筑等资质进行了合并统一；工程地质勘察向岩土工程施工发展，改变了过去那种功能单一的状况。近几年来，工程总承包的方式得到大力推广，从化工、石化行业逐步推广到冶金、电力、纺织、铁道、机械、电子、石油天然气、建材、市政、兵器、轻工、地铁等行业。2006年企业营业收入中工程总承包收入超亿元的勘察设计企业达到242家，其中，海洋石油工程股份工程总承包收入达37亿元，中国石化工程建设公司工程总承包收入达33亿元；中冶赛迪工程技术股份有限公司、中材国际工程股份有限公司、中国石化集团宁波工程有限公司、中冶京诚工程技术有限公司等14家企业工程总承包收入均在10亿元以上。

据统计，全国勘察设计企业除勘察设计业务外的工程总承包、工程咨询、工程监理、项目管理和造价咨询等营业收入在总营业收入中所占的比重，已由2001年的47%上升到2006年的67%，上升了20个百分点。这类收入中工程总承包收入占48%。

**3. 增强了勘察设计能力，为又好又快地完成国家基本建设任务提供了保障**

101号文和71号文下发以来，恰逢中国经济持续快速发展时期，为勘察设计业带来良好发展机遇；而加入世贸组织、开放设计市场，也给我国勘察设计咨询业带来了巨大挑战。勘察设计单位和设计人员在继承和发扬优秀传统文化，贯彻落实科学发展观，充分考虑我国经济建设和人口资源环境特点的基础上，通过与国际一流设计咨询企业和设计大师的交流、合作与竞争，及时了解掌握世界先进工程建设技术进步的发展趋势，不断吸收先进的设计思想、软件、工艺技术和科研成果，加快国外技术转化，勘察设计能力不断增强。

据统计，全社会固定资产投资的60%左右要通过工程建设转化为现实生产力，每年竣工的约15亿$m^2$城镇房屋建筑和约7亿$m^2$的农村建筑要通过工程建设完成，而优化设计节约投资的潜力在70%以上。勘察设计是工程建设的灵魂，是科学技术转化为现实生产力的纽带，是决定工程投资效益和使用功能的关键环节。近年来建成和在建的三峡水利枢纽、青藏铁路、杭州湾大桥、南水北调、秦山核电以及奥运场馆等国家重大工程无不凝聚着勘察设计技术人员的智慧与汗水，而这些项目又基本上由国有大型骨干勘察设计咨询单位完成。

**4. 创新了设计方法和设计手段，推动了勘察设计咨询业技术进步**

近年来，勘察设计企业在学习国外先进技术与管理的同时，坚持自主创新，不断推进技术进步，促进了我国工程建设事业的发展。一是创新设计方法与手段，全面应用和系统集成 CAD 技术。二是创新项目管理，对工程建设全过程进行控制。三是创新信息化管理，建立、应用单位信息集成系统。四是创新设计技术，工业设计突出生产工艺的先进性，是其核心竞争力，提倡设计的工程化、标准化；土建及民用建筑设计突出方案的适用、经济、美观，节能、环保，不断吸取世界先进设计理念，大量运用新材料、新工艺、新技术和新设备。

目前，我国在许多专业领域的设计技术已经达到国际先进水平。铁路工程建设形成了包括路基、轨道、桥梁、电气化等具有我国自主知识产权的时速 200km 以上铁路设计；超长距、地质构造复杂的隧道工程地质勘察、施工成套技术；煤炭行业建成了多个年产千万吨以上高产高效矿井；化工、石化设计从成套引进国外的设计和装备，发展到部分产品上拥有自己的专利、专有技术，实现了"走出去"。我国原油输送工艺技术，水利大型坝体工程建设，大型核电、火电等能源技术；公路建设中的大跨度、大跨径桥梁设计；民用建筑中的超高层、大跨度建筑设计等，都达到了世界先进水平。

许多勘察设计企业不断增加科技投入，发挥专业优势特长，利用知名专业带头人和配套团队，研发并拥有具有自主知识产权的技术和专利，加强企业集成技术与创新发展。中国纺织工业设计院通过拥有自主知识产权的聚酯国产化技术，增强了核心竞争力，培育了新的经济增长点，由其承建的聚酯工程项目占国内同类项目的 70% 以上；中国新时代国际工程公司开发的变压器制造专用设备，年产值达上亿元，已具有与国际同类知名公司抗衡的实力。中国石油化工建设公司近五年有近 20 项技术通过国家验收，获国家专利 40 项，通过技术创新占领了市场制高点，2006 年实现营业收入 55 亿元。中冶京城工程技术有限公司成立技术研究院、设立研发中心、建设中试基地，努力建设科技条件平台，构建技术研发体系，提升技术创新能力。中国建筑设计研究院和中国建筑科学研究院等国有骨干设计企业设有各类国家级中心，具有较为完备的成熟技术运用能力和完整的科研开发体系，具有大量专有技术，科技创新与学术优势明显，成为政府重要的技术依托单位，研究完成了一大批各个时期国家和部委科研课题和技术攻关项目，在基础研究、政策研究、国家地方行业标准规范编制和科研成果转化以及为设计行业的技术发展、集成创新等方面，做出了积极贡献。

据统计，2006年全国勘察设计企业科技活动费用支出总额为101.8亿元，科技成果转让收入总额为31.76亿元，累计拥有专利9275项、专有技术7375项，获国家级勘察设计和科技奖3321项、省部级奖10002项。

## 二、勘察设计咨询业存在的主要问题

从调研的情况看，勘察设计单位的体制改革在中央地方之间、省市之间、行业之间、企业之间还很不平衡，小企业、地方企业的改制步伐较快，中央管理企业、效益好或者效益特别差的企业改制步伐缓慢；已经完成改企的单位还有相当一部分尚未建立现代企业制度和实现产权多元化，勘察设计企业改革的任务仍然十分艰巨。

同时，也应看到，工程勘察设计咨询的总体水平还不适应我国经济建设和构建资源节约型、环境友好型社会的新形势，勘察设计咨询的服务水平和服务质量还不适应市场经济体制的新要求，勘察设计单位的国际竞争力还不够强，勘察设计咨询工作对转变经济增长方式的基础性作用还没有得到充分发挥。按照科学发展观和建立和谐社会的方针，目前乃至今后相当一段时期，我国的建设规模将持续扩大，对勘察设计咨询的要求更将不断提高；同时，随着我国加入世贸组织过渡期的结束，我国设计咨询市场将进一步开放，国际竞争将更加激烈。而我国勘察设计咨询的总体水平与我国经济建设和科学发展观的要求、与国际水平相比，还有不少差距。

突出表现在以下五个方面：

### （一）一些工程的设计未能反映基本国情要求

从调研情况来看，近年来一些工程的设计过于强调传统理念，强调传统建筑符号和技法的运用，理念上反映时代特征不够，而另一些工程的设计过于注重外观形式，片面追求视觉冲击效果，忽视建筑的使用功能、节能环保、环境景观、经济实用等重要因素，"贪大求洋"、"标新立异"、"新奇特"之风盛行，一些资源能源消耗过高、功能不尽合理、与周边景观极不协调的建筑屡有出现。这都反映出对我国现阶段的国情把握不准，缺乏对科学发展观的深刻领会。

另一方面，近年来由于建设规模不断扩大、设计周期不断缩短、设计任务不断加重，许多设计人员疲于应付完成出图，设计原创能力不强，工业设计核心研发能力薄弱，工艺设计不先进，细部处理深度不够。特别是方案设计、技术集成、科技创新与国际水平差距较大；设计顶尖人才缺乏，与国际著名设计师比较，在精品创作和设计理念上存在不足，以致在一些高端设计市场上竞争力不强。

### （二）市场秩序不够规范

以市场为导向的改革，使勘察设计咨询业呈现出前所未有的活跃局面，各级各类、各种所有制、境内外勘察设计单位在勘察设计领域展开了激烈竞争。但也出现了许多新问题，特别是出现了一些"过度竞争"的现象。一是业主盲目缩短设计周期、任意压低设计费现象十分普遍，严重影响设计质量，造成工程质量隐患和许多资源浪费。二是一些设计单位为取得设计项目常常不择手段，采取不正当方式竞争，恶性压价、商业贿赂屡见不鲜，有的设计单位甚至乱挂靠、卖图签，拼凑"草台班子"承揽设计任务，扰乱市场。三是地方保护和行业垄断现象依然存在。四是自收自支的设计单位与仍领取财政补贴的事业单位不在同一起跑线上竞争。

### （三）监管制度不够完善

1. 行业管理体制不顺。在转变为社会主义市场经济后，对工程勘察设计咨询行业的管理仍沿用计划经济时代的分条划块的部门管理，继续按旧体制的管理理念把建设全过程切割成几块，形成部门交叉、政出多门、多头管理、多家发证等问题十分突出，既增加了企业负担，又限制了企业向相关行业的延伸，人为肢解了勘察设计咨询行业和建设全过程，制约了行业的健康发展。

2. 市场准入制度有待完善。在这次调研中，对勘察设计单位资质管理和个人执业资格注册两种市场准入制度同时并存是否合理，有两种不同的意见。一些同志认为，我国已经建立了个人执业注册制度，就应该逐步弱化乃至取消企业资质管理制度，而不应该"双准入"并存。但也有一些同志认为，无论在何种制度和体制下，企业法人始终是承担民事责任的主体，企业所应承担的责任，在任何情况下都不可能也不应该由企业内部的人员取代。在目前的大环境下，特别是各部门各行业资质林立、个人执业注册制度尚不完善、企业诚信与行业自律体系尚未健全，工程保险和工程担保制度还没有完全推开的情况下，不能轻易取消单位资质，有了单位资质管理制度，至少还可以做到"跑得了和尚，跑不了庙"，因此认为在未来相当长时期，企业资质与个人执业资格并存是必要的。

3. 设计招投标制度有待改进。许多业内人士反映，目前强制性招标范围过大，与勘察设计咨询业的技术服务属性不相符，也与国家投资体制改革的形势不相适应；现行工程设计招标规定的形式过于单一，难以适应不同类型项目的具体情况；业主招标文件的随意性较大，无法保护投标人的合法权益，知识产权的保护问题相当突出；评标工作中采取随机抽取评标专家的办法，经常出现"外行评审内行"的情况，导致评审质量不高；一些业主在国际设计招标中对内外设计单位不能一视同仁，给境外企业超国民待遇。这些都不利于我国勘察设计水平的提高。

### （四）行业结构不够合理

1. 行业组织结构不合理，专业化协作程度不高。目前，我国大部分勘察设计单位基本上都是"大而全，小而全"的经营模式，勘察设计队伍专业化协作程度不高，"大的不强、小的不专"的问题比较突出。一些资深业内人士说："不论是设计单位还是设计师，什么都做，必然什么都做不精、做不好"。大型龙头勘察设计单位和中小型勘察设计单位没有形成合理的综合与专业协作配合、共同发展的行业格局。

2. 行业所有制结构不合理，非公有制成分发育不够。勘察设计作为竞争性行业，除了在关系国家安全和国民经济命脉的重要行业和关键领域保持国有控制力外，公有制经济成分应该少一些，非公有制成分应该多一些。这几年经过改企改制，国有设计单位的数量虽有所减少，但其占同类企业的比重仍然高达46%，私营企业仅占5.6%。设计专业事务所数量太少，仅占全行业的2%左右。国有大院改制进展缓慢，对要不要改制、国有控制力如何把握、管理层和技术业务骨干可否持股等认识不一，缺乏政策引导。

### （五）企业改革不够到位

**1. 一些改革政策落实不到位**

一是离退休人员政策落实不到位。企业离退休人员社会化管理政策在实际操作中存在标准不统一、企业负担差距较大等问题。根据国办发[1999] 101号、[2000] 71号文件规定：改企前离退休人员，原离退休待遇标准不变，由社会保险经办机构按国家规定的事业单位离退休标准支付基本养老费。随后国家劳动部、科技部、建设部等五部委下发劳社部发[2002] 5号文又规定由原单位视经济情况自筹资金解决企事业差问题。这种可自行掌握的政策造成企业之间、企业与同类事业单位之间、离退休人员之间的待遇差别过大，产生不稳定因素。这个问题在各地反映非常突出，除云南省政府召开专题会议研究解决外，其他省份和中直勘察设计单位均没有妥善解决，已造成许多省份勘察设计离退休人员集体上访，严重影响了社会稳定。

二是税收优惠政策落实不到位。国办发[1999] 101号文件规定：改为企业后五年内减半征收企业所得税。后来国家财政部、税务总局2000年联合下文规定截止年限为2004年12月底，税收优惠政策由于执行时间较短，加之各地绝大部分勘察设计单位2004～2005年才完成改革，仅有部分单位享受，而绝大部分单位没有享受到税收优惠政策。

**2. 骨干设计企业面临被合并重组压力**

一批隶属于国务院国资委和地方国资委的国有大中型设计院，面临被合并重组压力。这些大院一旦被合并重组，将无法保持独立品牌优势，工程勘察设计"国家队"也将不复存在，一批承担行业基础科研和关键技术开发的骨干勘察设计研究力量将有弱化之忧。

一些国有骨干设计院的同志反映，国有资产监管部门对勘察设计企业的绩效考核，完全套用对工业硬件产品生产经营企业的考核模式，偏重于资产回报和经济效益指标。这显然与设计单位的特点不相吻合。以资产责任制为主的考核指标体系无法体现勘察设计在工程建设中的主导作用和对行业技术进步的贡献。

### 三、推进工程勘察设计咨询业改革发展的若干建议

在调研过程中，各勘察设计单位和政府主管部门的同志对进一步深化勘察设计咨询业改革发展提出了许多建设性的意见和建议。根据大家的意见和建议，结合我们对部领导相关讲话的领会和思考，提出以下政策措施建议：

### (一) 改革发展的基本思路与主要目标

基本思路：根据国家当前和今后一个时期加快发展服务业的总体要求，作为服务业的重要组成部分，**勘察设计咨询业改革与发展的基本思路是**：以"三个代表"重要思想为指导，全面贯彻落实科学发展观，适应国家投资体制改革要求，通过不断推进体制机制、理念和技术创新，不断优化行业运行模式和市场环境，着力提高企业活力和核心竞争力，着力提高队伍素质和整体水平，充分发挥勘察设计咨询在提高工程建设质量和效益、建设资源节约型、环境友好型社会中的基础性作用。

**主要目标是**：在3~5年时间内，初步形成具有中国特色的行业发展体制与机制，建立比较规范的市场秩序，培育一批具有国际竞争实力的品牌企业，培养一支高素质人才队伍，创作一批精品项目。力争到2020年，形成合理的行业运行体系、行业组织结构体系和行业经营服务体系，工程勘察设计咨询业在国际国内两个市场的竞争力显著增强，在建设资源节约型、环境友好型社会中的基础性作用得到充分发挥。

### (二) 改革发展的主要政策措施

**1. 加强制度建设，优化行业监管体制和市场环境**

（1）**完善企业资质管理制度，理顺资质管理体制**。企业资质和个人执业资格制度是政府调控市场和规范市场的重要手段，要积极探索符合中国国情并与国际惯例接轨的勘察设计市场准入制度。目前我国的市场经济体制尚不完善，个人执业注册制度尚不健全，企业诚信与行业自律体系尚未形成，在此情况下，应当继续实行企业资质与个人资格"双准入"制度，即实行单位资质与个人执业资格相结合的市场准入制度，并逐步改进和完善资质管理办法。

要进一步理顺整个设计咨询行业的资质管理体制，以修订《建筑法》为契机，按照"统分结合"的原则，逐步建立"统一标准、统一发证，分级申报、分类审查"的资质管理体制，切实解决资质林立、政出多门、多头管理的问题。要进一步整合资质分类、简化审批手续，充分发挥资质管理工作对规范市场秩序、调整行业结构、促进行业发展的积极作用。对大型勘察设计单位要支持其申请综合类资质，以鼓励其做大做强，拓宽服务功能。对中小勘察设计单位要支持其重组、分立、发展专业设计公司或事务所,并申请专业类资质,以鼓励其做专做精。

(2) **改进个人执业资格制度,明确勘察设计单位和勘察设计人员的责任。**要进一步调整和完善建设行业个人执业注册制度,建设部、人事部等加紧修订建设领域的注册人员框架体系,明确各类注册人员的执业范围和责任,对于工作属性相近的注册人员可以通过增加工作实践年限和个别专业理论考试等方式,实现多种注册资格互认。

要建立健全注册执业人员责任追究制度,逐步实行由注册执业人员(自然人)对勘察成果、设计文件负法律责任,勘察设计单位(法人)负经济赔偿责任的制度。

(3) **改进工程建设组织管理方式,促进总承包模式发展。**勘察、设计、施工是工程建设的三个重要环节,先勘察、后设计、再施工是自然形成的基本建设程序,但这三项工作并非必须由三个单位分别承担,在我国就长期形成了设计施工人为分割的运行模式。实践证明,工业项目推行工程总承包的模式,土木与房建项目由施工单位进行施工详图设计或优化设计的模式,有利于对项目实施全过程、全方位的技术经济分析和方案的整体优化,有利于保证建设质量、缩短建设工期、降低工程投资,实现社会效益、经济效益和环境效益的最佳统一。因此,要进一步完善有利于设计施工相互融合的企业资质、人员注册、招标投标、质量安全监督等管理制度,促进总承包模式发展。

(4) **进一步完善勘察设计招投标制度。**要根据勘察设计咨询业的特点完善勘察设计招投标管理办法,合理确定勘察设计强制性招标的项目范围和招标形式。实行审批制的投资工程一般应进行设计招标,实行核准制和备案制的投资工程可由项目业主自行决定工程设计的委托形式。大中型设计项目可根据实施阶段不同采用建筑设计方案招标和概念方案设计招标等形式。逐步推行独立的咨询评估机构进行评标的做法,落实评标责任。

(5) **积极推行勘察设计责任保险制度。**推进行业结构调整,推进市场准入制度的改革,都需要运用市场机制合理分担勘察设计单位和专业技术人员的执业风险,增强企业抗风险能力。目前的勘察设计责任保险还属于自愿性质,要完善法规,推行强制性的勘察设计责任保险制度。各类商业保险机构要积极开发适应工程勘察设计需求的覆盖设计、咨询、监理等业务的保险产品，完善现有勘察设计责任保险合同条件，实行浮动费率。

（6）**完善勘察设计收费制度，建立合理的勘察设计价格构成体系**。总体来看，目前的勘察设计收费标准水平基本上是合理的，但取费结构不尽合理，主要是方案阶段取费标准偏低。要加快建立以政府指导价为基准、以市场供求关系确定价格的勘察设计价格形成机制。研究调整勘察设计各阶段取费比例，逐步提高方案阶段取费标准。

（7）**加强勘察设计市场诚信体系建设**。市场经济就是信用经济，一个有效运行的市场机制必须能够对失信行为进行有效的惩戒。要建立系统完整的市场主体和执业人员的信用档案，认真开展信用等级评价。通过资质管理、市场准入、招标投标、设计保险、施工图审查、表彰评优等工作环节和渠道，依法对守信行为给予激励，对失信行为进行惩处，充分发挥信用体系建设对勘察设计咨询业发展的促进作用。

**2. 创新设计理念，加快行业科技进步**

（1）**不断创新具有时代特征的设计理念**。不断创新设计理念是提高我国工程设计水平的前提。当前，就是要紧紧围绕贯彻落实科学发展观，充分认识我国人口资源环境特点和所处的发展阶段等基本国情，把握科技进步的趋势，不断吸收先进的设计思想、表现手法和技术成果，创新设计理念，实现艺术与技术的完美结合。在勘察设计中要坚持以人为本，以满足人们生产、生活需要为基本出发点，坚持遵循适用、经济，在可能条件下注意美观的原则，确保工程全寿命使用周期内的可靠与安全，注重投资效益、资源节约、土地利用和环境保护，营造良好的人居环境和生产条件。

（2）**进一步完善技术进步政策**。勘察设计单位要着力提高集成创新和消化吸收再创新的能力，并严格执行重点行业的环保标准、安全标准、能耗水耗标准和产品技术、质量标准，积极采用节能、节地、节水、节材和保护环境的技术措施。设计单位和设计人员要对设计文件执行国家技术标准和政策负责，有关设计文件不符合国家强制性标准和相关政策要求，给国家造成重大损失的，除了追究建设单位的责任，还要依法追究相关设计单位和设计人员的责任。科技、发展改革部门要安排项目和资金，加快研发和推广能够促进行业结构升级和可持续发展的共性技术、关键技术，加快行业技术标准的编制和更新步伐。政府投资工程项目应成为共性技术、关键技术研发和应用的重要平台，有关部门要给予资金和政策支持。国家继续对设计行业在税收方面给予扶持政策。要加大对勘察设计中的专有技术、设计文件、设计方案等知识产权的保护力度。

（3）**加强勘察设计人才培养**。进一步改进和完善注册执业人员的继续教育和考试制度，促进勘察设计人员不断提高综合素质。要按照国家鼓励科技型企业发展的有关政策，创新符合企业实际且与市场接轨的各种激励方式，吸引并留住优秀人才。勘察设计单位的工资总额按科技型企业的有关规定执行，凡原实行工效挂钩办法的单位可以继续实行工效挂钩，设计人员工资报酬计入成本。加大对勘察设计大师等行业学术带头人的宣传和奖励力度，注重年轻优秀人才的培养与使用，形成不拘一格、人才辈出的局面。

（4）**支持企业加强中外合作并参与国际市场竞争**。加强中外勘察设计咨询业的交流与合作是提高我国勘察设计咨询水平的重要途径。国内勘察设计咨询单位要通过请进来、走出去等形式，加强与国外著名勘察设计咨询公司、设计大师的交流与合作，不断提高技术水平。但也要防止和避免盲目搞国际招标的倾向，政府投资的大型公共建筑，要充分发挥我国建筑师的主体地位和作用，应立足国内组织设计方案招标。确需组织国际招标的，必须执行我国的市场准入及设计收费的有关规定，并给予国内外设计单位同等待遇。凡经批准采用国际招标的，境内勘察设计单位不得低于投标人总数的二分之一。勘察设计单位承接国外工程勘察设计任务，将有效地带动国内成套设备、建材的出口，国家将在出口信用保险、资金、对外承包工程企业经营资格等方面给予政策支持，鼓励国内勘察设计单位"走出去"，开拓国际建设市场，参与国际竞争。

（5）**高度重视并切实做好农村建筑设计**。做好农民住房和农村基础设施建设是建设社会主义新农村的重要内容。为解决农村住房和基础设施建设普遍存在的占用耕地多、布局和功能不合理、安全度较低等问题，要鼓励设计单位和设计人员积极参与农村的村庄整治规划和建筑设计，特别是设于县级城市的勘察设计单位要充分认识新农村建设带来的机遇，面向农村，面向农民，提供农民迫切需要的专业服务；允许注册建筑师、结构工程师以个人名义设计农村低层住房。继续完善农村工匠制度，培养新农村建设的实用人才。抓紧制定农房建设的标准规范，鼓励在农村房屋建设中

积极推广应用标准设计图集。

**3. 深化企业改革，充分发挥工程勘察设计"国家队"的作用**

（1）**稳妥推进勘察设计单位产权制度改革**。各地在推进勘察设计单位产权制度改革，实现产权多元化的过程中，要坚持实事求是，因地制宜，因企制宜，不搞一刀切。对于目前仍具有事业单位性质的勘察设计单位，下一步如何进行企业改革，应当充分考虑各单位的实际情况，充分尊重勘察设计单位的意愿和选择。要妥善安置离退休职工和下岗职工，维护社会稳定。解决企事业待遇差问题，确保原离退休待遇标准不变的政策落实到位。同时，各勘察设计单位要不断完善企业经营机制，加强内部管理。要通过内部结构调整和流程再造，形成以项目管理为核心的管理体系，积极推行项目经理负责制，建立并完善协同工作模式，提高勘察设计项目管理水平。

（2）**积极培育具有国际竞争力的大型勘察设计单位**。大型勘察设计单位是我国建设领域技术创新和重大工程建设的骨干力量，承担着政府委托的社会公益性、基础性研究和行业标准规范编制任务，是国家重大工程建设蓝图的绘制者。在关系国家安全和国民经济命脉的重要行业和关键领域，有关部门要从科技经费、项目招投标和市场准入等方面给予政策倾斜，加快培育发展一批拥有自主知识产权、知名品牌，具有较强国际竞争力的国有大型骨干勘察设计单位，使其占领行业发展制高点，为国家重大工程建设服务，并参与国内外高端技术咨询市场竞争。有关部门要研究调整对国有大型勘察设计咨询单位单纯以财务指标为主的考核方法，建立社会效益和环境效益等综合指标考核体系，引导国有大型勘察设计咨询单位持续、健康发展。

**4. 加强政府组织领导，充分发挥行业协会的作用**

（1）**加强对勘察设计咨询业改革与发展的领导与协调**。勘察设计咨询业改革与发展工作涉及面广，政策性强，各有关部门要加强协调沟通，完善各项配套政策，形成政策合力。发展改革部门要将大型勘察设计单位列入国家投资重点工程投标预选企业名录，同等条件下优先中标；国资部门要完善国有勘察设计单位的考核办法，鼓励其技术创新，并积极支持有条件的大型勘察设计企业上市融资；金融机构要积极开发勘察设计单位开展工程总承包和项目管理所需要的金融服务；劳动与社会保障部门要做好勘察设计咨询业的各类社会保险统筹工作；财政、税务部门要积极完善勘察设计单位享受科技型企业的各项资金、税收政策；商务部要支持勘察设计单位开拓国际市场，在授予对外经营权、贷款资金贴息、提供信用担保等方面给予支持。

（2）**充分发挥行业协会作用**。要积极支持各级勘察设计咨询行业协会工作，充分发挥其提供服务、反映诉求、规范行为的作用，在推进行业技术进步，规范会员行为，维护行业权益，推进行业改革发展方面发挥更大的作用。要依靠行业协会做好诚信行为记录、信息发布和信用评价等工作，推进建筑市场动态监管；要完善行业内部监督和协调机制，建立以会员单位为基础的自律维权信息平台，加强行业自律，提高企业及其从业人员的诚信意识。

（建设部调研组）

# 中国建筑装饰行业改革发展报告

## 一、前言

建筑装饰行业在整个经济发展中具有突出的地位与作用。发展建筑装饰行业，不仅对改善人民生活品质，实现全面建设小康社会的奋斗目标具有重要的基础性作用，对扩大内需、活跃市场、增加就业、带动相关行业发展也具有重要作用。

2006年，在建设部及各级建设行政主管部门的领导下，通过全行业的努力，建筑装饰行业在改革与发展方面取得了很大成就，实现了"十一五"的良好开局。2007年，行业的改革与发展工作不仅具有极大的工作空间，也面临着很多矛盾和困难。回顾与研究建筑装饰行业的改革与发展，有利于明确方向、把握重点，有利于我国建筑装饰行业的可持续发展。

## 二、建筑装饰行业2006年发展概述

### （一）建筑装饰行业总规模与发展速度

2006年，受国民经济整体增长速度达到10.7％的拉动，建筑装饰行业在各项建设事业蓬勃发展的强力推动下，呈现出较高的增长速度。

**1. 产值与发展速度**

2006年，由于推动建筑装饰行业发展的社会需求持续强劲，全国共完成各类装饰装修工程近1700万项（包括住宅家庭装饰装修工程），具体发展变化表现在以下几个方面。

（1）行业总产值及发展速度。2006年，全国建筑装饰行业共完成工程产值11500亿元，占国内生产总值的6％左右。工程总产值量比2005年增长了15％左右，增加绝对量约为1500亿元。全行业实现增加值超过3500亿元，比2005年增长了10％左右，增加绝对量约为350亿元。从总产值上分析，高于国民经济增长速度4个多百分点，从增加值上分析，同国民

经济增长速度基本持平。

（2）公共建筑装饰装修市场产值与发展速度。2006年，公共建筑装饰市场完成工程产值4500亿元，占全行业产值的39.1%，完成工程项目约为200万项。工程产值比2005年增长了10%左右，增加绝对量约为400亿元。在公共建筑装饰装修市场中，室外装饰工程约为1300亿元，占整个建筑装饰行业产值的11.3%，占公共建筑装饰装修市场的28.9%。其中，建筑幕墙工程约为1000亿元。公共建筑室内装饰装修工程约为3200亿元，占全行业产值的27.8%，占公共建筑装饰装修的71.1%。

（3）住宅装饰装修市场产值与发展速度。2006年，住宅装饰装修市场完成工程产值约为7000亿元，占全行业产值的60.9%，比2005年增长了17%左右，增加绝对量约为1100亿元。在住宅装饰装修市场中，新建住宅装饰装修约为5400亿元，占住宅装饰装修市场的77.1%，共完成约1100万户（套）。旧住宅改造性装修约为1600亿元，占住宅装饰装修市场的22.9%，共完成约400万户（套）。其中新建住宅装饰装修工程总量比2005年增加了700亿元，增长速度为15%左右，存量住宅改造性装饰增加400亿元，增长速度为35%左右。

**2. 建筑装饰企业总量及变化**

2006年，虽然建筑装饰工程总产值有较快的增长，但因市场竞争日益激烈，利润水平下降，市场风险加大，全国建筑装饰企业总量有所减少。

（1）行业内企业总规模及发展变化。2006年，全国建筑装饰企业总数量约为17.5万家，包括所有在工商管理机构注册登记，在经营范围内包括装饰、家居装饰等内容的企业。企业总数量减少0.9万家，减少幅度约为5%。2006年，全国新成立建筑装饰工程企业500～1000家，退出行业市场的企业约为1万家。

（2）公共建筑装饰企业变化状况。到2006年底，全国共有公共建筑装饰企业4.2万家，比上一年减少了约1700家，企业总数下降约4%。2006年，全国约2000家左右的公共建筑装饰企业因未申办建设行政主管部门核发的《安全施工生产许可证》而退出市场，主要是低资质等级的企业。新增企业约300家，由于新的设计、施工一体化资质还没有实施，所以新增企业都是三级资质。虽然企业数量有所减少，但企业运行质量有所提高。2006年，新增一级施工、甲级设计企业150家，其中建筑装饰装修100多家、建筑幕墙40多家。根据中国建筑装饰协会百强企业统计资料分析，2006年，百强企业平均年工程产值达到4.1亿元，比2005年提高了1.3亿元，提高幅度达到46.43%，表明市场的组织化程度在不断提高。

(3) 住宅装饰装修企业变化状况。到2006年底，全国共有住宅装饰装修企业13.3万家左右。由于受一次精装修成品房房地产开发政策、市场结构的变化等因素影响，全年退出市场的住宅装饰装修企业约在1万家左右。但由于社会需求仍然很大，新成立的住宅装饰装修公司有2000家左右，但一般都是2～3人的小型企业，主要是在居民小区内承接住宅装饰装修工程。从总量上看，企业数量下降约5%。

经过10多年的市场运作，住宅装饰装修领域已经形成了一批在地区乃至全国有一定知名度的品牌企业，企业的产值规模，经营实力和诚信程度较高。在东、中部地区，每个省、市都有年产值超过亿元的企业，最高的产值达到十多亿元，住宅装饰装修市场的组织化程度在不断提高。

由于一次精装修成品房的推广，现在城市中心区域的房地产项目基本要求完成精装修。住宅装饰装修企业由于受资质、资金等影响制约，无法参与整栋楼盘的精装修工程。当前这类工程大多数由公共建筑装饰装修企业完成，因此，市场及企业存在进一步变化与调整的空间。

**3. 行业从业者总量及变化状况**

建筑装饰行业属于劳动密集型行业，劳动力投入的数量及质量决定了行业的发展水平。建筑装饰行业属于快速发展的行业，2006年继续吸纳了大量的劳动力。

(1) 从业者总规模及发展速度。2006年，全行业从业者约为1500万人，比2005年增加了约100万人，增长幅度约为7%。其中，一线操作工人增加了约90万人，增长幅度约为8.9%，达到1100万人；从事材料流通服务的与2005年基本持平，年末达到250万人；从事市场中介的增加了5万人，增长幅度为5%，年末达到近60万人；从事企业管理与技术研发的增加了5万人，增长幅度约为5%，年末达到近90万人。

(2) 工程技术人员变化状况。到2006年末，全行业共有工程技术人员约80万人，占全体从业者的5.3%左右。其中，工程设计人员约为60万人，占全体从业者的4%左右。2006年，全行业工程技术人员增加了约4万人，其中设计人员增加了约3万人，增长幅度约为5.3%，其他技术人员增加1万人,增长幅度约为5.3%。

2006年新增工程技术人员,主要是各类院校应届毕业生,约为3.5万人,占新增工程技术人员的87.5%,其他新增工程技术人员是由其他行业经过转岗培训后进入建筑装饰行业,约为5000人左右,占新增工程技术人员的12.5%。

(3)人员构成的变化状况。建筑装饰行业从业者队伍的性别构成极不平衡,95%左右的施工一线操作工人是男性;但在建筑装饰设计领域,70%是女性,这种状况在2006年没有发生变化。

受中、西部经济发展速度加快,工程项目增加的影响,2006年新增加的一线操作工人主要来源于中、西部地区,使得劳动力的地区构成得到一定程度的调整。

由于民营经济在建筑装饰行业占主导地位,又以小企业居多,所以,从业者收入偏低,而且地区、阶层、各细分市场之间差距极大。一线操作工人,壮工平均年收入在1万元左右;技工平均年收入在2~2.5万元;管理人员平均年收入在3~6万元;项目经理或工长平均年收入在6~15万元;设计师平均年收入在5~20万元。2006年,从业者的显性收入没有很大变化,但由于普遍纳入社会保险,企业按期支付农民工工资等因素,企业实际用工成本增加了近10%。

由于行业内从业者队伍相对稳定,受2006年全国建筑装饰工人技能大赛的影响,全行业工人的基本技术素质有一定的提高,但由于缺少考核、认定环节,工人的技术构成没有发生根本变化。

### (二)建筑装饰行业市场状况及发展变化

建筑装饰行业自发展初期就按市场经济规律运作,行业市场变化直接影响到行业及企业的发展水平。

**1. 建筑装饰材料市场运行状态及新的发展变化**

建筑装饰工程产值中,有近60%是由材料、部品的价值转化而成,材料市场的发展变化,对建筑装饰造成直接的影响。

(1)材料市场总规模及发展速度。2006年,全国建筑装饰材料市场实现销售额约6900亿元,比2005年增长了15%左右。在各类建筑装饰性材料市场中,化工、金属、玻璃等材料的增长速度高于陶瓷、石材等传统材料；质量、环保达标的产品和材料在市场中的比例进一步上升，材料市场管理力度加强；新型替代型材料、节能、节水产品的研发力度加大，市场应用的比例提高；要警惕在新农村建设中，部分不合格的产品及材料向农村市场转移的特点。

（2）价格水平的变动状况。2006年，装饰材料价格总体上有所上涨，但是有涨有降。由于受到"欧典地板"价格欺诈事件以及能源、金属价格持续上涨等多方面因素的影响，建筑装饰材料与部品价格再一次成为社会关注的焦点。

在"欧典地板"事件中，由于新闻媒体的持续报道，装饰材料的价格进一步透明化，部分复合型木材及木制品的价格有较大幅度的下降。实木材料由于国家征收消费税，价格上涨，平均涨幅在15%左右。部分传统材料，如陶瓷、石材等，受产能过剩、市场竞争激烈的影响，传统装饰材料的价格平均下降了10%左右。

受石油长期在高价位徘徊的影响，与其相关的装饰材料价格有较大的提高，全年油漆类产品价格提高了20%左右。受铜、铝等有色金属价格上涨的影响，五金制品、电工材料的价格有较大提高，以铜为原料的产品与材料价格提高了30%～40%；以铝为原材料的产品与材料的价格提高了10%以上。

（3）材料销售策略及销售渠道的变化状况。东部、中部地区的综合性大型装饰材料市场持续几年呈现减少趋势，2006年仍然保持了这种趋势。大城市综合性市场的数量减少了约5%，专业化、专营化销售的比例增加，专业市场发展的潜力明显。在中型城市中，综合性市场的数量仍保持在前一年水平。在销售市场中，以大型建材超市的形式，并配以家庭装修设计与施工的市场，以工程拉动销售，主要吸收家庭购买，近几年有较快的发展。传统的摊位式大型综合市场，由于一次精装修、材料直销和施工企业管理模式变化等影响，销售能力不断下降，因此，大型摊位式综合市场数量在减少。

随着施工企业组织化程度提高，越来越多的材料厂商采取了战略联盟、合作的形式进行直销。这种销售形式直接利用施工企业的品牌优势和掌握终端客户的有利地位，实现材料生产经营同施工企业的紧密联合，建立稳定的销售关系，降低了销售成本，也保证了材料品质，达到了消费者、经销商、施工企业"多赢"的效果。

面对消费者投资装饰装修进一步理性化,以"生活体验馆"等形式展示市场在2006年有了新的发展,在大城市中,有实力的住宅装饰装修企业继续以这种方式进行材料、产品的销售。随着我国经济逐步与国际接轨,在生活体验馆中展示的材料和产品,有近50%是国外进口或国内外资独资企业生产的产品。

**2. 建筑装饰工程市场运行状态及发展变化**

从总体上看,由于供大于求,建筑装饰工程市场是一个竞争十分激烈的市场。由于资质标准脱离企业实际需要和行业工程状况,获得建设行政主管部门核发资质的企业只占企业总数的20%左右,绝大部分企业游离在行业管理之外,决定了这个市场又是一个竞争很不规范的市场。

(1)建筑装饰工程市场状态及发展速度。2006年,全国共完成建筑装饰工程近1700万项,比上一年提高了15%左右,其主要分布状况如下:

公共建筑装饰工程约200万项,其中由财政、银行投资的约10万项,这些工程严格按照招、投标程序确定施工单位;企业投资的约50万项,主要是大型公共设施,如饭店、商场、写字楼,这类工程大约30%左右按照招投标程序,其他采用邀标、议标的形式确定施工单位;私人投资的约140万项,主要是各种经营场所、门面的装饰装修,这类工程主要是以邀标、议标的形式确定施工单位。

住宅装饰装修工程约1500万项,其中受房地产二级、三级市场的带动,存量旧住宅装饰装修400多万项,比上一年增加了40%以上;这类工程一般由有资质的住宅装饰装修企业或无资质的装饰企业完成,其中无资质企业占80%左右。新建住宅装饰装修1100多万项,比上一年增加了20%,其中一次精装修房300万套,占新建住宅总数的30%左右,这类工程一般由高资质等级的公共建筑装饰施工企业完成,800万项毛坯房装修,在大城市主要由有资质的专业住宅装修企业完成,在中、小城市主要由无资质企业完成。

受地区经济发展不平衡的影响,建筑装饰市场在地区间分布有极大差异。北京受2008年奥运会,上海受2010年世博会,广州受亚运会的拉动,公共建筑装饰工程市场量大面广,吸引了全国的公共建筑装饰企业。各中心城市、省会城市的发展,工程量要大于其他城市,也形成了很多较大的区域市场。

住宅装饰装修市场虽然在全国都普遍存在，但受收入水平、消费能力的制约，市场容量有很大差别，总体上看是东部大于西、中部；大城市大于中、小城市；区域中心城市大于其他城市；经济发达地区大于经济欠发达地区。

(2) 工程造价水平及创利能力。建筑装饰市场竞争激烈，有些地区还实行"最低价中标"，这些都直接影响到工程造价水平。受材料价格上涨和劳动力成本增加等因素的影响，2006年建筑装饰工程平均造价水平提高了约10%。从总体上分析，大城市工程造价提高幅度大于中、小城市。虽然工程造价有所提高，但企业的创利能力却有所下降，主要原因有以下几个方面：

第一是项目运作不规范，主要材料由甲供、甲指，工程造价中材料价格提高部分完全留在甲方或转移给材料生产经营厂商。

第二是保护农民工利益，劳动力工资和相应的福利、保险普遍得到提高，劳动用工的成本提高。

第三是业主一般不承担措施费，现场的检验、检测、文明施工、安全生产等措施费增加，都是施工企业现场管理成本的增加。

第四是市场竞争激烈，招投标、监理、其他管理机构参与工程运作，并都从中获取经济利益，提高了工程的运作成本。

第五是工程款结算难度大，在结算审计时要克扣部分工程款，结算时间长，5%的质量保证金要2年以上才能收回，还会被以各种理由克扣。

综合分析2006年行业创利水平，建筑装饰行业仍处在微利时期，行业平均利润水平仅为2%～3%，在服务贸易业中处于创利能力最低的位置。行业增加值的构成，主要由劳动者工资及折旧，行业可持续发展的能力相对脆弱。

(3) 工程运作方式的发展变化。由于建筑装饰工程市场的开放、透明程度高，竞争十分激烈，企业工程项目的获利能力不断下降，为了维护行业、企业的利益，规避市场风险，装饰工程企业在工程运作方面有了一些新的变化。一是企业对工程业主的选择更为认真，对工程项目的真实性、业主的资信水平、工程款的落实状况等，都要进行认真的审查和评估；二是与竞争对手的竞争更为理性化，在很多大项目上，把最后的压价竞争变为合作，出现了共享工程资源的情况；三是特别注重施工过程的管理，健全和完善工程变更的洽商和索赔；四是创新工程项目设计与施工的组织管理形式，降低成本与市场风险，提高工程项目的创利水平。

当前影响行业工程运作的最大干扰因素是行业内错误的理解和应用七部委的 30 号令，该部法规很容易被人误解为设计了就不能施工，致使工程的设计与施工被人为地分离，极不利于工程质量、工期、造价的控制，也很难塑造精品工程。这种现象在建筑装饰行业表现得尤为突出，很多优秀企业，为了承接工程施工而放弃设计，这同建设部推动的设计施工一体化专业总承包极为矛盾，也成为阻碍设计施工一体化资质实施的障碍。

**3. 国际工程市场的发展变化**

我国经济发展、综合国力的提高，为建筑装饰工程企业走上国际市场创造了有利条件。行业内企业依靠 20 多年发展积累的工程经验和人才、劳动力优势，已经在开拓国际工程市场方面取得初步成就。

（1）年度内完成国际工程的总规模及发展速度。2006 年，我国建筑装饰企业在境外完成工程产值约为 30 亿美元，比 2005 年提高了约 30%。当前我国建筑装饰企业走向国际市场的主要渠道有以下几种：

第一是依靠外交机构走向国际市场，从承包我使、领馆和外事机构工程入手，走向工程所在国的市场，这种形式在开拓欧美及发达国家市场中占主导地位。

第二是依附工程总承包企业走向国际市场，从分包由我国建筑总包企业的装饰装修工程进入国际市场，这种形式在开拓发展中国家市场中占主导地位。

第三是伴随我国投资机构或企业走向国际市场，从承包境外由我国投资的工程项目入手进入国际市场，这种形式主要在我国周边及非洲、拉美地区占主导地位。

第四是企业自主开拓国际市场，这在幕墙企业比较突出，主要集中在东亚和俄罗斯，近年来也发展最快，2006 年增长了将近 1 倍。

（2）工程造价水平分析。由于国内、国际工程市场工程造价有极大的差异，所以，进入国际市场的企业，由于工程造价水平的提高，项目的获利能力增强。其中依附于我国外事机构，总承包企业及投资经营企业走向国际市场的，受地区劳动力最低工资等因素拉动，工程造价比国内高 2～3

倍。自主承接的工程，工程造价比国内高 5~6 倍。

国际工程市场虽然造价水平高，但也存在很大风险，主要来自两个方面。一方面，工程所在国家的法律、技术标准等与国内不同，如果不能深入掌握就会受到处罚，造成巨大损失。另一方面，跨国施工，现场对工人、材料、设备等管理都有比较大的难度，与甲方的沟通和国际惯例的把握，对国内企业都是全新的课题。

（3）国际工程市场的前景预测。随着全球经济一体化和我国经济实力的不断提高，开拓国际市场，充分利用国际工程资源发展行业、壮大企业是行业发展的必然选择。在我国国际经济、政治地位持续提高的机遇下，支持和帮助企业走向国际市场，已经成为行业协会的一项重要职责。

当前，要把贯彻"以质取胜"作为开拓国际工程市场的重要原则，要坚决把预防在国际工程市场上的恶性竞争作为重点，以此引导、教育和扶助工程企业走向国际市场。

在和平与发展的国际主导思想的拉动下，国际建筑装饰工程市场的年增长率在 8% 左右。中国企业以劳动力成本、文化底蕴、艺术沉淀、技术创新和工程经验积累的优势，可以在国际工程市场上取得更好的成就。

### （三）建筑装饰行业年度内的重要事件

2006 年是建筑装饰行业持续稳健发展的一年，有些事件对行业发展产生了重要的影响，具有创新和里程碑意义。

**1. 行业"十一五"发展规划纲要的编制与实施**

2005 年，中国建筑装饰协会与国务院发展研究中心合作，进行了"中国建筑装饰行业'十一五'发展规划"的课题研究，并于 2005 年 11 月完成了课题报告。中国建筑装饰协会在课题报告的基础上，编制了"中国建筑装饰行业'十一五'发展规划纲要"，在中国建筑装饰协会六届二次常务理事会和理事会上通过，在行业内公布实施。

中国建筑装饰行业高速发展了 20 多年，此次编制行业发展规划纲要，是行业第一次对中期发展做出预测，以指导行业规范发展，这是行业成熟的表现，是行业规范发展的需要，也是行业协会驾驭行业发展能力提高的具体表现。

行业发展规划纲要包括行业基本状况，当前存在的主要问题，"十一五"期间发展的总目标、基本原则和具体目标,行业"十一五"期间发展的主要措施等,是在国家"十一五"发展规划纲要和建设部"十一五"建设事业发展规划纲要的指导下,对建筑装饰行业发展的深化和细化。

依据行业发展规划纲要,结合本地区行业发展状况和经济、社会发展目标,各地建筑装饰协会也分别编制了地区行业发展规划纲要,普遍提高了协会的工作水平,对各地建筑装饰行业规范化发展起到了重要的推动作用。

**2. 设计施工一体化资质颁布实施**

2004年10月18日,建设部召开了建筑装饰等4个专业设计施工一体化资质标准编制工作会议,传达了部领导的指示,开始了新资质标准的编制工作,经过行业调研、初稿编写、部分省市主管人员座谈会、行业征求意见、部内各司审查等环节,2006年3月6日,建设部以(建市〔2006〕40号)文,公布了建筑智能化、消防、建筑装饰和建筑幕墙4个专业的设计施工一体化资质标准。2006年9月4日,以(建办市〔2006〕68号)文,公布了4个设计施工资质标准的实施办法,新资质已于2006年9月1日起实施。

建筑装饰工程设计施工一体化资质,是在建设事业发展中推动专业总承包发展,加快企业组织结构调整和完善工程服务能力,逐步淡化行政审批的影响力,减轻企业负担的重要举措;也是逐步与国际惯例接轨,建立诚信、和谐行业的重要途径。新资质标准比较客观地面对行业现状,在考核内容上进行了较大幅度的调整,将有利于推动行业、企业的发展。

全行业高度重视此次资质一体化的颁布实施,很多地方举办了培训班,对企业领导及操作人员进行了基本内容和技术要领的讲解,企业的积极性都很高。

由于各省、自治区、直辖市建设行政主管部门准备不足,截止到2006年底,全国绝大部分省市还没有受理新资质的申报,只有江苏、安徽等个别省市已经开始受理,并将一级资质申报,经初审后报建设部。到2006年底,已有一批报建设部申请一级新资质的企业,但由于企业对申报条件理解不透,资料准备质量较差,仅有安徽一家智能化企业获得了新的一体化资质。由此反映出,在新资质实施中,还需要行业进一步提高认识,并有很多技术细节问题需要进行培训。

**3. 全国建筑装饰工人技能大赛**

2006年,由建设部、劳动与社会保障部、全国总工会和团中央共同举办的工人技能大赛,是建国以来规模最大、规格最高、参与人数最多的一次工人岗位技术大比武,有助于提高农民工素质,形成一支能够满足行业发展要求的过硬工人队伍,同时,对提高农民工的社会地位,构建和谐社会也具有重要的作用。

建筑装饰行业共有近60万一线操作工人参加了本次大赛,经过企业内部、地区、省的层层选拔,最后选手集中在北京进行了总决赛。装饰木工和镶贴工分别有150位选手参加了总决赛,经过理论笔试和现场实操的比赛,最后产生出一、二、三等奖,4个主办单位的领导人莅临总决赛现场。在人民大会堂召开了表彰大会,国务委员华建敏到会并做了重要指示。

此次大规模专业活动的成功举办,主要因素有以下几点:一是活动的内容贴近行业需求,解决的是行业可持续发展中的瓶颈问题;二是各级建设行政主管部门高度重视,积极响应,认真落实;三是建立了比较有效的工作机制,此次活动主要由各级建筑装饰协会承办,组建了有力的工作班子;四是企业积极参与,由于此次大赛的获奖者,不仅在技术职称上有奖励,同时在户籍、用工等方面都有奖励,促使企业及工人积极参与。

**4. 行业转变经济增长方式,实现可持续发展的新举措**

2006年是"十一五"的开局之年,如何树立落实科学发展观,实现行业的可持续发展,落实行业"十一五"发展规划纲要,成为本年度行业理论探讨的重点。根据党的十六届四中、五中全会精神,建筑装饰行业进行了深入调研并形成初步成果。2006年12月21日,在北京举办了"建筑装饰行业可持续发展高峰论坛"。

调查研究从工程项目的设计、施工组织形式、企业的基本运作模式、生产的技术形态入手,对行业运作进行了深入调查,并根据构建资源节约、环境友好型社会和建设和谐社会的总目标要求,对项目、企业运作进行了分析,形成了新的调研成果。一是建筑装饰行业如果不转变经济增长方式,努力建设节约型行业,有被边缘化的危险;二是当前转变经济增长方式的重点是提高文化创意、设计创作和技术创新的水平,增加工程的文化、艺术、技术含量;三是要坚决以工厂化加工、现场组装式作业方式变革为手段,提高行业的产业化水平;四是建立和完善行业的生产要素市场建设，形成健全的市场体系，是可持续发展的重要基础；五是要延伸材料、部品生产者责任，实行"召回制"，对质量、环保不达标的产品，要无条件回收并由生产者进行无害化处理。

### 5. 行业在资本市场上运作的突破

2006年，以民营小企业为主的建筑装饰行业在资本市场取得了历史性突破，产生了第一家上市公司。苏州金螳螂建筑装饰工程有限公司经过近3年的准备，于2006年11月底在深圳交易所成功上市，开创了专业建筑装饰企业上市的先河。金螳螂公司通过上市，吸收了3亿多元的社会资金，投入到企业的技术研发和基本建设中，切实提高了企业的发展速度。

由于建筑装饰行业是一个成长性很好的新兴行业，特别是住宅装饰装修已经成为集设计、施工、配套、配饰为一体的家居环境工程，成为城市消费的一大热点。2006年，国际投资基金对住宅装饰装修行业高度重视，对业内的骨干企业进行了跟踪和谈判，到2006年底，有关基金已经同北京东易日盛建筑装饰有限责任公司达成协议，投资3000万美金，支持企业以新的形式开拓市场，该企业成为第一家通过私募融资取得发展资金的住宅装饰装修企业。

行业内企业在资本市场的成功运作，表明行业具有较高的社会关注度和发展潜力，也为行业内优势企业实现跨越式发展创造了条件。建设和完善资本市场，利用资本市场促进行业结构调整和可持续发展能力提高，将成为行业今后运作的一项重要内容。

### 6. 进行了部分地区既有幕墙安全性能普查并推动形成建设部文件

建筑幕墙是一种新型外维护结构，既提高了建筑业的科技含量，也美化了城市环境。长期以来，我国建筑幕墙行业持续高速发展，但存在良莠不齐、市场混乱的现象，致使既有幕墙的安全可靠性能成为城市公共安全的重要隐患。为了摸清我国既有幕墙的质量、安全状况，中国建筑装饰协会组织专家对北京、上海等10个城市既有幕墙的质量、安全状况进行了普查，并于2006年4月向建设部报送了普查结果和整改意见。

建设部高度重视既有幕墙的安全性，对中国建筑装饰协会的工作给予了充分肯定，并于2006年12月5日以建质［2006］291号文，公布了《既有幕墙安全维护管理办法》。该办法明确了保养与维护的责任，维护与检测、安全性鉴定和监督管理等，使既有幕墙使用和管理走上了规范化的道路，从而在管理制度上解决了建筑幕墙长期困扰社会公共安全的问题。

**7. 开展行业信用体系建设的试点工作**

长期以来，企业自律和行业诚信体系建设是行业发展中的软肋，作为服务性行业，信用水平是决定行业可持续发展的重要因素。建筑装饰行业，特别是住宅装饰装修行业，长期投诉率在民营服务行业中居于前位，比较真实地反映出行业的诚信建设水平。

为了加强信用体系建设，在相关法规尚不健全的情况下，中国建筑装饰协会在吸取地方工作经验的基础上，在全国推出了住宅装饰企业的行业自律市场准入与清出制度。该制度的实施，对规范市场、提高企业信用水平起到了积极的作用，但权威性和覆盖面都有很大的局限性。

在落实全国信用体系建设办公室的文件精神中，中国建筑装饰协会决定按照统一部署，以行业信用体系建设为突破口，提高行业的诚信建设水平，并于2006年10月在北京召开了"全国建筑装饰行业信用体系建设试点工作会议"，确定了首批试点城市，揭开了行业诚信建设新的一页。

**8. 积极开拓国际工程市场取得新成就**

2006年是我国建筑装饰企业在国际建筑装饰工程市场取得很大成就的一年。全年国际工程市场的发展呈现了以下特点：

（1）境外工程总规模持续扩大。2005年中国建筑装饰协会组织召开"国际工程经验交流会"，对扩大国际工程市场起到了极大的推动作用。2006年我国建筑装饰工程企业预计完成了30亿美元的产值。

（2）工程范围扩大。不仅幕墙企业承接了大量工程，室内装修工程也取得了很大进展，宾馆饭店、写字楼、机场车站等室内装饰工程都有涉足。

（3）工程区域扩大。不仅传统的俄罗斯、东南亚市场继续巩固、扩大，而且在欧洲、中东、北美等地区也承接到工程。部分企业已经进入了联合国、美国联邦政府的政府采购名单，为进一步发展国际工程市场奠定了基础。

（4）单向合同额大幅度提高。远大幕墙公司在俄罗斯的单项工程额达到3亿多美元，在东南亚、中东的单项工程额也有大幅度提高，表明中国企业承接大型国际合同能力的加强。

**9. 行业协会建设取得新进展**

2006年，经民政部批准，中国建筑装饰协会设计委员会和住宅装饰装修委员会在北京成立。两个委员会的成立，使中国建筑装饰协会的工作机构更加健全，协会的作用也能够更好地发挥出来。

各地建筑装饰协会建设也取得了新的进展，安徽马鞍山市等一批地级城市成立了装饰协会，使协会的工作网络更加健全，工作力度有所加强。

随着政府职能转换和国家对行业协会管理要求，公务员要与协会脱钩，2006年，各地按照国家规定，进行了协会领导机构的人事调整，到2006年底，全国已基本完成公务员与协会脱钩工作。

### 三、建筑装饰行业2007年改革与发展的思路

2007年是继续贯彻实施行业发展规划纲要，加快改革与发展的重要一年。根据我国经济与社会发展的总目标和建筑装饰行业的发展规划要求，按照建设部对建筑业改革与发展的总体思路，2007年及今后相当长的一段时间内，行业要继续保持较高的增长速度，改革与发展的主要措施和工作内容包括以下几个方面。

#### （一）以提高行业产业化水平为主线，全面提升行业的运行品质

建筑装饰行业是劳动密集型行业，企业的离散度高，行业整体的技术含量低。根据行业"十一五"发展规划纲要，要提高行业的产业化水平，在今后一段时间内，要通过以下几个方面的建设，带动行业运行品质的提高。

**1. 以加快生产要素市场建设为基础，带动行业价值链的完善**

生产要素市场的健全与完善制度，直接决定了行业的产业化水平。当前，生产要素市场建设是建筑装饰行业市场体系中最为薄弱的环节，在今后一段时间内，要通过生产要素市场建设，形成完整的行业价值链，为行业的可持续发展奠定基础。

（1）以企业上市、私募融资为突破口，加快行业资本市场建设。要在2006年取得突破性进展的基础上，加大优势企业上市的前期准备工作力度；加强同投资机构的沟通与交流；加快企业通过上市、私募融资取得社会资金的速度；要更充分地利用典当市场、质押、抵押贷款市场等金融形式，尽快形成专业资本市场，为行业发展不断注入新的活力。

（2）以专业技术市场建设带动产学研相结合的技术创新体制的建立和

完善。要在加大保护无形资产和知识、技术产权人利益的基础上，加强企业同科研机构、院校的联系，形成以企业为主体，产学研结合的技术创新体制。要通过实现技术、文化、艺术的价值，推动技术市场的发育，引导企业加大科技投入和利用市场机制，提高企业技术水平和艺术品位。

（3）以人才市场和劳动力市场建设带动劳动力素质的提高。要在加强劳动力培训、考核、认证和完善劳动力价格体系的基础上，通过专业市场聚集、分配劳动力资源。以此规范企业的用人机制，优化行业劳动力结构，调动资本与劳动力双方的积极性。

（4）要继续完善建筑装饰材料市场，以加强对房地产开发、建设总承包和材料生产经营企业的研究与沟通，促进行业产业链建设，提高行业整体运行品质。要在加大对材料市场监督力度的基础上，推动各种市场形态的发展和完善，建立起适合行业要求的多元化材料市场体系。要以材料市场为基础，推动和促进其他生产要素市场建设，形成完备的市场体系。

**2. 以设计施工组织方式的创新与再造带动行业自主创新能力的提高**

行业的设计施工组织方式，直接决定了行业的运行品质。要充分利用设计施工一体化新资质标准，在推动专项工程总承包制的基础上，加快企业结构调整，带动企业的专业化发展和自主创新能力的提高。因此，2007年，要把推动设计施工一体化资质的实施，作为行业改革与发展的一项重要的基础性工作。

（1）要充分利用设计施工一体化新资质的申报，不断提高企业的专业化发展能力，形成在细分专业市场中的优势企业集群，调整企业结构。新的设计施工一体化资质，具有人员专业业绩考核强，可承接工程起点高等特点，对促进企业在专业市场上快速发展十分有利。要通过引导和扶助，理顺专项工程设计与施工的关系，促使行业内企业的专业化发展，形成在不同细分市场的企业集群，改善市场竞争环境。要在规范专业细分市场运作的基础上，生成优势企业，实现行业"十一五"发展规划纲要确定的企业结构目标。

（2）推动建设单位及工程企业转变观念，加快建筑装饰工程设计、施工一体化运作的实施。实施专项工程总承包制，仅依靠资质标准力度明显不足，还要有配套的法规和政策予以支持。当前重点是要明确专项工程总承包制在工程中的使用范围和相关规定，以此转变建设投资单位和工程企业的思想认识，使设计施工一体化资质能够迅速实施。在这方面，还期待建设行政主管部门尽快出台配套的法规和政策。

（3）工程企业要利用设计施工一体化资质的实施和专项工程总承包，改变现有的设计施工组织形式。着眼于提高施工现场的管理水平，在设计与施工协调、设计深度要求、材料与部品的控制、质量、安全控制及进度控制等方面进行创新，力求在工期、质量、造价等方面形成新的控制模式。无论是公共建筑装饰企业，还是住宅装饰装修企业，都要利用新资质标准的实施，尽快组织企业人员进行培训，取得注册执业资格，提升资质等级，为企业发展创造有利的资质条件。

（4）要通过企业专业化发展和工程设计、施工一体化，提高工程企业的社会服务配套能力，带动装饰工程设计、施工中对既有技术的集成与整合。对既有产品和技术的集成与整合能力，是行业、企业运行品质的重要表现形式。要通过充实专业人才，配套专业分布，提高企业的设计、施工能力，形成在专业领域集成和整合既有产品和技术的能力和水平，提高工程的质量、环保、节能水平。

（5）通过专项工程总承包的深入发展，在既有技术的集成与整合的基础上，进行新技术的二次开发，形成行业的新型实用技术。要在专业加工机具检测设备、运输机具、施工技术与相应机具、连接与固定技术等方面进行创新，以提高劳动生产率；要在智能化产品、节能、节水设施的应用上进行创新，提高资源利用效率；要在专业工程领域形成一批具有自主知识产权核心技术的企业。

**3. 以扶大、扶优、扶强为手段，提高行业的组织化程度，形成若干行业发展的聚集区域**

优质骨干企业和产业发展基地是提高行业产业化水平的重要力量。今后一段时间内，仍然要把培育旗舰式企业和打造行业发展基地作为工作重点，提升行业的运行品质。

（1）以扶大、扶优、扶强为手段，以设计、施工一体化为载体，科学配置资源，尽快形成推动行业发展的旗舰式企业。经过近几年的努力，行业内已经形成了一批具有经营优势的骨干企业，2007年的工作重点是要引导这些企业，通过市场机制，完善企业的科技创新、管理创新及工程服务能力；加大对信息化、工厂化的投入，奠定企业跨越式发展的基础；积极开拓国际工程市场，利用国内、国际资源发展企业；以企业文化建设为指导，提高企业诚信自律水平，并发挥出其在行业发展中的表率和先锋作用。

（2）以旗舰式企业为核心，加快企业结构调整，形成有利于行业发展的企业集群。要坚持社会化大生产和企业分工，以工程项目为纽带，通过旗舰式企业的整合，形成以大型企业为核心，聚集一批专业配套企业、材料生产商、劳务企业的企业集群。要通过企业集群的培育和发展，提高行业的组织化程度、市场开拓能力和技术研发能力，调整行业内的企业结构、市场结构和技术结构。要以企业集群为支撑，形成在国际工程市场中的竞争优势，扩大国际工程市场占有率。

（3）根据地区行业发展差异，以产业化组织形式，建设一批行业发展的基地，形成产业化发展的地区布局。行业发展高聚集度区域，不仅能够形成地区专业优势，而且为下一步建立循环经济体系，转变行业经济增长方式奠定坚实的基础。今后一段时间，要把行业发展基地建设作为一项重要工作内容，根据扶优、扶强的原则，利用区域市场优势，采取政策支持的方式，加快幕墙、各公共建筑细分专业、住宅装饰装修的专业区域建设，形成一批有数个企业集群支撑的行业发展聚集区。

（4）进一步探索行业发展聚集区域的高效运作模式，提高行业的整体运行品质。要根据国家建设资源节约、环境友好型循环经济和建设创新型社会的目标，结合专业区域的客观条件，形成区域内企业创利能力强，各种生产要素利用效率高，社会美誉度大的运作模式。要在完善高效运作模式中，把行业聚集区建设成为技术研发基地、开拓国际市场基地和建设循环经济的样板，并在推广聚集区高效运作模式中，带动全行业的持续发展。

**4. 以文化创意、设计创作、技术创新提高行业的非物质资源的创利能力和文化、艺术含量，调整行业、企业发展的经营结构，提高行业的可持续发展能力**

增加非物质资源消耗的经营比重，提高文化、艺术、技术创意、创作、创新在经营构成中的比例，是行业结构优化的重要内容。从2006年提出建筑装饰行业要逐步由劳动密集型转化为技术、文化、艺术密集行业以来，行业内进行了深入的探索，2007年要继续进行行业转型的探索与实践。

(1) 以提高工程设计创作人员地位为突破，加快建筑装饰行业人才队伍的建设与调整，形成实现行业转型和提高运行品质的人才基础。要以培养一支有文化创意意识和能力的创新型人才队伍，培育一支有艺术创作激情和水准的原创设计师队伍，造就一支有集成整合既有技术并进行二次研发能力的科技队伍为目标，加大人才的培训、考评力度。要进一步树立尊重人才、尊重创新的意识，建立并完善建筑装饰工程设计收费制度，切实提高设计创作人员的社会地位和经济待遇，形成良好的人才激励机制。

(2) 以知识产权保护为基础，推动建筑装饰行业的文化创意、设计创作和技术创新。要在完善专业技术市场的评价机制的基础上，对文化创意、设计创作和技术创新的成果、作品进行价值评估和有偿转让。要继续严厉打击盗版、抄袭、克隆和拼凑等侵害知识产权、阻碍行业创新的行为。要尊重思想解放、提倡创新思维，重视原创、支持创作、鼓励创新，为行业创造一个良好的创意、创作、创新的环境。

(3) 进一步转变投资观念，完善工程建设投资体制，通过专业工程总承包，推动建筑装饰行业向技术、文化、艺术密集型行业转化。要在提高投资者文化品位、艺术价值观和节能、环保意识的基础上，指导投资方合理的分配工程建设投资，加大对工程设计的投入力度。要通过投资建设者在文化、艺术、技术方面需求的变化，推动工程企业调整经营结构，带动设计、施工组织管理的创新，以设计、施工一体化的实施，全面、准确地反映设计思想和设计风格，提高工程质量、文化、艺术水平，更充分地满足投资建设者的需求。

(4) 加强文化、艺术的理论研究，通过对中国传统文化、艺术与国际文化、艺术的研究与交流，在国际合作中提高我国建筑装饰行业文化、艺术、技术水平。要在加强中外文化、艺术研究，特别是建筑文化研究的基础上，利用我国经济发展和国际地位提高创造的机遇，在工程实践中融和中外文化、审美情趣和技术成果，在国内、外工程实践中，增加工程的文化、技术含量，促进行业转轨变型。

## （二）以建设资源节约、环境友好型行业为目标，调整行业的经济增长方式

顺应社会发展总趋势，大幅度提高资源的利用效率，是行业可持续发

展的关键。2005年，中国建筑装饰协会制定了"建设资源节约、环境友好型工程项目指导意见"，是建设资源节约、环境友好型行业的基础。2007年，要继续贯彻指导意见的要求，同时要加大改革的力度，加强以下几个方面的工作：

**1. 延伸材料厂商的责任，建立装饰产品的"召回"和"回收"制度**

在行业资源节约、环境友好型建设中，材料生产经营厂商具有最直接的责任。当前主要矛盾是材料、部品生产经营企业承担的义务严重不足，致使整个行业节约型建设的基础十分脆弱。加强并延伸材料、部品生产经营企业的责任是行业资源节约、环境友好型建设的基础。

（1）以价值为纽带，加强行业产业链建设，理顺行业的责任，为建立循环经济框架奠定基础。要在行业聚集区域建设和优势企业集群建设中，进一步明确各类企业在节约、安全、环保中所承担的责任和义务，并规定各类企业在提高资源利用效率方面的行为准则。要通过对材料厂商管理制度的创新，推动工程设计施工组织管理的创新，促进资源节约、环境友好型行业建设。

（2）进一步明确材料生产企业的责任，对质量、环保不合格产品与材料，必须建立"召回"制度，以此带动工程选材形式的改革。严防质量、环保不达标的产品流入工程，必须要有制度屏障。材料生产厂商无条件收回其不合格产品，并做无害化处理，就是基本制度保障。要对影响工程质量的主要材料建立"召回"制度，以推动材料市场的不断规范。要通过实施材料"召回"制度，改变现行的工程选材方法、程序，确保工程质量、环保达标。

（3）逐步建立工程废弃材料与部品的回收制度，促进工程组织方式的改革。工程中拆除的旧材料、施工中的边、角废料、剩余材料，要建立分类收集、回收利用的制度，以保证资源能够最大限度的发挥作用。要通过工程组织实施过程中的资源回收制度，促使工程企业承担在资源节约，环境友好型建设中的责任，推动节约、环保型工程组织方式的建立和运转。

**2. 加大"四节一环保"材料与技术的研发、推广、应用力度**

建设"资源节约、环境友好"型建筑装饰工程项目的重点，是推广应用"四节一环保"的材料与部品。要实现行业"十一五"发展规划纲要确定的节能减耗目标，关键是材料、部品。因此，今后相当长一段时间内，要把材料、部品的节能技术作为建设资源节约、环境友好型的重点，实施持续的投入，保证节能减耗目标的实现。

（1）以节能、环保型材料与部品的研发为基础，降低资源的消耗水平。通过引进、集成整合、创新研发等多种形式，形成一批符合建筑装饰工程需求，资源利用效率高、环境负荷小、舒适度强的材料与部品，为工程整体的节能减耗创造物质条件。要通过技术改造，降低材料、部品生产过程中的能源消耗，为了确保产品过程中的节能减耗，应采取"产品生产过程明示制度"，在产品说明书中注明生产方法和资源消耗水平，供使用者选材时参考。要通过鼓励、监督使用资源消耗低的产品，加快旧技术的淘汰。

（2）以替代技术、降解技术等新技术研发为基础，提高建筑装饰工程的环境保护水平。替代技术的重点是应用新的替代能源、替代稀缺资源的材料，如新型燃料、复合材料等。降解技术的重点是室内净化技术、有毒、有害材料无害化处理技术等。要通过新技术的应用，减少工程污染，降低环境负荷，保证社会及个人安全。

（3）加大可再生能源应用技术的研发推广，提高既有建筑物的资源减耗水平，当前的重点是加大对太阳能的应用力度。建筑装饰工程企业要尽快形成对利用太阳能设备安装技术的应用和储备。要在装饰工程设计中推广应用太阳能设备，并能够科学的进行安装施工。要通过太阳能的普遍应用，降低建筑物的能源消耗水平。

（4）加大对废弃材料与部品的再利用技术研发，减少资源的消耗。重点要加大对修复、翻新技术的研发、推广应用的力度，形成新的翻新材料与工艺。要通过对高资源消耗材料与部品的翻新、修复技术的应用，减少对资源的依赖与消耗。

（5）要高度重视住宅的节能、环保，研发适用于住宅装饰装修和居家生活的节能减耗、环境保护产品与技术。这一领域的发展潜力很大，要在满足人们舒适度要求的基础上，研发有利于家庭节能、节水的设施、部品及材料。特别是生活用水的多次利用设施、生活垃圾的资源化处理设施等，都需要由专业装饰装修企业设计并完成。

**3. 加大工厂化加工、现场安装式施工工艺和成品化材料的推广应用力度**

工厂化加工、现场安装、拼装、组装式施工，不仅是设计、施工组织创新的基本途径，对工期、造价、质量具有重要影响，同时，也是建设"资源节约、环境友好"型行业的重要基础。经过几年的推广，我国建筑装饰工程中，成品化率已经达到30%左右。根据行业"十一五"发展规划纲要的要求，到"十一五"末期，成品化率要达到50%以上，因此，加大工厂化加工、现场安装式施工工艺的推广应用，是今后工作的一项重要内容。

（1）以现场施工工艺的改革创新，带动材料、部品的成品化。要以施工现场"零能耗、零垃圾"为目标，将材料、部品加工完全转移到加工基础。要在建筑设计模数化的基础上，通过建筑装饰设计的深化、精细化，实现构件、部品的成品化。要积极推广优势企业以设计指导加工，以加工带动施工工艺变革、实现建筑装饰工程设计与施工组织创新的先进经验。

（2）加大材料、部品成品化过程社会化的指导力度，提高加工设备的利用效率。绝大多数企业由于工程量及企业实力的限制，不适宜全部建设自己的加工基地，而是要充分利用现有的过剩生产加工能力，通过社会化的资本、市场、技术运作，低成本的实现加工基地建设。要特别防止建筑装饰施工企业盲目投资上马加工基地建设，造成新的生产加工能力过剩，破坏企业资金链的正常循环。

（3）深化工厂加工、现场安装工艺变革。以旗舰式企业为主导，以行业发展基地为依托，建立资源综合利用的配套体系，形成资源的循环体系。要充分利用工厂化加工资源利用效率高、废弃物易于回收的优势，在专业发展区域内建立资源综合利用的运转体系，进一步提高资源的利用效率。要把资源综合利用的关系固定化、制度化，从而形成区域循环经济的运转机制。

（4）以工厂化加工、现场安装工艺，改革和完善设计施工组织形式。加大对提高工厂化加工、现场安装作业的配套技术研发，进一步提高劳动生产率和工程质量，在实现"资源节约、环境友好"型建设中，转变行业的经济增长方式。要以工厂化带动材料深加工技术创新、专用运输、存储技术创新和安装技术创新，提高工程的科技含量，以转变工程运作模式推动行业转变经济增长方式。

**4. 建立并实施资源节约、环境友好型工程项目设计施工规范、标准体系**

推动资源节约，环境友好型行业建设，必须要有相应的技术、经济法规，强制性的约束市场各方的行为，指导和引导行业加快节能、环保的步伐。根据行业"十一五"发展规划纲要的要求，要从设计、选材、施工组织管理等各环节，建立并完善节能、环保方面的法规、标准体系。

(1) 以节能设计规范为龙头，建立节能环保的标准、规范体系。设计的节能水平直接决定了工程的能源利用效率，必须首先进行规范。要明确设计师的节能责任，规定材料、部品的能耗水平，划定设计选材、设备选型的范围，规范线路、控制系统的设计等。要利用设计施工一体化的专项工程总承包创造的机会，发挥设计在节能方面的主导作用，带动工程总体的节能降耗。

(2) 通过节能示范工程和加强对节能环保产品、企业的认证与推广工作，推动行业节能减耗。要在建立产品、部品节能、环保标准的基础上，通过质监、工商、环保、建设等部门的检测和认证，向社会和工程推荐一批节能、环保产品。要在建立工程节能标准的基础上，对既有建筑物能耗进行检测，对于达标工程给予认证，使其发挥样板和典范的作用。要对工程节能达标的设计师、项目经理及企业给予认定及表彰，并推广其工作方法和经验，带动所有从业者提高节能意识和技巧。

(3) 以节能标准、规范为依据，指导企业建立符合资源节约、环境友好要求的管理制度体系。在当前要以 ISO14000 标准体系为依据，建立企业内部环境保护的管理制度体系。要以建设"资源节约、环境友好"型工程相关的规范、指南、导则为依据，建立工程项目的节能、环保管理制度体系。要通过制度的贯彻执行，全面提高行业的节能、环保工作水平。

(4) 要以建设循环经济的相应法规，加强对项目实施过程中材料、部品的分类回收管理。建立循环经济的运行体系是资源节约、环保友好型社会建设目标，也是最主要的途径。要根据建设循环经济的要求，加深工程建设设计施工组织方式的改革，特别是要有针对资源综合利用的管理制度。当前工作的重点是在工程项目中建立并实施资源、物资的分类收集、回收、循环利用的相关管理制度。

### (三) 加强行业诚信体系建设，促进和谐型行业建设

建设和谐行业，是行业改革与发展的最终目标。建设诚信行业，是建设和谐行业的基础。2006 年，行业诚信体系建设取得了重大突破，开始了

行业信用体系评价的试点工作。2007年，要在继续搞好信用体系评价工作的基础上，通过开展系列配套工作，并结合党的"十七大"的召开，创新行业诚信体系建设，使和谐行业建设迈出更大的一步。

**1. 坚持持续性全面培训，提升从业者素质**

教育是基础，培训是手段，提高素质是目标。和谐、诚信的行业需要高素质的从业者。在这方面建设装饰行业的差距很大，必须以持久、全面的培训，不断提高从业者的素质，使其满足社会发展、行业发展的要求，这是2007年行业发展的一项重要的基础性工作。

（1）提高从业者道德水准，以"八荣八耻"为依据，加强从业者的道德教育。"八荣八耻"概括了我国社会主义市场经济条件下对个人的道德约束，是进行道德教育的最佳教材。要通过"八荣八耻"不间断的宣传教育，结合行业的"资源节约、环境友好"型建设和改革发展的目标，提高行业内各阶层人员的道德标准，为加强行业诚信建设奠定良好的思想道德基础。

（2）通过持续性技术教育，提高从业者的技能水平，增强行业的社会服务能力。要在2006年全国工人技能大赛取得成果的基础上，继续开展多种形式、多层次的专业技术培训，普遍提高从业者的技能水平，以更优质的社会供给满足社会日益增长的物质、文化要求。要在提高行业各阶层社会服务技能的基础上，提高个人、企业的自律水平和行业诚信建设水平，为行业的建设与发展及和谐行业建设创造良好的技术物质条件。

（3）创造行业诚信建设的社会环境，通过法制建设，提高全社会的法律意识。行业诚信建设，需要有外部市场、业主及工程有关各个方面的诚信环境作为支持，因此，外部环境建设也是加强行业诚信建设的主要内容。2007年要通过对相关法律、法规、标准的宣传贯彻，市场的执法与监管，打击腐败和商业贿赂等手段，提高全社会的诚信、公正的水准，特别是业主的资信水平和项目操作的规范化程度。要以外部环境的净化，促进行业诚信和企业自律水平的提高。

**2. 建立行业诚信体系建设的长效机制**

推动行业诚信体系建设需要相应的制度保证。2006年开展的行业信用体系评价工作，初步建立了诚信建设的长效机制。2007年，要在继续搞好信用体系评价的基础上，通过其他的配套措施，使行业诚信建设长效机制提升到新的水平。

（1）通过新的设计、施工一体化资质标准的实施，将所有业内企业纳入资质管理的范畴，完善行业的市场准入与清出制度。要利用新资质标准在考核内容及标准上更适合企业客观实际的有利条件，使尽可能多的业内企业取得资质，提高资质的覆盖率。要在大幅度提高资质覆盖率的基础上，加强对企业的动态管理，形成权威的市场准入与清出制度。当前，要特别加强对新的一体化资质的宣传、落实工作，尽快在全国开展此项标准的申报、受理。

（2）利用现代网络技术，建立覆盖全行业的信用档案，对企业诚信状况进行有效监督与控制。要结合资质的动态管理，建立企业的诚信档案，对企业的经营活动进行监督，记录企业的违规行为。要将行业不诚信行为表现进行汇总、分类，在业内予以公告，并制定出对各种不诚信行为的惩处预案。

（3）严格执行行业信用体系评价，建立对不诚信企业及从业者的惩罚制度。对于企业恶意压价竞争，不正当竞争，虚假宣传，损害消费者权益，扰乱、贬损其他企业等行为，要根据不诚信行为的损害程度，分别采取警惕、曝光、公示及清出市场等措施，对不诚信企业给予处罚，对于恶意跳槽、出卖商业秘密、坑骗消费者的从业人员，要建立"黑名单"，坚决从行业中清理出去。对于恶意拖欠工程款、欺骗业内企业、刁难工程正常施工的业主，也要在行业内予以曝光揭露，防止其他企业上当受骗。

**3. 充分发挥行业中介组织和新闻媒体的作用**

行业诚信建设是一项社会系统工程，需要全行业的参与。因此，要特别发挥行业中介组织的作用，同时，要加强同媒体的联系，通过媒体的报道，推动行业诚信和企业自律。

（1）要充分发挥行业中介组织的指导、调节、监督与服务的作用。特别是要充分利用中国建筑装饰协会被国务院全国整顿和规范市场经济秩序领导小组确定为第一批进行行业信用体系评价试点协会的有利时机，以中国建筑装饰协会开展行业信用体系评价试点工作为突破口，促进行业自律，提高行业信用水平和企业信用风险防范能力。

（2）行业协会要根据行业特点，建立信用评价的指标体系，完善信用信息的管理办法和信用信息管理制度，周密部署、精心组织，保证评价活动公开、公平、公正，统一信用等级标准，规范行业信用评价。协会要大力宣传诚信兴商，制定有关信用的行规行约；建立本行业上下游交易伙伴信用信息数据库，为会员企业提供防范信用风险的服务；要帮助企业建立信用自律和信用风险防范制度，开展信用知识培训；要通过协会的作用，提高行业的诚信水平。

（3）协会要同媒体加强合作，充分发挥新闻媒体的舆论监督作用。对于企业信用等级评价结果，失信企业的投诉与举报，信息的甄别与失信惩戒，都要通过媒体公开公示。同时，要通过媒体，报道行业信用等级高、行为规范企业的经验，推动行业的诚信建设。

（4）协会要加强与工商、税务、质监、劳动等相关部门的合作，充分利用网络技术，建立起社会信息的互动与共享制度。协会的网站要紧密配合行业的信用体系评价工作，选派专业技术人员，搜集信息，进行整理、甄别、汇总，形成能够反映企业真实实力与水平和上下游企业资信的完整信息资料，提供给社会，要通过信息的互动，不断充实和完善信息资料，为推动行业诚信建设奠定坚实的基础。

由于行业协会在发展生产力、建设和谐行业中占有重要的地位，加强协会建设，就成为行业改革与发展的重要内容。进一步完善协会的组织机构，加强秘书处建设，提高协会驾驭行业市场的能力，是2007年行业改革与发展的重要工作。

2007年建筑装饰行业在国民经济持续高速增长、国际性大型活动日益频繁的大背景下，通过改革和发展措施的实施，将继续保持15%左右的增长速度，并将在调整企业结构、转变增长方式、实现可持续发展方面取得新的进展。

（中国建筑装饰协会　执笔：王本明）

# 中国安装行业改革发展报告

## 一、安装行业的概况

安装行业是我国建筑业(房屋和土木工程建筑业、建筑安装业、建筑装饰业)三大重要组成部分之一。安装行业包括机械、汽车、电子、电力、冶金、建筑、建材、石油、化工、石化、矿业、煤炭、轻纺、环保、农林、水利、交通、军工等行业的工业机电安装工程以及民用、公用建筑的机电安装工程。机电安装工程中涵盖了机械设备工程、电气工程、自动化仪表工程、建筑智能化工程、动力工程、管道工程、通风空调与洁净工程、环保工程、消防工程、电梯工程、非标设备制作安装工程、防腐与绝热工程、设备建造等各类专业工程技术。机电安装工程的施工活动包含了从设备与材料的采购、安装、调试、运行、竣工验收,直至满足建筑功能的要求和生产出合格的产品为止。

安装行业又是实现固定资产投资的最主要行业。固定资产投资管理渠道分为基本建设、更新改造、房地产开发投资和其他固定资产投资四个部分。固定资产投资按构成分为建筑安装工程、设备工具器具购置、其他费用三大类,其中建设安装工程就是由安装行业来实现的。伴随着我国经济建设的快速发展和固定资产投资的大规模增长,建筑业在国民经济中的支柱地位越来越明显,从近十几年的统计数字看,在基本建设投资中建筑安装工程占全社会固定资产投资比重的60%~70%。在完成建筑业总产值中,建筑安装业占10%~20%。又据调查统计,在建筑业企业法人单位中,从事建筑安装业的占18.3%,就业人员占8.8%。我国目前具有施工资质的安装企业已近一万家,其中除部分企业归属建设部及各地建设行政主管部门直接领导外,尚有不少企业隶属于其他部委领导。

为推动安装行业的发展,安装企业组建了自己的社团组织——中国安装协会。协会成立20多年来,一直深受广大安装企业、有关研究单位及大中专院校的爱护和大力支持。作为政府的助手,发挥了政府与企业之间的桥梁纽带作用，为振兴安装行业做出了巨大的贡献。

2006年，是贯彻落实我国国民经济和社会发展第十一个五年规划的开局之年，安装行业结构调整步伐加快，依靠科技、管理、机制求发展的趋势已形成，行业整体竞争力不断提高。大型国有企业通过市场竞争机制和政府宏观调控手段，利用规模优势提高集约资金的能力、技术开发能力和工程承包能力，努力使企业向具有科研、设计、施工等综合能力上发展，中小型企业向"专、精、特、新"及符合国家投资方向和投资重点的专业方向上发展。同时，以中小型安装企业民营化，大中型国有安装企业股权多元化为特征的产权制度改革全面展开、加速推进。适应国家科学发展观、建设和谐社会、节约型社会的制度调整开始起步。改革创新成为安装行业发展的重要动力，企业管理和技术创新能力快速增强，生产力得到了迅速发展，工程质量和安全形势进一步好转，信息化水平不断提高，企业文化建设工作上了新的台阶，国际竞争力明显提高。安装行业的发展是主流，但是影响安装行业发展的因素仍然存在。建筑市场秩序不规范，企业负担沉重，技术创新投入不足，企业改制相对滞后等问题使得安装行业的地位与优势受到越来越强的挑战。

## 二、安装企业组织结构调整和现代企业制度改革

### （一）安装企业进一步调整完善专业结构

自2000年资质就位以来，2001年，全国只有四家省级安装企业取得机电工程总承包一级资质，2006年，我国省级安装企业基本上已取得了"机电安装总承包"一级的资质，加上以其他类别专业为主项资质的企业也取得"机电工程总承包"与"机电专业承包"一级资质，据估算，"机电总承包"一级资质的企业有三四百家左右，"机电专业承包一级"资质的企业有五六百家左右。

2006年，广大安装企业在取得"机电工程总承包"一级资质的基础上，又有数十家获得了"房屋建筑总承包"一级资质或"市政总承包"一级、"化工石油"总承包一级等项的总承包资质。同时又取得了"装饰专业"一级，"钢结构专业"一级，"智能化专业"一级等相配套的专业资质，提高了企业的市场适应能力，扩大了企业的专业覆盖范围。总之，大

企业在做强做大，中小企业在专业上狠下功夫，在某些专业上独树一帜。为了做大做强，不少安装企业开始转向房建工程领域，有的企业正准备进入"房建特级"的申请（因机电总承包资质无特级标准），这也是向工程总承包进军的准备。因为目前的建设市场上，业主在发包工程时，能以机电总承包取得工程项目的较为困难，一般均是以房建为总包（包括不少民用建筑项目），迫使不少安装企业开始向房建总承包领域发展。广东省安装公司、广西安装公司等在2006年取得了房建总承包一级的资质，这是安装企业适应市场需求的举措。

**（二）安装企业从单一的专业施工向施工总承包、工程总承包发展**

近年来，不少安装企业，尤其是中央部属企业在做大做强的目标指引下，向竣工交钥匙的总承包服务发展，为此企业组织机构由原来的金字塔直线职能组织结构向构建扁平矩阵式组织管理模式转变，最大限度地减少管理层次，对工作和职位的管理，执行"责、权、利"相结合多方负责，这种授权管理的形式，推动了企业的发展。如中铁建设集团安装公司在2001年开始进行"现代企业制度"改革，进行股份制改造，国有控股51％，职工股占49％。2006年为进一步规范现代企业制度，不断调整组织架构和完善组织功能，调整机构组建了薪酬与业绩考核、计划预算和审计委员会来加强企业内部管理。由于企业结构调整，使企业的施工能力和技术水平不断提高，在该企业承担的北京奥运场馆工程中，克服技术上的难题，在项目管理上组织完成了技术难度很大的羽毛球馆工程。北京工业大学体育馆位于北京工业大学校园内，作为2008年北京市第29届奥运会羽毛球、艺术体操项目的比赛场馆，国际羽联对通风空调系统的气流组织具有较高的标准要求，比赛大厅距地面以内气流速度应$\leqslant 0.2m/s$。这项技术指标是场馆工程中具有较大科技含量的内容，也是体育场馆工程中的重点和难点，目前国际上尚未有解决此项技术问题的成功案例。作为安装单位需要将原设计方案转化为施工图纸并采取有效的施工工艺、施工方案和管理手段，将设计意图真正体现在产品的功能方面。针对北京工业大学奥运会羽毛球比赛场馆通风空调工程，采取了实际与施工联合工作的管理思路。主要管理方法和手段是中铁建设集团公司技术中心为主体，建立与高校及暖通专家技术研究与合作机制。同时研究和探讨如何将设计方案转化为实际施工的图纸,以及在施工中需要解决的问题。进一步优化设计方案,对设备具体参数进行选择和确定,对图纸进行全面深化和优化设计。

中国机械工业建设总公司、中国轻工建设工程总公司、北京市设备安装公司,目前也已向能从事工程总承包、施工总承包、工程建设规划、可行性研究报告的编制、评估、工程设计、工程监理,向设计施工的组织再造的模式发展。为此,这些企业都在改革本身的管理机构,组建了"总承包部"之类的工程管理部门,实现上述目标。

### (三)安装企业民营化的发展趋势

近年来,随着现代企业制度改革的推进,在江、浙、华东一带,原国营安装企业通过股份制改革,不少企业实现了民营化,企业的活力增强,规模和施工能力也在扩大。如原安徽省芜湖市安装公司在2004年改为天润安装集团公司后,2006年产值比改制前翻一番,企业资质也从原来机电安装专业承包一级增加了其他类别的等级资质。又如常州市安装公司民营化后,2006年公司从打造常州安装品牌为出发点,进一步建立健全企业技术行政体系,加强科技人才队伍的建设,高效促进科技成果的转化。在施工中重点抓绿色工程、节能工程,取得良好成绩。南通市工业设备安装公司改制后,从技术创新出发,以企业为主体,以项目为载体,以市场需求为动力,产、学、研相结合,明确提出以企业赢利为目的的创新活动,使创新工作持之以恒,推动企业发展。

### (四)设计施工一体化生产组织方式的推行

为了加强企业的市场竞争力,扩大业务范围,2006年,不少安装企业,尤其是中央部委所属企业,在申请施工资质的同时又申请了相关专业的设计资质,为设计施工一体化提供条件。如中铁建设集团安装公司,根据建设部新颁布的装饰、智能化、消防专业资质一体化的标准,向建设部提出申请。有的企业在承担工程时,对原设计进行优化,不但在工程量方面有大的承担能力,而且在深化、优化原设计上迈出了一大步。如中铁电气化局一公司,近年来始终能在本行业的技术制高点上完成各项工程项目。

又如中国核工业二三建设公司在国内不同省市设立了具有独立安装施

工的工程公司或项目公司,并拥有核工业技术研究设计院及高科技公司,正在向设计施工生产组织方式和组织再造迈进。二三公司正在全国实施"巩固中间(安装),积极向上游延伸(设计、检修和服务)"的战略构想。2006年4月28日,我国核工业首家专业性的工程技术研究设计院——核工业工程技术研究设计院实现企业法人工商注册,为公司向上游延伸奠定了扎实的基础。

### 三、以科技创新为先导,增强安装企业发展活力

科学技术是第一生产力,中国安装协会始终把推进行业技术进步作为工作重点,积极发挥科技支撑和先导作用,制定了安装科技发展规划,开展各项技术活动,并组建了科学技术委员会。

协会作为建筑业10项新技术之第九项"大型设备与构件整体提升安装技术"的技术咨询单位,在全国推广应用之后,又向建设部积极建议,将"金属风管薄钢板法兰连接技术"、"管线布置综合平衡技术"、"给水管道卡压连接技术"、"电缆敷设与冷缩、热缩电缆头制作技术"、"建筑智能化系统功能的评价与检测体系"等安装工程应用技术,列入新的"建筑业10项新技术"之中。协会在2005年召开"推广建筑业10项新技术动员大会",并采用多种推广活动,在业内进一步落实。例如举办了"大型设备整体安装技术推广会"、"通风空调工程技术研讨与观摩会"等,对新技术的应用起到了促进作用。科技成果评审活动是创新技术信息交流平台,也是了解掌握国内外同行业先进技术重要途径。

中国安装协会为了进一步提高安装行业科学技术水平,在安装行业内形成浓厚的创新氛围,坚持开展安装科技成果评审活动近20年,在机械设备安装与起重、钢结构与容器制作安装、通风(洁净)空调安装与调试、电气与仪表安装与调试、智能化系统安装与调试、给排水及压力管道安装、电梯安装与调试等技术领域,共评审出315项成果,带动了安装行业的科学技术创新活动。为了适应市场竞争,中国安装协会从20世纪90年代末开始对各项高、难、精、尖、新的安装技术绝技、绝活,进行了严格的审定并冠以"中国安装之星"的荣誉称号,到目前为止已有223颗明星绽放在安装行业的星空中,繁荣着中国安装行业科技事业。

安装科技创新,要靠高素质的人才来实现。为了提高安装队伍素质,

中国安装协会举办各种技术讲座，组织编写培训教材，开展多方位岗位培训及执业资格考前培训。例如，为了贯彻我国建造师执业资格制度，2003年和2006年受建设部委托，协会组织编写了机电安装专业和新的机电专业一、二级注册建造师考试大纲和考试用书，并在全国举办了建造师执业资格考试的考前师资培训和学员培训。为使技术人员及时掌握现行技术标准，协会组织了新颁布专业工程施工技术规范的培训和讲座，受建设部委托，还组织编制了部颁标准《通风管道技术规程》。通过协会的各项活动，积极推动科技成果转化，提升安装企业核心竞争力，促使企业走上长期成功的发展道路。

正如《中国建筑业改革与发展研究报告》（2006）所述，安装企业和全国建筑企业一样，在激烈的市场竞争中，技术创新愿望和动力得到了显著增强。安装企业针对未来市场需求，前瞻性地进行技术投入和研发；依托重大工程进行研发和积累，建设以技术为主要要素的核心竞争力；不断加强自主创新，争取成为相关技术研发的国家前沿，从而掌握和研发了大量的新技术。例如：超大型精炼炉的吊装、安装、调试技术；大型卧式连续退火炉安装技术；转炉设备滑移法安装技术；大型、超高或超重设备的组装焊接、整体吊装、扳立技术；超临界火力设备的安装技术；首次引进国外燃气轮发电机组安装技术；大型精密设备的安装技术（如磁悬浮列车的轨道梁制作镗铣技术和校验技术、超大型压缩机安装技术等）；张弦梁及空间桁架安装技术；大型炉排垃圾焚烧炉砌筑技术；大型钢桥超跨越电力线路的架设；管道工厂化深加工预制技术；超大口径输水管道不断水开孔技术；各项建筑智能化系统设计、测试、安装、调试技术；特种、恶劣环境下的安装技术（如钢结构大桥主桥结构的焊接技术、裂解炉密集性排管的焊接等）；电力建设中P91、P92特种钢管道焊接技术；超低温高强钢球罐制造焊接技术；0.1级/0.1$\mu m$的超净厂房施工技术；长距离管道、电缆钢支架测量安装施工装备的研制；试验设备的开发技术及集成技术（如磁悬浮列车用的34m五轴数控镗铣床、锪面机的开发和球罐装置的全景组合式射线探伤等）等。

安装行业求发展，靠的是科学技术，而不是密集的劳动力。安装企业要在市场竞争中立于不败之地，必须以制度创新促进技术创新，增强企业发展活力。各地安装企业采取各种有效措施推进安装技术进步，提升企业核心竞争力，取得了良好的效果。各企业的主要做法和措施有：

## （一）制定科技发展目标，建立创新科技体系

胡锦涛同志提出"要建设以企业为主体、市场为导向、产学研相结合的技术创新体系，使企业真正成为研究开发投入的主体、技术创新活动的主体和创新成果应用的主体，全面提升企业的自主创新能力"，很多安装公司制定了"十一五"科技发展目标，建立企业创新科技体系，从体制和机制上鼓励创新、激励创新，全面提升企业自主创新的能力，努力实现增强企业核心竞争力、提升企业品牌，为经营、生产提供强大技术支撑的目标。

上海市安装有限公司是大型综合性安装施工企业，为了更好地实施公司"十一五"科技发展规划，落实发展目标，适应公司经营、生产迅猛发展的要求，从完善科技创新组织体系着手，重点加大了施工现场的技术管理，确保从技术上保障施工生产的质量和安全。公司完善科技创新机制，促进创新发展；加强技术委员会建设，设立了技术中心，集中精兵强将开展科技创新工作，主要承担预研究、技术攻关、新技术开发、新设备预制及技术储备等，并为公司的经营生产提供技术支持。明确加快新技术应用的对策措施，重点开展专业技术交流、重大特殊技术方案论证、重大技术问题攻关、技术培训，引导工程技术人员学理论、学技术、钻业务，营造一种积极向上的技术氛围；修订《施工指导性文件管理规定》，《设备吊装作业管理规定》等技术管理规定；加大对施工组织设计和施工方案在编制、审核，现行技术标准的管理力度。近年来，该公司磁浮列车轨道梁制造安装技术的超前研究，使得公司在国内磁悬浮列车轨道梁制造安装领域独占鳌头，深得建设方的信赖和器重；大型LNG低温储罐施工技术研究被上海市科委列入科研项目，专门拨出巨款进行研究，已在9％Ni钢的焊接低温韧性保证、冷热裂缝防止、防磁化、有益元素稀释控制等方面取得成功经验，完成了9％Ni钢交流、方波埋弧焊试验、罐顶吹升工艺研究和部分专用夹具的设计与选用；高精度恒温空调系统安装调试技术的研究，已和上海理工大学合作，对光源工程的关键设施——储存环隧道空调系统的设计效果，利用现代科学数据分析软件进行CFD模拟分析，对储存环隧道的热环境进行考证性预测，寻找改进系统性能的针对性方法和目标，指

导今后的系统调试；在光源工程专业工艺设备的高精度安装技术研究方面，组织了专门力量配合业主进行设备的预安装，通过预安装制定安装的程序和步骤，设计、制造专用吊、夹具，以满足隧道空间内专业工艺设备的就位、吊装、组装和高精度测量工作；球罐和管道自动焊技术的应用，开展全位置自动焊的试验。为了进一步提升公司的自动焊技术水平，公司专门派了焊接专业工程师赴加拿大考察，对目前具有世界先进水平、国内尚未使用的特纳 ROTOWLD 自动焊机进行实地技术论证。公司通过科技创新组织体系的建立和加大技术投入，已在市场竞争中处于相对优势的地位，企业品牌效应明显。

### （二）以工程为载体，加大科技投入

要在激烈的市场竞争中赢得主导地位，就必须不断创新，以技术为先导，创企业名牌效应，抢占行业技术制高点；以工程为载体，加大科技投入，进行具有前瞻性的技术研究，不断进行技术储备，创造具有自主知识产权的领先技术。

中国电子系统第二建设工程公司是大型综合性安装施工企业，从我国第一个净化工程——贵州都匀 083 基地无尘车间，到目前国内最高等级 0.1 级/0.1μm 的超净厂房工程施工，几十年来通过电子信息、生物医药、液晶显示、光纤光缆、精密机械等与洁净工程技术紧密相关的优势产业，逐步形成了一批独特的专有技术，如"洁净厂房安装技术"、"电子工艺设备安装技术"、"电抛光薄壁不锈钢管(EP/BA)焊接技术"、"电子医药超纯介质管道安装技术"、"PVDF 管道焊接技术"、"超洁净空调系统(1 级)安装技术"、"洁净厂房测试技术"等 11 项"绝活"。在上海华虹 NEC(909) 工程建设中，仅用短短 6 个半月的时间，完成了 13000$m^2$ 超大面积净化厂房的安装任务，其中 1 级/0.1μm 的净化面积达到 3000$m^2$ 以上，洁净厂房静态测试指标达到"0 级"，赢得了中外专家的高度赞誉，工程整体质量优良，荣获国家优质工程"鲁班奖"。在承建的上海技术物理研究所红外光电实验大楼项目施工中，综合运用洁净厂房安装、测试技术、超净化空调系统安装技术、特种管道焊接技术等多项新成果，保证了工程的优质高效，再度荣获 2005 年度国家优质工程"鲁班奖"。针对微电子工程对特种气体和液体输送管道洁净度和安装施工的工艺要求十分严格，高纯度动力

管道输送介质纯度要求高达PPb级(Parts Per billion，十亿分率)，内壁光洁度要求达到EP级(电化抛光)$R_a \leqslant 0.2\mu m$。为了达到微电子净化工程高新技术的要求，公司不断加大科技攻关和创新力度，先后投入200多万元，专门建造了用于超纯管道加工的100级洁净厂房，投入300多万元购买了全自动焊机、切割、抛光工具以及测试仪器，用于净化空调、特种管道焊接以及测试技术的前瞻性研究；派遣相关专业技术和施工作业人员接受美国、日本专家的培训，采用目前仅有美国、日本等少数公司掌握的国际上先进的高压气喷清洗法，对管道进行高纯净清洗，内表面用纯度为99.9999%的氩气保护，用双镜面电抛光不锈钢管焊接。净化工程的内装技术是保证洁净环境的关键，该公司把美国DAW、日本轻金属、荷兰KCS的技术与我国的生产工艺基础相结合，创立了一系列新型节点和型材，促进我国内装技术不断的发展。公司还积极向监控和调测试领域发展，目前正在申请社会认可的第三方测试资格，并即将通过国家实验室认可。

### (三) 以关键技术为重点，创新施工工艺技术

为加快施工进度，保证工程质量，确保施工安全，降低工程成本，各安装企业的科技创新活动以关键技术为重点，不断在专业领域形成独特的技术优势，以创新实用技术为优质高效完成工程项目提供保证。中国机械工业建设总公司是从事国内外工程承包、项目管理、设备成套、技术咨询和国际贸易的国家工程施工总承包一级企业，全系统共有23项工程、工艺分别荣获"建筑工程鲁班奖"、"中国安装之星"、"中国安装协会第八届科技成果奖"、"全国优秀焊接工程奖"、"2006年度全国用户满意安装工程"、"2006年全国工程建设优秀质量管理小组奖"等荣誉称号。该公司承接的东方电气(广州)重型机器有限公司联合厂房建设项目是我国目前最大的重型钢结构厂房，主要用于生产核电承压容器，是国家重点工程，工程建筑面积约42512$m^2$，全厂钢结构用量25000t，其中主厂房用钢量约17000t，施工合同签约额为2.53亿元人民币。生产厂房结构形式为单层重型钢结构工业建筑，全长256m、宽134m，由钢柱系统、行车梁系统、屋盖系统和围护结构组成，钢柱距为18m，行车梁跨距分别为：辅助跨28m、轻型跨28m、中型跨34m和重型跨34m。构件外形尺寸大，单件重量重，其中吊

车梁最大外形尺寸(长×宽×高)为18m×1m×4m,重约41t。构件选用材料等级高,主体钢结构(钢柱、行车梁、屋面梁)板厚≤16mm 为 Q345B,16mm<板厚<28mm 为 Q345GJ,板厚≥28mm 为 Q345GJZ15,其中高层建筑结构钢(Q345GJ 和 Q345GJZ15)约11000t,厂房配置有目前国内机械行业最大700t桥式起重机。针对该工程吊装难点主要集中在410t 箱型吊车梁、水上人字形钢柱和厂房钢柱的吊装及调整定位,公司组织攻关,创新大型构件现场拼装技术、大型钢结构整体吊装技术和钢柱安装调整技术,在工程中应用,质量、安全、进度等都得到了充分保证,得到了业主及监理的认可,而安装费用比投标报价费用节约了253.8万元人民币。该公司承接的青岛丽星液体化工码头钢栈桥制作及运输工程为国家"十五"重点工程,全桥长860米,共分17榀,总重1300多吨。由于工程特点以及所受安装现场的限制,栈桥主梁、次梁的"H"型钢需在异地加工厂制作,经陆运30km至临海空闲码头,进行每榀桥的组装、焊接、防腐等作业后,再经水运30海里才能抵达安装现场。公司运用在多年施工中总结出的一套各种类型大型钢结构施工方案,特别是针对大型钢栈桥的制作、运输工程的施工工艺和技术,成功地完成了该码头钢栈桥制作及运输工程,并使该施工技术进一步提高。实践证明该技术能显著提高钢栈桥制作的质量与施工进度,操作性强、准确性高、安全可靠,值得在大型钢栈桥制作及运输工程中推广使用。

### (四)延伸安装企业服务领域,创新设备运行管理技术

机电设备要充分发挥它在工业与民用建筑工程中的功能效应,从技术上除了把住设计和施工环节外,确保设备的正常维护运行也是重要的一环。开辟设备运行管理市场,是安装企业延伸安装企业服务领域的途径之一,同样需要创新的设备运行管理技术作支撑。

电梯是涉及人民生命和财产安全的特种设备,受国务院安全监察部门严格管理。大型综合性安装企业北京市设备安装工程公司基于以人为本的电梯运行服务理念,利用多年安装各种品牌和型号电梯的技术优势,研发了电梯远程监测技术。该技术是随着计算机控制技术和网络通讯技术的发展而产生的一种对运行电梯进行中央集中遥控监测的新技术,是当前电梯运行管理领域的前沿技术。它能24小时全天不间断地对网络中的电梯进行

监视,实时地分析并记录电梯的运行状况,根据故障记录自动统计电梯故障率,通过它可对电梯状况和维修单位的工作质量实行有效地监督,并为年审考核提供可靠依据。利用该系统不但可以在监测中心内接收到现场随时发回的电梯故障报警信息,还可通过计算机的监测界面很直观地观察到每台电梯的运行情况,预测电梯故障隐患,给电梯安全运行提供了保障。经北京十个小区三年多的实践证明,该技术改变了以往电梯管理的旧模式,能确保电梯的正常使用和维修保养,运行安全,减少故障率,杜绝恶性事故,并可以延长电梯使用年限。

**(五)重视科技投入与成果总结,拓宽经营领域**

大批地方综合性安装企业为了拓宽经营领域,都极为重视科技人才,重视科技投入,在施工过程中,注重科学技术对工程进度、工程质量、工程安全的保证作用;在工程完工后,注重技术总结与科技成果的评比;建立科技发展基金,推动科技成果的积淀,为进入各行业的安装工程奠定技术基础。

湖南省工业设备公司是地方大型综合性安装企业,近三年来科技投入逐年增加,共计达937.49万元。完成科研项目立项验收11项,新技术推广应用38项。2006年公司完成总产值达23亿元,实现了历史性飞跃。在冶金行业的煤气净化工程、电力行业的脱硫工程、化工行业的双氧水工程、造纸行业的制浆及苛化工程、以及在中小电站、压力管道、大型民用建筑安装工程等领域形成了一大批成熟的先进的工法、工艺,为公司顺利进军国内、国际市场起到了有力的保证作用。例如在吸收并改进非标设备制作、安装工艺的基础上,根据吸收塔专项工艺要求,从下料、组装、焊接、吊装、控制变形等环节上攻克难关,确保了塔体的直线度、椭圆度和水平度的高质量要求,为进军大型电厂的环保工程领域取得了准入证,目前已承接的电厂脱硫、脱硝工程近30项;完善萃取塔现场制作安装工艺,将刨边机、卷板机、氩弧焊机、埋弧自动焊机、组装转胎从车间搬迁到现场,确保了容器的制作工艺要求,52层、$\phi 4.5m$直径的塔盘水平度小于2mm,确保了萃取工艺的质量要求,首次工程优良表现,为获取3套双氧水工程并创造全国最短工期,奠定了坚实的基础;成熟先进的煤气净化施工工艺在保证工程质量,加快施工进度,扩大公司影响力等方面取得了良好的效果，取得了较好的经济效益与社会效益；攻克C276钢板焊接工艺，圆满完成石门电厂脱硫工程，三年来承接了25项大中型电厂烟气脱硫、脱硝工程；钻研精焦化施工技术，挤入冶金行业，四年来每年在冶金行业承揽业务3亿元左右；学习国外经验，购置先进设备，总结、优化卫生纸机与配套工程安装工艺，进入了国外市场，去年承接澳大利亚ABC公司卫生纸生产线，取得了良好的经济与社会效益。

### （六）以信息化建设为基础，推进核心技术创新

安装行业摆脱传统产业经营粗放、技术落后的状况，以信息技术等高新技术改造升级，实现跨越式发展，提高竞争能力，是不断缩小与国际先进水平差距的重要任务。近年来，安装企业完善信息管理系统，继续扩大计算机在项目管理、企业管理等各领域应用的深度和广度，开发应用涉及物资、进度、技术、质量、成本、安全等管理的适用软件。一些骨干企业在安装工程项目逐步实现全过程的信息化管理，建立网络平台和应用体系（项目管理系统和经营管理信息系统），实现规范作业流程，从而降低管理成本，有效控制质量，提高资金管理和运作水平，实现信息流程的跟踪与监控，实现项目的动态控制，增强企业竞争能力。

核工业二三建设公司以现代核电工程的先进管理思想融合计算机、数据库、网络技术等高科技技术，自主开发了涵盖工程管理各个方面的工程计算机管理软件，在国内全部核电站核岛安装工程中进行充分应用，成为国内安装行业首家建立并成功运用大型计算机网络对现场施工、图纸设计、质量跟踪、文件传递、物资供应等全部工程建设环节进行科学管理的安装企业。公司通过与国外公司合作，在广东岭澳核电站核岛安装工程中自主承担并完成了2.5英寸以下辅助管道、次电缆槽路径、火警、通信、照明路径等现场设计工作。在秦山三期核电站建设中，以三维方式完成了现场详细设计工作。以新的物资管理方式和计算机信息技术为核心再造安装工作物资管理流程。该公司2006年承担了国防科工委"焊接质量数字化管理研究"等多项科研项目，共获得国家资助1000多万元，公司申报的多项国防计划基础科研项目中，5个课题已通过了国防科工委组织的专家评审。该公司正以信息化建设为基础，积极推行并逐步建立公司总部集中管理平台，形成完善的项目管理团队及有效运作方式，以不断完善和扩充工

程数据库为基础进行技术研发与支持平台建设，进一步推进以核电站核岛主回路系统(EM2)包施工管理与施工工艺技术为代表的核心技术创新，研发并定型以各种大型专用吊具为代表的核岛安装专用成套工装设备。

### （七）提炼内功、敢于投入、勇于创新

安装行业中的乡镇企业面对激烈的市场竞争，为占有一席之地，多年来依靠顽强拼搏、敢于投入、勇于创新、提炼内功、科技兴业、艰苦创业，不断地发展、壮大。

江苏华能建设工程集团有限公司原先是只能生产和安装小型茶炉、开水炉的乡镇企业，现已是具备了相当规模的综合性机电安装工程总承包一级资质和国家一级锅炉安装改造资质及超大型起重机械设备安装的大型建筑安装企业。锅炉属于高温高压危险设备，受国家各级安全监察部门监督检查。公司先后编制几十种从锅炉大架安装到过热器、省煤器、分离器安装以及筑炉施工的锅炉安装施工工艺和作业指导书，经总结提炼已形成了公司技术标准，并实现了独立安装 125MW 及以下热电成套设备安装。为了适应从 35～600t/h 循环流化床锅炉安装，投入了大量的财力、物力、人力，建立起市内最先进的物理、化学、力学及无损检验的实验检测中心和焊接培训中心。针对循环流化床锅炉的关键技术和难点，制定严格的工艺程序，工艺评定，作业指导书及启动调试大纲，解决了如水冷壁、过热器、省煤气、空气预热器等及耐热合金钢管道焊接等技术难点，20 多年来射线探伤检验，一次合格率都在 98.6％及以上。筑炉，流化床布风板、风帽及一、二级分离器等安装工艺方案的实施，使每台炉都能够实现一次试压成功、一次点火成功、一次投产成功。

### （八）注重技术总结与积累，积极制定国家标准和企业标准

安装企业为了加大技术创新力度和技术积累，提升整体技术管理水平和工程科技含量，根据承建工程的特点、科研发展规划和市场需求，以工程为对象，工艺为核心，运用系统工程原理，把先进技术和科学管理结合起来，对经过一定的工程实践，证明有较好的经济效益和社会效益的做法，形成了综合配套的施工方法，编制为企业工法，制定企业施工工艺标准。对促进行业技术进步作用显著的重要技术和推广应用前景好的技术，

及时纳入国家和行业标准规范中,以先进的技术标准推动创新成果的应用。

中铁电气化一公司是我国最早成立的铁路电气化施工队伍,1958年独自完成了国内第一条电气化铁路——宝成线宝凤段的建设,在铁路跨越式发展中,又承建了青藏线、京沪线等电气化工程。其中,石太线阳(泉)太(原)段、丰(台)大(同)段电气化工程获国家优质工程银质奖,大秦一期电气化工程获国家优质工程金质奖,广深线、大秦二期电气化工程、京九线麻蕲段通信工程、哈大线电气化工程和北京地铁八通线工程获得鲁班奖。该公司每年投入数百万元专项科研资金,积极开展科技攻关和技术创新活动。在大秦铁路施工中,采用了光数字通信、微机连锁、多信息无绝缘轨道电路、四显示自动闭塞及带超速防护功能的机车信号等一系列具有国际标准的通信信号设备,使我国电气化铁路的技术装备达到或接近了世界先进水平。在城市轨道交通电气化施工技术领域,总结了一套系统的高架式轨道交通电气化工程施工工艺,该公司注重技术总结与积累,共编制各种专业施工工艺87项、工法35项,组织编写出版了《京沪高速铁路电力牵引供电施工及验收暂行规定》、《铁路电气化接触网施工手册》、《牵引变电所施工手册》、《电气化铁路施工组织与管理》、《铁路施工企业班组管理知识问答》、《城市轨道供电、通信、信号系统施工工艺手册》等书籍,以及14种工程建设规程、规范、33套标准设计图,填补了国内行业技术领域多项空白。公司围绕高速铁路和城市轨道交通施工关键技术,完成了"多功能激光接触网检测仪"和"智能接触网参数测量仪"等科研课题,开发了"250~300km/h弹性吊弦计算软件";在北京城铁掌握了750V直流牵引网电阻测试新技术;在香港西部铁路,完成了"接触网架设临时防脱吊弦的研究"等科研课题的试验。研制开发的接触网"四个一次到位"施工工艺,代表了当今国内接触网施工的先进水平。

中国机械工业建设总公司2006年共编制《企业级施工工法》30部,完成国家标准《机械设备安装工程施工及验收通用规范》等四本规范的修编,浙江省开元安装集团有限公司2004年完成了包括电气、管道、通风、设备、仪表、焊接、钢结构、起重吊装、筑炉、锅炉、无损检测等11个专业类别共228篇、计200万字的企业工艺标准。

### （九）多措并举，加快培养复合型技术人才

科学技术是第一生产力，加快培养复合型技术人才和技术骨干工人，形成由专业技术带头人、技术骨干和一般技术人员组成的专业人才梯队，是企业可持续发展的强大"引擎"。开拓国内外市场需要懂技术、会管理、善经营的复合型人才和技艺过硬的技工队伍，为此，各企业采取了多种措施：举办各类培训班，请相关方面的专家来公司对技术人员进行培训与指导；送工程技术人员到高等学府深造、进行短期培训，或到国外参观学习；建立培养人才的长效机制，实施人力资源开发的多项《管理办法》，建立起了技术业务骨干的录用、培养、选拔、评价、激励体系；提出了创建"学习型"企业的目标，营造浓厚的学习氛围，鼓励员工自学成才，做学习型、知识型员工；注重大学毕业生的现场培养，建立导师带徒制度；安排技术骨干到关键岗位和提高待遇等办法，充分调动他们的积极性与创造性。企业多措并举，塑造出一大批技术精湛、管理过硬、一专多能的复合型人才队伍，为企业再发展积蓄了实力，树立了企业品牌，提高企业市场的竞争力。

广东省工业设备安装公司是省级大型国有建筑安装施工企业，已有15项工程获得国家鲁班奖、3项工程获"詹天佑"大奖、2项工程获国家优质工程、1项工程获中国十大建设科技成就奖、36项工程获省优良样板工程。该公司现有管理人员960人，包括技术人员456人，经济管理人员132人，其中教授级高级工程师3名；高级工程师56名；工程师228名；建造师195名（其中一级建造师103名、二级建造师92名）；造价工程师20名；安全工程师15名；质量工程师18名。秉着以"人力资源是企业第一资源"的战略思想，该公司建立了"以人为本"的人力资源开发和管理体系，不断完善创新人才培养、晋升、评价和激励机制，构筑技术成才载体，相继出台了一套科技人才管理制度。对优秀的科技人才队伍的建设，运用先进的管理理念与方法，设计科技人才成长的阶梯，鼓励科技人员潜心钻研，学习深造和自主创新，**激励**具有技术专长的员工向技术骨干、技术专家方向发展，构成企业的人才系列框架，达到了吸引人才、留住人才、用好人才、发展人才的目的。公司每年给各种专业技术委员会活动经费，由专业带头人结合工程情况和生产经营情况，组织施工现场观摩、方

案讨论、技术研讨等多种形式的内部交流。公司逐步建立职工凭技能与职业资格得到使用和提升,凭业绩贡献确定收入分配的使用待遇机制,形成尊重知识、尊重技术工人、努力钻研技术的良好氛围。针对建筑安装业施工点多、人员分散的特点,公司建立了ELN网络在线学习系统—网络学院,便于员工自由支配学习时间,无论上班、下班、出差、节假日、在家、在工地,只要能够上网,就能够开展学习。多种多样的培训形式和分层次按需培训,使技术人才成为"精一门、会二门、学三门",向复合型方向发展,企业成为学习型组织。

## 四、问题与对策

安装行业是受国家固定资产投资影响较大的行业,在建筑业中也是属于知识密集、技术含量高、专业门类多的行业。在目前国民经济高涨,投资率屡创新高的背景下,本应该呈现出比较繁荣的景象,但从中国安装协会在北京、江苏、浙江、上海地区召开的企业改革与发展研讨会和深入企业调查、收集各省、市安装行业协会统计的资料和发放调查问卷反馈情况来看,2006年大多数安装企业的各项经济技术指标、财务状况并不是与国民经济的发展速度成正比,行业整体收入水平低,多数企业的经济效益上不去,利润微薄,人均资本水平低,劳动生产率低下,技术创新投入不足,企业负担沉重,改制也都还任重道远。在建筑市场上,安装行业的弱势地位非常明显。

### (一)建筑市场秩序尚不规范,安装企业负担沉重

建筑安装行业长期以来产值利润率维持在2‰~3‰。而负债率高达60%左右,属于微利行业。市场竞争不规范,导致了压级压价不合理的程度大大超出了安装企业的承受能力,有的工程项目压级压价达定额预算造价的20%~30%。企业为了维持生存不得不以极低的价格承接工程,有的甚至低于成本价。投资行为无约束,投资体制改革的缺陷,使得一批无资金或缺资金的项目一路放行,把风险转嫁到了施工单位,给企业带来资金不足的困难。企业为了接工程,只好垫资施工,有的垫资额度远远高于有关法律允许的范围。企业贷款需还高额利息,工程款又长期拖欠,农民工拿不到工资不是追究拖欠工程款的单位,而是追究施工企业的责任,致使

企业债务负担沉重。

安装企业税赋负担也相当沉重,税率较高,并且存在重复征税的现象,致使企业资本积累缓慢,发展后劲不足。如通过对江、浙、沪三地安装企业的税费缴纳统计情况来看,安装企业缴纳的税、费多达三十多种,预征和重复征税的做法相当普遍。如营业税、印花税、所得税、房产税、城维税、物调税、教育费附加税,工程定额测定费、安监费、工程交易管理费、防洪基金、物价调节基金等等。还有各类保证金,如企业注册保证金、履约保证金、工程质量保证金、安全生产保证金、工期保证金、优质工程保证金、投标保证金等等,企业不堪重负,严重影响和制约着安装行业的良性发展。

## (二) 技术创新投入不足,影响着安装行业核心竞争力的提升

安装行业的微利和高负债率是导致整个行业科技投入严重不足的基础原因。市场的恶性竞争和拖欠工程款行为不仅严重威胁着安装企业的生存和财富积累,同时也影响着企业技术水平的提升。国家对安装企业的科技投入有限,政策方面又缺乏对企业有效的技术创新激励机制。建设技术开发和推广应用机制尚不完善,企业与科研机构、相关院校之间尚未形成良好的技术创新合作机制,企业技术研发资金和技术人员严重不足,普遍缺少专利技术和专有技术,因此安装企业很少有前沿的科技理论。

还有很多影响安装行业科技发展的因素,如企业制度对创新主体的内动力调动不够,过多的干预、繁杂的规则、过低的行政效率限制了企业员工科技创新的积极性;行业情报信息缺乏,缺少合适的信息共享平台和中间机构;安装工程的不合理工期定额,政府主办或政府主管的大型项目前期调研、规划时间太长,最后留给施工企业的工期又太短,卡得很死,使得安装企业没有时间对其进行针对性的新技术开发;企业缺乏专利意识,在安装企业做的一些国外引进工程中,自己的一些创新成果,经常被外国人收集去成了他们的东西等等,所有这些问题都是制约安装企业技术进步的因素,使安装行业的技术发展水平与发达国家建筑技术的差距逐步加大,严重影响了我国建筑安装行业的发展。

## (三) 努力实现建筑市场秩序根本好转

政府应针对当前工程建设领域和建筑业发展面临的突出问题,加快制

定和出台一些新的法律和政策规定，对相关市场主体的运作和操作提供依据和指导。应加强市场准入制度，加大政府对市场的监管力度，改善行业监管机制，包括对有形市场、招投标活动、信用和契约关系等的严格规范。强化基本定额的完善实施，杜绝片面压价和暗箱操作，真正实行公平竞争，保证建筑安装企业的权益，促使市场规范和健康运行。

应加强工程欠款清理工作，从拖欠的源头上进行控制，并加大监管和执法力度，保证工程款的支付严格按照《合同法》和业主与施工企业事先约定的规则执行，各级政府更应率先垂范，杜绝工程款拖欠源头。

国家应对建筑安装企业给予与其他弱势行业同等的税收优惠政策，尤其是专业施工安装企业进口国内不能制造的设备给予免征关税和进口增值税的优惠政策。应对安装企业的工程施工设备、安装设备制造和购置给予投资补助，并允许安装企业对安装装备实行加速折旧及企业购置、更新安装设备，所完税收实行所得税抵扣等，以加快安装行业设备、装备制造的更新步伐，改善施工手段，提高施工技术水平。

行业内也应加快诚信制度建设，明确企业的社会诚信标准、企业的诚信记录，并向行业和社会发布。应加强行业协会的作用，完善行业自律机制，强化行业自律管理，为会员提供服务，反映会员诉求，规范会员行为，发挥行业协会在建设市场中的作用。企业要练内功，提高素质，在提高企业核心竞争力上多下功夫。

**（四）努力开创安装行业科技创新新局面**

政府应为企业技术创新创造良好的政策制度环境，制定建筑产业发展的科技规划、促进企业自主创新和技术进步方面的政策，建立和完善建筑技术开发、推广应用机制，加大科技创新和引进先进技术的资金投入。逐步完善促进安装行业自主创新和技术进步的内外部激励机制，支持企业加强创新建设和人才建设。加大对安装行业技术创新的知识产权保护，增强安装行业和相关技术人员的创新积极性。各级科技部门应给予安装企业自主创新更多的资金投入，扶植、调动和保护骨干安装企业的技术研发，使企业积极采用高新技术和先进实用技术。也可以科技示范工程为平台引导企业科技创新。对技术含量较高的大型或特种工程，定额规定的费率应允许增加科技开发费用的比率。在工程量清单招标中，应有投标企业作技术能力描述一栏；同时在财务制度中，应允许企业增加科技开发费用的提取。另外对于重点工程项目政府部门应抓紧前期的调研和规划，不对其制定不合理的工期。应进一步强化企业在技术创新中的主体地位，使企业真正成为研究开发投入的主体。可以尝试发达国家的经验，以市场为导向和纽带，组建起产学研相结合的创新体系，设立行业独有的研究机构与企业的需求直接挂钩，为安装行业的技术发展创造理论，加快建筑安装行业技术进步。

企业方面，中央已在《关于实施国家中长期科技规划纲要增强自主创新能力的决定》中确立了企业在技术创新中的主体地位，提出了要切实增强企业的自主创新能力，这为安装企业的发展确立了新的战略基点和战略导向。企业应认清有利形势紧紧把握重大发展机遇，围绕《国家科技规划纲要》和建设科技"十一五"规划，对建设科技发展提出的优先主题开展科技创新。除在重大科学技术项目上组织攻关突破外，可考虑其他各种因素上的科技投入。可在常规技术上逐项达到提高功效、降低能耗和工时，这方面成果积累量的增加，也会形成企业核心竞争力。中小企业可以在一、二项技术上进行突破，形成自己的专利。

"十一五"期间是我国全面建设小康社会，承前启后的关键时期。在国家宏观调控初见成效的背景下，固定资产投资总量将持续增长，新一轮经济建设方兴未艾，这给我们建筑安装行业带来了重要的发展机遇。安装行业要进一步深化产权制度和企业创新机制，加快产业结构优化，培育和发展具有行业特色的核心竞争力，保持和提高专业核心竞争力；要大力开展企业品牌建设，提高企业的竞争力和知名度；要站在国家和自身发展的高度思考技术创新战略，增强主体意识，把提升企业技术创新能力放到更加突出的位置；要确定新的目标，再造企业竞争优势，实现安装行业经济增长方式的转变，使我国安装行业更加繁荣。

（中国安装协会，编委会主任：吴之乃　编委会副主任：蔡耀恺　赵爱兰
执笔人：张文显　吴小莎　顾心建）

# 中国建筑钢结构行业改革发展报告

## 一、建筑钢结构行业发展现状

我国钢材产量、品种规格快速增长，质量不断提高，为钢结构行业奠定了良好的发展基础。1996 年我国钢产量突破 1 亿 t，成为世界第一产钢大国。2006 年钢产量达 4.7 亿 t，十年增长了 4 倍，发展速度举世罕见。热轧 H 型钢从零开始，其产量到 2002 年底达到 100 多万 t，到 2006 年底达到 530 万吨左右。其他品种规格如中厚板、型钢、钢管、冷弯型钢、高频焊薄壁 H 型钢及涂镀层钢板等，都有明显增长，产品质量有较大提高。耐火钢、超薄热轧 H 型钢等一批新型钢材，相继研制成功并开始在工程中应用。

钢材品种比例，中厚板（包括特厚板）约占 50％以上，热轧 H 型钢占 15％左右，彩涂板（包括镀锌板）占 12％，管材占 3.5％左右，其他型钢及冷弯型钢约占 19％（图 4-4-1）；钢结构发展对钢材的需求按 5％～8％速度增加，这与国内经济发展速度相适应。预计到 2010 年达到 1800 万 t（占钢筋混凝土结构用钢量 10％）左右，2020 年达到 2700t（占钢筋混凝土结构用钢量 15％ ）左右。

在中国，钢结构制造业是一个新兴产业。自上世纪 80 年代末开始，钢结构在建设领域得到广泛应用（图 4-4-2）。90 年代后，大量的超高层建筑、工业厂房、市政高架、体育场馆，以及众多的公共设施建筑，都采用了钢结构。据不完全统计，全国钢结构产量，从 90 年代年钢结构加工 100 多万 t，到 2006 年钢结构加工达到 1200 万 t 左右，翻了 12 倍；钢结构房屋，从 90 年代年平均 300 多万 $m^2$，发展到目前的年均 2600 多万 $m^2$，增长了 8 倍多；钢结构制作安装企业，从 400 余家，发展到目前具有市场准入条件的上千家，其他与钢结构行业配套的相关企业及未登记在册的小企业估计有上万家；其中年产量在 2 万 t 以上有约 50 家，部分企业的年产量甚至达到 10 万 t 以上，并在国内外承担了一大批结构复杂、规模宏大、难度很高的钢结构工程的制作和安装，表明我国钢结构行业已经具备较强的生产实力

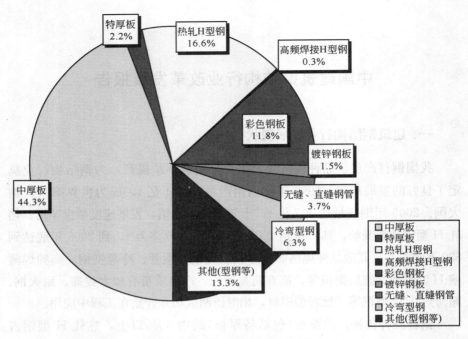

图 4-4-1 我国钢材品种比例图示

和较高的技术水平。

我国钢结构企业从几十家钢结构加工企业发展壮大到上千家,钢结构加工企业按企业所有制不同分为国营、中外合资、民营三种;从加工能力上,2006 年约为 1500 万 t,上海、浙江、江苏地区钢结构加工量约为 500 万 t 以上,约占全国钢结构加工量 1/3 以上;工业建筑(厂房)钢结构用量约为 300 万 t,民用建筑(房屋)约为 200 万 t。

我国近十几年来在空间结构的研究与应用方面,也取得了长足的发展。跨度超过 100m 的空间结构大量出现,网壳、网架、钢桁架、索膜张拉结构与张弦梁结构,成为这一时期大跨度空间结构的主流。在结构材料方面,向轻质高强发展。在应用领域方面,主要是体育场馆、大跨度机库、会展中心等。例如,1994 年建成的天津体育馆净跨直径为 108m,采用球面网壳;1997 年建成的长春体育馆,平面形状为桃核形网壳,外围尺寸达 146m×191.7m;1998 年竣工的上海 8 万人体育场,其钢结构悬臂桁架跨度最大达 73.5m,伞状膜结构的挑篷覆盖面积达 289000$m^2$;2000 年竣工的浙江黄龙体育中心,采用斜拉网壳,挑篷外挑 50m,总覆盖面积达

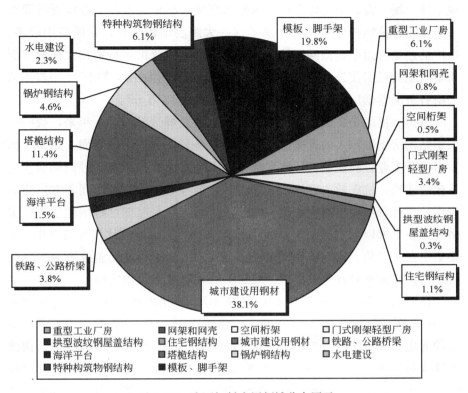

图 4-4-2 我国钢材应用领域分布图示

22000m²。大型飞机维修库,如首都机场 22500m² 四机位机库,厦门机场 155m 太古双机位库等。

新建的航站楼屋盖,采用较多的是相贯连接的平面曲线钢桁架,如深圳机场二期跨度 60m+80m 钢桁架,整个屋盖平面尺寸达 26325m²;广州新白云国际机场主航站楼,采用立体管桁架结构,平面尺寸是 325m×235m;首都机场新航站楼也采用类似结构。在大型展览馆建筑方面,空间钢结构应用较多。

从 1998 年上海浦东机场航站楼成功建成跨度达 80m 的新型张弦梁结构以来,大跨空间结构以其结构明快简洁为建筑师乐于采用,2002 年建成的广州会展中心和 2003 年建成的哈尔滨会展中心,采用的张弦梁结构的跨度分别达 126m 与 128m。

新型索与膜的张拉结构,已开始在我国起步,近年来陆续建成了青岛颐中体育场、安徽芜湖体育场、郑州体育场与秦皇岛奥体中心体育场等十来个索膜张拉结构建筑工程。除了这些大跨度结构以外，我国应用最多、最广的还是普通平板型网架结构，在中小跨度体育馆，特别在大柱网大面积单层工业厂房及公共建筑中，大量采用平板网架结构。如1995年竣工的云南省玉溪卷烟厂单层厂房网架屋盖，面积达13万 $m^2$。

值得一提的是我国轻型钢结构房屋迅速发展情况。近十年来，我国轻型钢结构房屋以惊人的速度迅猛发展，在各种工业厂房、仓库、超市、批发市场等工业、商业建筑，体育场馆屋面及墙面围护系统，轻钢低层住宅及旅游建筑，抗震救灾野外施工等临时建筑等等领域中均得到非常广泛的应用。估计每年竣工面积，达1000万 $m^2$ 以上，轻型钢结构房屋生产厂家估计也在千家以上，从业人员估计在30万人以上。规模比较大的企业，主要集中在长三角、珠三角和渤海经济开发地区，中小规模企业则遍布全国各地。比较大的企业年销售额一般在1亿~12亿人民币之间。

在建的上海环球金融中心（高 496m）、广州电视观光塔（高 450m＋160m）、珠江新城西塔（高 433m）、天津津塔（高 337m）等超高建筑也在不断的涌现。与此同时，高层钢结构设计规程、门式刚架轻型房屋钢结构技术规程和其他与钢结构相关的各种设计施工规程、规范、标准、设计软件、图集和指南相继出台，并不断修改完善。总之，整个行业呈现蒸蒸日上、蓬勃发展的大好形势。

## 二、钢结构行业存在的问题

1. 近年来原材料频频涨价，严重冲击影响行业的整体效益，导致企业利润滑坡，严重影响了未来的健康发展。上世纪90年代初期，钢结构件每吨价格平均在5000~6000元左右，当时钢材的价格在2000~3000元之间。近两年，钢材价格猛增到4000元以上，甚至升至4500~7000元之间，但每吨钢结构件的价格仅能维持在6000~7000元之间，加上副材的提价，使得不少企业出现亏损，极大地影响企业的技术改造和后续发展。

2. 据统计，我国钢结构加工企业的年产能力已达到1500万 t 以上，产值约1200亿元以上，但钢结构产能远大于实际产量，很多新企业的任务不足，生产能力不能发挥，造成较大的供需差距，导致了市场恶性竞争，相互压价等混乱局面，这也是当前钢结构行业面临的困境之一。

一是受宏观调控，固定资产投资增幅继续回落，二是钢材价格居高不下，钢材价格总体上处于高位运行、小幅上扬的态势，三是钢结构市场竞争日趋激烈。

去年以来，我国钢结构加工企业逐渐打破旧格局，企业跨区域、大规模扩张之风愈演愈烈。与此同时，ABC、博思格巴特勒制造集团等大型外资钢结构企业抢滩登陆，宝钢、马钢、莱钢、首钢、济钢等上游企业相继开拓这一领域，下游地产开发商也有相当一批开始跨入钢结构行业的大门。

由于新建钢结构加工厂较多，产生供大于求状况，特别是中小型企业任务不足，几万平方米厂房建成后却缺乏专业管理人员和技术工人而不能投入生产。中标价太低，钢材涨价造成企业亏损，管理松懈，产品质量达不到验收标准，严重影响企业信誉。

个别企业偷工减料，造成质量下降、经济损失。个别企业在新建基地时，缺乏可行性研究，存在着盲目性，给企业带来沉重的经济压力。个别企业生产管理不严，构件安装时发现质量问题，因而造成经济和信誉损失，甚至发生重大安全事故。讲诚信、讲质量的企业，常常会失去市场份额，而靠恶性竞争接揽工程的企业，则粗制滥造，造成质量隐患。由于对建设单位缺乏有效的监管，工程款长期拖欠的问题没有得到解决也加剧市场的混乱。

3. 钢结构住宅推广力度不够，发展不快，技术标准滞后，设计和施工离标准化、工业化、装配化的要求还有很大距离。

4. 从业人员的素质有待提高，由于建筑钢结构行业比较年轻，而企业发展又较快，专业技术人员相对缺乏，关键工种技术工人很多没有经过正规培训，具有岗位合格证的仅占25％左右。本行业中，素质较高的项目经理、工艺师、技术专家、焊接技师、冷作技师等，都很缺乏。特别是一些新开办的中小企业，这方面的问题更为突出。

5. 我国的大跨度空间结构与国外先进水平相比，有些方面的差距尚不太大，与国外技术创新能力相比，我国在大跨度空间结构方面创新意识不强、缺乏新意。

6. 在高层钢结构方面，目前国际上出现的新技术是防屈曲支撑和各种减震阻尼器的应用，可以极大改善结构的抗震性能，做到大震不倒。这种新技术对世界和对我国的工程建设有着深远影响。目前日本已建 250 幢，美国建成 20 多幢，加拿大、印度等国也已开始采用。北京"银泰大厦"（高 200 多米）和"威盛大厦"（高 11 层）在这方面迈出了第一步，但所用支撑都是从日本和台湾买来的，价格昂贵。这种支撑和阻尼器，技术并不复杂，但要采用低屈服点钢材。我国钢材量已居世界首位，但品种方面还不能满足需求。

7. 进入 21 世纪，使用了十余年的建筑结构设计规范、规程修订后相继颁布实施，还有一些建筑结构设计规范、规程正在修订、编制中。新修订的规范、规程，吸收了我国的工程经验和研究成果，也吸收了国外有关设计标准的内容，基本能够适应我国绝大部分高层建筑设计、施工的需要。新修订的规范、规程一定程度上提高了结构的安全度。规范、规程的修订中也反映出我国在制定建筑结构设计标准方面，尚存在一些问题或不足，例如，修订的周期过长，研究工作不够。

8. 我国抗震规范与国外不接轨，地震作用是以混凝土结构为基础的，加大了钢结构的用钢量。希望编制组在修订规范的时候给予考虑，为钢结构的应用创造条件。

9. 行业协会在专业技术、行业管理等方面的作用还未能充分发挥。许多适合行业协会开展的工作，如行业技术标准和定额的制定、市场合理价格的测算、诚信企业的考评、行业统计、行规行约的制定和实施，有关政策法规的参与起草等，目前协会所起的作用非常有限。这在一定程度上影响到行业的发展和市场的规范运作。

### 三、促进科技进步，重点研究方向

今后 10 年我国的建筑业将以高于 GDP9％的速度发展。中国的建筑仍是以钢筋混凝土结构为主，目前每年建筑用钢筋约 1 亿多吨，建筑钢结构用钢材约占全部建筑钢材的 8％左右，占全部钢材的 3％～4％左右。钢结构迅速发展的趋势表明，采用钢材数量和品种将会迅速增加。

上世纪 90 年代以来，循环经济与知识经济一起，被认为是国际上两个重要的发展趋势。

传统经济活动的开放型转向循环经济活动的闭环型，因此钢结构作为一种循环经济闭环型的节约型建筑结构，已被各级政府和广大业主所公认，循环经济也是造福子孙后代的大事。

循环经济的特征如图 4-4-3 所示。

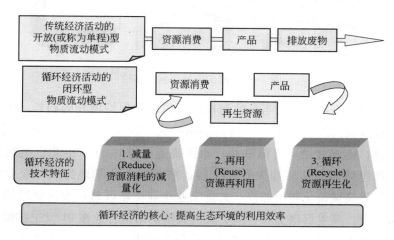

图 4-4-3　循环经济特征示意图

四个循环层次（图 4-4-4）为：

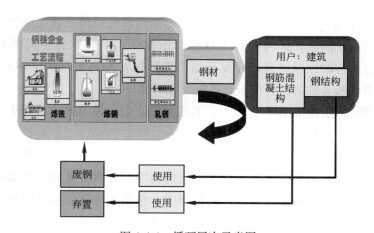

图 4-4-4　循环层次示意图

1. 工序循环；
2. 工序间循环；
3. 产品循环：钢铁企业与用户之间的物质和能量循环；
4. 社会循环：钢铁企业与社会之间的物质和能量循环。

三个减量途径如图 4-4-5 所示。

图 4-4-5　减少钢材用量的途径

我国建筑钢结构在相当长的时期内，需求将保持增长的趋势。中国的基本建设投资力度日益增加、内需不断扩大。国家重大工程：西气东送；西电东输；南水北调；青藏铁路；京沪高速铁路；2008年北京奥运会场馆；上海世博园区；西部大开发工程、东北老工业基地振兴；农业现代化，农村提高城镇化建设加快；大批工业企业更新改造；农村钢结构市场更有待开发，其发展潜力和空间更大。我国钢结构行业在21世纪获得了良好的发展机遇。进一步扩大钢结构在建设工程中的比重，全面推进建筑钢结构行业走健康、协调、可持续发展之路是我们的主要目标。应从我国钢结构行业的现状制定以下重点研究方向。

1. 低层冷弯薄壁型钢龙骨结构体系。重点研究该体系住宅标准化、系列化、产业化问题；如何降低工程综合造价；提出和完善相关的设计理论；节点构件的性能研究；开发新型节能环保轻质高效围护墙体和屋面；隔声和降低噪音的研究、楼板防震颤问题研究。

2. 膜结构用材的国产化研发，实现主要几个品种的国内自行生产，以降低成本，扩大应用面。

3. 新型结构体系方面，重点研究新型构件和新型节点的研制、开发及应用，可以满足人们对建筑造型多样化的要求，如腹板开洞拱形结构，梭形钢管格构柱等；新型张拉整体结构研究，包括索穹顶、弦支穹顶、双向张弦梁、悬吊结构、斜拉结构等以索为主动控制与主要受力的结构体系的研究、开发及应用。建筑师与结构工程师紧密合作，注重技术创新，使结构体系更加丰富多彩。膜结构理论体系的研究，包括找形分析、非线性分析与裁剪分析的研究，完成实用的膜结构分析设计软件。联合结构工程、机械工程与控制工程等技术领域，开展开合式结构体系的研究，解决结构运动中的变形与振动控制问题。

4. 大跨度结构的制作与施工安装技术的研究方面。重点研究格构式结构体系的连接形式应更加丰富，除了传统的螺栓球节点、焊接球节点与钢管相贯线节点外，需要研发新的连接节点形式。研发格构式结构体系的新的制作加工工艺与 CAM 技术，提高自动化水平，保证加工精度。大型格构式结构的计算机模拟预拼装技术。大跨度预应力结构的施工张拉技术及计算机模拟跟踪计算以及大跨度钢屋盖整体提升技术等。

5. 目前要加快钢结构住宅建筑研究开发、工程试点工作，使钢结构住宅建筑更加完善配套，提高住宅建设的工业化、产业化水平，提高轻型钢结构房屋工厂 CAD/CAM 工业化水平。加快轻型钢结构低层住宅的工业化生产及推广应用，尤其是面向地震区和广大农村地区的推广应用。努力接近或赶上世界上发达国家的水平。钢结构委员会将为此作出更大的努力，争取在"十一五"期间有大的突破。

### 四、加强钢结构行业管理，发挥协会的重要作用

1. 要努力提高管理水平，将发达国家的好经验认真学到手，结合我国实际制定我们自己的管理制度，推动钢结构行业发展。

2. 提高从业人员综合素质。到 2010 年，建成建筑钢结构人才培训基地，培训范围包括本行业关键技术岗位、管理岗位和操作岗位的职工，使其达到行业职业能力标准和技术鉴定标准。同时，开展本行业各类人员的继续教育，加强从业人员的技术培训，对于钢结构企业的施工员、质量员、材料员、预算员、机管员、安全员、工艺师，以及操作岗位的焊工、冷作工、涂装工、安装工等，都要按行业标准进行培训和考核，逐步做到持证上岗。使他们的知识不断得到充实和更新。从业人员的技术水平和管理水平直接影响工程质量和行业进步，进行必要的培训势在必行。可采用面向行业进行培训的方式，也可以直接把课堂设在工厂，做到送知识到车间。

3. 加强建筑钢结构专家队伍，产、学、研结合进行钢结构科研和技术开发工作。组织专家对已有的设计软件和技术标准进行梳理。在此基础上，制定修编计划，在"十一五"期间建立和完善钢结构技术标准体系和设计软件体系。建设一套功能齐全、实用性强、技术先进的设计软件，提高行业劳动生产率，重点开发辅助设计和辅助制造软件，用于大幅度提高设计分析的准确性、提高钢结构设计图纸的出图效率。

4. 大力开发和发展新技术，推荐一批性能好、经济实用的涂装材料、围护板材，使本行业在全国处于技术领先的地位。

5. 为了进一步推动钢结构行业的发展，提高工程的质量，建议设立"建筑钢结构工艺大师"称号，表彰一些为行业作出杰出贡献的、在制作安装方面代表国内外先进和领先水平的技术人员。

6. 建立行业诚信体系、自律机制和企业诚信档案，形成一批在全国乃至国际上具有竞争力的集设计、制作、安装一体化的大集团企业，并产生一批著名的企业名牌。

7. 在加工设备方面，可研制、推广机械手焊结设备，确保特殊工程的焊接质量。通过新材料、新设备的国产化，降低成本，促进企业技术更新。

8. 把推广钢结构住宅作为住宅建设产业化的途径之一。目前我国的经济按照8%以上的速度增长，预计到2020年我国的人均GDP将达3500美元，社会将由小康型向富裕型转型。这对于我们来说又是一次难得的机遇与挑战。应该说在相当长的一段时期内，钢结构的需求将保持增长的趋势。预计到2010年城镇化水平将达到40%～45%。城镇人口将增至6.3亿以上，将导致大量住房需求，国家提倡建设节能省地住宅，钢结构住宅将是最好的产品之一，目前我国已建成的钢结构住宅还不到1000万平方米，若我国每年6亿多平方米的城镇住宅建设，其中6%采用钢结构，则每年就会消耗几百万吨钢材，将要有几千万平方米钢结构住宅市场。由行业牵头，拟成立钢结构住宅推广中心，联合建设单位、设计单位、施工单位和配套材料生产供应单位，开展项目试点，推广优秀成果，总结经验，充分发挥钢结构住宅的优势，逐步提高钢结构住宅在建设中的比重。

9. 提高钢结构公司的设计水平，鼓励企业加大研究开发投入。目前持有轻钢设计资质的企业有300余家，应严格要求检查设计人员是否到位，规章制度是否建立，对有关规程规范及软件的使用是否熟悉，以及规模较大的企业是否设立研究开发部门，提倡和鼓励企业自主创新。

10. 加强钢结构详图深化设计的管理。目前钢结构详图的深化设计，基本没有任何监管，而详图的质量将在很大程度上决定钢结构产品的质量和部分用钢量，关系钢结构的安全性和经济性。因此，钢结构委员会有必要下大力气，协助政府监管详图市场。通过钢结构详图资质的设置、审核、评选和发放，扶持技术质量高、社会信誉度高的企业，淘汰一些相关劣质企业和皮包公司，全面提升钢结构详图市场的技术质量，维护市场秩序，杜绝恶性竞争。同时也使协会在行业管理方面为政府排忧解难，发挥更大的作用。

**五、钢结构专业技术政策与钢结构行业展望**

节约钢材是我国钢结构行业发展的一项重要政策，钢厂要顺应钢结构市场的需求，积极扩展建筑钢结构用钢材的品种，提高产品性能。

研究和开发高性能建筑专用钢材系列产品，包括优质焊接结构钢、高强度优质厚板、热成型管材、优质可焊铸钢等。扩大冷弯型钢和热轧H型钢的品种和规格，包括大截面冷弯管材、大截面H型钢和轻型H型钢等。合理推广采用耐候钢、耐火钢、Z向钢和药芯焊条等。到2010年，基本实现建筑钢结构用钢国产化的目标。

钢结构行业要合理选用钢材，积极采用安全、合理、经济的结构形式，简化节点便于制作安装，减少钢材损耗率。

大力推动建筑钢结构的发展，进一步提高应用技术水平。高层和超高层建筑优先采用合理的钢结构或钢—混凝土结构体系。

大跨度建筑积极采用空间网格结构、立体桁架结构、索膜结构以及施加预应力的结构体系。

低层建筑大力推广采用经济适用的轻型钢结构体系。总结试点经验，结合市场需求，积极开发钢结构住宅建筑体系，并逐步实现产业化。到2010年，建筑钢结构的综合技术水平接近或达到国际先进水平。

发挥钢结构重量轻、强度高、抗震性能好的优势，符合节能环保和工厂化、产业化的要求，应制定加快发展钢结构各项政策和措施。使钢结构从目前占钢筋混凝土结构的8%到2010年达到10%以上。到2010年，建筑钢结构用钢量争取达到国家总产钢量的6%，即1800万吨以上。

提高钢结构加工制作和施工安装总体水平，加强科学管理和质量控制，提高劳动生产率，到2010年，要组成30～50家大型钢结构制作安装集团，建筑钢结构的制作、安装水平接近或达到国际先进水平。

钢结构工程施工包括工厂加工制作和现场拼装与安装，二者是一体的，绝不能分开。因为钢结构在我国起步比较晚，在建筑市场准入管理方面，把工厂制作和现场安装分开是不科学的，钢结构工程的安装比混凝土工程施工技术含量高。混凝土构件和结构公差是以厘米计算，而钢结构构件的制作和安装公差是以毫米计算的，在整个钢结构工程中加工（包括工厂和现场加工）占的比重约为80%。已建在建的大量钢结构工程，例如国家大剧院、国家体育场（鸟巢）、国家体育馆。

目前我们的建筑市场准入管理还是按照原来传统观念来管理，这方面还有待于改进。例如，一个熟练的焊工培训要5~6年，焊接种类也很繁多，重庆綦江大桥坍塌就是由于钢管焊接不过关，虚焊，导致豆腐渣工程。焊接是钢结构工程致命的东西，许多工程出现质量问题都是由于岗位人员技能不过关所致。所以我们在技工岗位培训方面还远远落后于日本等国家，这就需要加强技术工人的岗位培训，不能认为盖房子随便找个农民工队伍就可以干了。焊缝有美观和质量问题，焊缝检验要有先进的检测手段和设备。

我们从昨天走到今天，等待的是崭新的明天，展现在我们面前的是更加广阔的发展空间，让我们以后浪推前浪的不懈努力，以科学发展的前沿思维，充分发挥聪明才智，用我们的智慧和汗水，让美丽的中华大地因我们这一代人的创造而骄傲！让子孙后代为我们留下的绿色家园而自豪！

（中国建筑金属结构协会）

（注：本文中有关数据由蔡益燕、李世俊、弓晓芸、郭彦林、陈禄如等专家提供）

# 中国预拌混凝土行业改革发展报告

预拌混凝土亦称商品混凝土,系指在混凝土搅拌工厂根据用户的订货要求,制备出用户所需品种和强度等级的混凝土拌合物,并通过专用运输设备(混凝土搅拌输送车),在规定时间内把混凝土拌合物运往施工现场,或者用专用泵将混凝土拌合物通过管道输送到指定施工现场模板内。与现场搅拌混凝土相比,预拌混凝土的应用,是现浇混凝土技术的重大进步,是建筑施工走向现代化的重要标志,具有节约水泥、提高劳动生产率、保证工程质量、节约施工用地、实现文明施工等方面的优越性。对有效降低粉尘污染、改善人居环境起着积极的推动作用,具有明显的经济效益和社会效益。

## 一、我国预拌混凝土行业的现状

我国预拌混凝土技术发展起步较晚。20 世纪 70 年代末,首次从日本购进成套混凝土搅拌站、搅拌输送车和输送泵,开始了我国预拌混凝土生产和泵送混凝土施工。1978 年常州市建立预拌混凝土搅拌站,以商品形式向用户提供混凝土。同年,上海宝钢购进日本成套设备,建成生产能力 50 万 $m^3$ 预拌混凝土搅拌站。20 世纪 80 年代中期是混凝土搅拌站第一次建站高峰,90 年代是第二次建站高峰,也是我国预拌混凝土行业成熟和发展最快的一个时期。20 多年来,混凝土生产企业如雨后春笋般迅猛发展,已成为中国建筑业一支朝气蓬勃的生力军。进入 21 世纪,随着国民经济的持续快速发展,混凝土生产企业更是风起云涌,市场呈现出勃勃生机。

2006 年,全国预拌混凝土供应量 4.76 亿 $m^3$,比 2005 年增加 1.07 万 $m^3$,增幅为 29.17%;预拌混凝土年搅拌能力 10.81 亿 $m^3$,比 2005 年增加 1.95 亿 $m^3$(表 4-5-1),混凝土搅拌站 2891 个,比 2005 年增加 466 个;混凝土搅拌车 37427 辆,比 2005 年增加 7112 辆(表 4-5-2),混凝土泵车 6527 辆,比 2005 年增加 1341 辆(表 4-5-3)。

2006 年全国预拌混凝土供应量、搅拌站搅拌能力统计表    表 4-5-1

| 地 区 | 本年预拌混凝土实际供应量（万 m³） | 水泥使用量（万 t） 合计 | 其中：散装水泥 | 预拌混凝土搅拌站数量（个） | 预拌混凝土搅拌站年搅拌能力（万 m³） 年初 | 本年新增 | 本年报废 | 年末 |
|---|---|---|---|---|---|---|---|---|
| 全国总计 | 47606.42 | 18286.79 | 16446.61 | 2891 | 88658.82 | 26064.00 | 6608.93 | 108113.89 |
| 北京市 | 4200.00 | 1500.00 | 1500.00 | 153 | 6200 | 800 | 500 | 6500 |
| 天津市 | 1415.55 | 495.44 | 495.44 | 69 | 3600 | 230 | 120 | 3710 |
| 河北省 | 989.45 | 336.39 | 336.39 | 105 | 2242 | 1214 | 58 | 3398 |
| 山西省 | 1140.00 | 525.00 | 525.00 | 50 | 1308 | 142 | 0 | 1450 |
| 内蒙古自治区 | 741.41 | 224.68 | 213.68 | 81 | 476 | 1154 | 2 | 1627 |
| 辽宁省 | 1826.46 | 730.58 | 730.58 | 193 | 3582 | 849 | 470 | 3961 |
| 吉林省 | 201.05 | 86.90 | 86.90 | 42 | 586 | 121 | 0 | 707 |
| 黑龙江省 | 368.60 | 131.50 | 131.50 | 56 | 639 | 94 | 42 | 691 |
| 上海市 | 5335.64 | 1600.50 | 1600.50 | 232 | 12003 | 1160 | 3883 | 9280 |
| 江苏省 | 6881.02 | 2304.12 | 2304.12 | 297 | 10121 | 6391 | 96 | 16417 |
| 浙江省 | 4868.23 | 1647.36 | 1647.36 | 314 | 8034 | 2129 | 271 | 9892 |
| 江西省 | 208.44 | 80.75 | 80.75 | 28 | 1313 | 132 | 0 | 1445 |
| 安徽省 | 1187.68 | 371.40 | 370.93 | 85 | 2808 | 1164 | 45 | 3927 |
| 福建省 | 1554.34 | 467.09 | 467.09 | 54 | 2739 | 878 | 0 | 3617 |
| 山东省 | 2771.16 | 1074.65 | 1063.45 | 177 | 4112 | 1758 | 0 | 5870 |
| 河南省 | 814.24 | 282.27 | 282.27 | 82 | 1741 | 780 | 0 | 2521 |
| 湖北省 | 760.35 | 301.30 | 301.30 | 107 | 1699 | 1376 | 0 | 3075 |
| 湖南省 | 638.25 | 213.32 | 204.22 | 54 | 1472 | 585 | 0 | 2057 |
| 广东省 | 6365.91 | 2123.15 | 2123.15 | 278 | 14318 | 2030 | 916 | 15432 |
| 广西壮族自治区 | 676.47 | 182.64 | 182.64 | 45 | 1077 | 220 | 3 | 1294 |
| 海南省 | 0.00 | 0.00 | 0.00 | 0 | 40 | 0 | 0 | 40 |
| 四川省 | 1310.05 | 412.25 | 421.25 | 133 | 1849 | 1569 | 38 | 3380 |
| 贵州省 | 199.85 | 79.26 | 78.54 | 44 | 348 | 468 | 0 | 816 |
| 云南省 | 405.79 | 128.90 | 128.90 | 56 | 1230 | 225 | 165 | 1290 |
| 重庆市 | 1275.00 | 2533.84 | 717.15 | 49 | 2498 | 397 | 0 | 2895 |
| 陕西省 | 720.00 | 230.50 | 230.50 | 37 | 729 | 27 | 0 | 756 |
| 甘肃省 | 85.00 | 42.00 | 42.00 | 15 | 174 | 21 | 0 | 195 |
| 青海省 | 70.00 | 32.00 | 32.00 | 9 | 270 | 0 | 0 | 270 |
| 宁夏回族自治区 | 130.00 | 39.00 | 39.00 | 11 | 220 | 60 | 0 | 280 |
| 新疆维吾尔自治区 | 466.48 | 110.00 | 110.00 | 35 | 1231 | 90 | 0 | 1321 |

## 2006年全国预拌混凝土搅拌车统计表

单位：万 m³                                表 4-5-2

| 地 区 | 年初 数量(辆) | 年初 散装容量 | 本年新增 数量(辆) | 本年新增 散装容量 | 本年报废 数量(辆) | 本年报废 散装容量 | 年末 数量(辆) | 年末 散装容量 | 本年实际运储量 |
|---|---|---|---|---|---|---|---|---|---|
| 全国总计 | 30315 | 23.07 | 8755 | 8.84 | 1643 | 1.26 | 37427 | 30.65 | 50144.79 |
| 北京市 | 2592 | 2.09 | 264 | 0.95 | 23 | 0.19 | 2833 | 2.85 | 3800.00 |
| 天津市 | 1366 | 1.02 | 159 | 0.15 | 64 | 0.04 | 1461 | 1.13 | 1344.48 |
| 河北省 | 606 | 0.49 | 245 | 0.21 | 6 | 0.01 | 845 | 0.69 | 989.00 |
| 山西省 | 646 | 0.56 | 80 | 0.08 | 0 | 0 | 726 | 0.64 | 1140.00 |
| 内蒙古自治区 | 167 | 0.14 | 427 | 0.68 | 29 | 0.02 | 565 | 0.80 | 6061.00 |
| 辽宁省 | 1860 | 1.12 | 330 | 0.22 | 109 | 0.07 | 2081 | 1.27 | 1826.46 |
| 吉林省 | 234 | 0.16 | 81 | 0.06 | 0 | 0 | 315 | 0.22 | 201.05 |
| 黑龙江省 | 379 | 0.26 | 50 | 0.04 | 33 | 0.02 | 396 | 0.28 | 368.60 |
| 上海市 | 3265 | 1.96 | 763 | 0.91 | 388 | 0.23 | 3640 | 2.64 | 5335.64 |
| 江苏省 | 2839 | 2.03 | 1420 | 1.44 | 18 | 0.01 | 4241 | 3.47 | 5959.08 |
| 浙江省 | 2920 | 2.29 | 757 | 0.68 | 129 | 0.12 | 3493 | 2.85 | 4868.23 |
| 江西省 | 305 | 0.24 | 51 | 0.04 | 0 | 0 | 356 | 0.27 | 38.05 |
| 安徽省 | 700 | 0.53 | 359 | 0.3 | 41 | 0.03 | 1018 | 0.80 | 1176.19 |
| 福建省 | 904 | 0.72 | 367 | 0.32 | 38 | 0.02 | 1233 | 1.02 | 1554.34 |
| 山东省 | 1410 | 1.33 | 506 | 0.43 | 29 | 0.02 | 1887 | 1.74 | 2771.16 |
| 河南省 | 762 | 0.61 | 271 | 0.26 | 3 | 0 | 1030 | 0.87 | 814.24 |
| 湖北省 | 637 | 0.75 | 207 | 0.14 | 11 | 0.01 | 933 | 0.88 | 759.89 |
| 湖南省 | 410 | 0.32 | 147 | 0.11 | 0 | 0 | 557 | 0.44 | 638.25 |
| 广东省 | 4660 | 3.9 | 1536 | 1.26 | 548 | 0.39 | 5648 | 4.77 | 5578.33 |
| 广西壮族自治区 | 516 | 0.4 | 119 | 0.1 | 0 | 0 | 635 | 0.50 | 676.47 |
| 海南省 | 15 | 0.01 | 0 | 0 | 0 | 0 | 15 | 0.01 | 0.00 |
| 四川省 | 747 | 0.56 | 305 | 0.25 | 112 | 0.08 | 940 | 0.73 | 1310.05 |
| 贵州省 | 296 | 0.23 | 16 | 0.01 | 5 | 0 | 305 | 0.25 | 199.85 |
| 云南省 | 386 | 0.29 | 99 | 0.1 | 0 | 0 | 485 | 0.38 | 401.95 |
| 重庆市 | 908 | 0.53 | 2 | 0 | 0 | 0 | 910 | 0.53 | 1275.00 |
| 陕西省 | 412 | 0.27 | 15 | 0.02 | 0 | 0 | 435 | 0.30 | 0.00 |

续表

| 地区 | 年初 | | 本年新增 | | 本年报废 | | 年末 | | 本年实际运储量 |
|---|---|---|---|---|---|---|---|---|---|
| | 数量(辆) | 散装容量 | 数量(辆) | 散装容量 | 数量(辆) | 散装容量 | 数量(辆) | 散装容量 | |
| 甘肃省 | 78 | 0.05 | 10 | 0.01 | 0 | 0 | 88 | 0.05 | 411.00 |
| 青海省 | 56 | 0.04 | 0 | 0 | 0 | 0 | 56 | 0.04 | 70.00 |
| 宁夏回族自治区 | 38 | 0.03 | 8 | 0.01 | 0 | 0 | 46 | 0.04 | 110.00 |
| 新疆维吾尔自治区 | 201 | 0.14 | 53 | 0.05 | 0 | 0 | 254 | 0.19 | 466.48 |

**2006年全国预拌混凝土泵车统计表**

单位：万 m³                                                表 4-5-3

| 地区 | 年初 | | 本年新增 | | 本年报废 | | 年末 | | 本年实际运储量 |
|---|---|---|---|---|---|---|---|---|---|
| | 数量(辆) | 容量 | 数量(辆) | 容量 | 数量(辆) | 容量 | 数量(辆) | 量 | |
| 全国合计 | 5186 | 29.87 | 1583 | 8.39 | 242 | 0.91 | 6527 | 37.35 | 26664.05 |
| 北京市 | 248 | 2.42 | 34 | 0.20 | 0 | 0.00 | 282 | 2.62 | 0.00 |
| 天津市 | 168 | 1.62 | 14 | 0.13 | 2 | 0.02 | 180 | 1.73 | 0.00 |
| 河北省 | 104 | 0.00 | 87 | 0.00 | 7 | 0.00 | 184 | 0.00 | 160.00 |
| 山西省 | 103 | 0.00 | 10 | 0.00 | 0 | 0.00 | 113 | 0.00 | 0.00 |
| 内蒙古自治区 | 39 | 0.06 | 43 | 0.09 | 2 | 0.00 | 80 | 0.15 | 1469.00 |
| 辽宁省 | 278 | 1.39 | 48 | 0.25 | 16 | 0.08 | 310 | 1.56 | 1826.46 |
| 吉林省 | 41 | 0.25 | 12 | 0.08 | 0 | 0.00 | 53 | 0.32 | 157.00 |
| 黑龙江省 | 94 | 0.66 | 3 | 0.02 | 5 | 0.03 | 92 | 0.65 | 368.60 |
| 上海市 | 447 | 2.38 | 162 | 1.57 | 29 | 0.17 | 580 | 3.78 | 2354.68 |
| 江苏省 | 650 | 3.63 | 332 | 1.85 | 60 | 0.09 | 922 | 5.39 | 6209.04 |
| 浙江省 | 677 | 2.56 | 241 | 0.38 | 58 | 0.03 | 860 | 2.92 | 3441.53 |
| 江西省 | 74 | 0.00 | 15 | 0.00 | 1 | 0.00 | 88 | 0.00 | 0.00 |
| 安徽省 | 107 | 1.11 | 54 | 0.55 | 8 | 0.08 | 153 | 1.59 | 679.37 |
| 福建省 | 148 | 1.18 | 65 | 0.56 | 7 | 0.04 | 206 | 1.70 | 750.75 |
| 山东省 | 177 | 1.09 | 37 | 0.16 | 16 | 0.16 | 198 | 1.09 | 700.00 |
| 河南省 | 115 | 0.76 | 33 | 0.22 | 0 | 0.00 | 148 | 0.98 | 814.24 |

续表

| 地 区 | 年 初 | | 本年新增 | | 本年报废 | | 年 末 | | 本年实际运储量 |
|---|---|---|---|---|---|---|---|---|---|
| | 数量(辆) | 容量 | 数量(辆) | 容量 | 数量(辆) | 容量 | 数量(辆) | 容量 | |
| 湖北省 | 124 | 0.19 | 64 | 0.08 | 0 | 0.00 | 188 | 0.27 | 663.30 |
| 湖南省 | 27 | 0.19 | 12 | 0.08 | 0 | 0.00 | 39 | 0.27 | 0.00 |
| 广东省 | 343 | 2.55 | 85 | 0.77 | 8 | 0.06 | 420 | 3.27 | 3141.30 |
| 广西壮族自治区 | 109 | 0.84 | 11 | 0.11 | 0 | 0.00 | 120 | 0.95 | 676.47 |
| 海南省 | 0 | 0.00 | 0 | 0.00 | 0 | 0.00 | 0 | 0.00 | 0.00 |
| 四川省 | 257 | 1.50 | 157 | 1.07 | 23 | 0.15 | 391 | 2.42 | 1107.00 |
| 贵州省 | 142 | 0.85 | 6 | 0.04 | 0 | 0.00 | 148 | 0.89 | 192.23 |
| 云南省 | 59 | 0.47 | 0 | 0.00 | 0 | 0.00 | 59 | 0.47 | 101.60 |
| 重庆市 | 410 | 3.54 | 2 | 0.02 | 0 | 0.00 | 412 | 3.55 | 1275.00 |
| 陕西省 | 117 | 0.00 | 21 | 0.00 | 0 | 0.00 | 138 | 0.00 | 0.00 |
| 甘肃省 | 30 | 0.18 | 8 | 0.00 | 0 | 0.00 | 38 | 0.18 | 0.00 |
| 青海省 | 17 | 0.00 | 2 | 0.00 | 0 | 0.00 | 19 | 0.00 | 0.00 |
| 宁夏回族自治区 | 24 | 0.13 | 4 | 0.02 | 0 | 0.00 | 28 | 0.16 | 110.00 |
| 新疆维吾尔自治区 | 57 | 0.32 | 21 | 0.12 | 0 | 0.00 | 78 | 0.44 | 466.48 |

## （一）产业政策推动行业发展

预拌混凝土发展初期缺乏规模效益，价格高于现场搅拌混凝土，如没有限制或禁止现场搅拌的政策法规出台，预拌混凝土市场开拓十分艰难。建国初期，我国在一些大型水利工程中采用了预拌混凝土，但是由于种种原因，我国预拌混凝土的生产发展比较迟缓，与发达国家相比，形成了很大的差距。

近几年来，国家对发展预拌混凝土高度重视，出台了一系列强有力的政策法规，为预拌混凝土的快速健康发展提供了保障。早在1994年，建设部就将预拌混凝土的生产与应用作为建筑业重点推广应用的10项新技术之一。国家在国民经济和社会发展"九五"计划和2010年远景目标纲要中明确提出提高水泥散装率，发展商品混凝土。《散装水泥发展"十五"规划》

也明确提出：到 2005 年，全国预拌混凝土生产能力要达 3 亿 m³，预拌混凝土占混凝土浇筑总量的比例达到 20%，其中大中城市要达到 50% 以上。2003 年 10 月，商务部、公安部、建设部、交通部联合下发了《关于限期禁止在城市城区现场搅拌混凝土的通知》（商改发［2003］341 号），文件规定北京等 124 个城市城区从 2003 年 12 月 31 日起禁止现场搅拌混凝土，其他省（自治区）辖市从 2005 年 12 月 31 日起禁止现场搅拌混凝土。

各地政府根据国家政策法规及本地实际情况，也纷纷出台相关法规和条例，并采取多种优惠政策，鼓励和支持发展预拌混凝土，大大促进了建设单位和施工单位使用预拌混凝土。

### (二) 区域发展极不平衡

预拌混凝土企业在我国发展极不平衡，地区差异较大。在北京、上海、广州、大连、厦门等大城市，预拌混凝土使用量较大。尤其是江苏省，2006 年发展极为迅速，新建混凝土生产企业 30 多家，新增生产能力 2000 多万 m³，这些发展较好的省市已经接近或达到发达国家的水平。但在西部地区，个别省份的中等城市还没有一家预拌混凝土搅拌站。即使有预拌混凝土搅拌站，由于种种原因，也未充分发挥作用。

### (三) 行业集中度低，过度竞争现象严重

纵观我国发达地区的预拌混凝土市场，预拌混凝土一哄而上，预拌混凝土市场能力与生产能力存在巨大落差，所有的企业几乎都面临着严重开工不足的问题。由于行业的特殊性质，国内绝大多数预拌混凝土企业的组织形式、管理模式、生产力水平非常接近；企业提供的产品同质化和无差别化，行业内企业之间有效整合严重不足，必然造成预拌混凝土生产企业之间过度竞争。

在众多的竞争者中，预拌混凝土生产企业为了争夺工程项目，不惜使用低价策略，竞相降低竞标价格，如此恶性竞争直接导致了不少企业不得不面对的"没活干着急，有活干更着急"的尴尬现象。低价竞争策略直接摊薄了企业的实际利润，严重束缚了企业自身的良性积累和自我发展能力的提高，在这种恶性循环下，大多数预拌混凝土生产企业面临着发展后劲不足、市场竞争能力日趋萎缩的不利局面。

## （四）预拌混凝土生产应用技术水平有待进一步提高

混凝土行业是一个专业化程度较高的行业，我国预拌混凝土发展的整体水平与世界先进水平相比还有一定的差距，和许多发达国家相比还属于初级阶段。我国预拌混凝土的应用无论在实验技术、生产技术还是施工技术等方面仍处于发展阶段，质量管理方面存在一些亟待改进的问题。

**1. 生产应用技术存在诸多问题**

（1）缺乏对混凝土配合比的及时调整。在实际生产操作中，对同样施工要求的混凝土作出配合比调整是必不可少的，这主要是出于原材料的变化以及施工环境的变化，但预拌混凝土企业对配合比的调整很难满足条件变化的要求。

（2）没有按照规范要求对变化后的混凝土原材料进行检测。预拌混凝土原材料的把关是技术管理的重要环节，严格的原材料质量控制和检验工作是确保配合比设计成功的前提，也是最终混凝土质量达标的保证。但实际上，当原材料的来源渠道改变后，部分搅拌站却并不对变化了的原材料进行检测；部分搅拌站因料源广泛，现场缺乏管理，存在将不同来源的骨料混用，个别搅拌站甚至将不同厂家的水泥混用。这将严重影响预拌混凝土的质量，给结构工程带来质量隐患。

（3）部分搅拌站忽视了粗骨料强度对混凝土强度的影响，没有测定粗骨料强度。《普通混凝土碎石或卵石质量标准及检验方法》（JGJ 53—92）规定，碎石的强度可用岩石的抗压强度和压碎指标值表示。混凝土强度等级C60及以上时应进行岩石的抗压强度检验，其他情况下如有怀疑或认为有必要时也可进行岩石的抗压强度检验；岩石的抗压强度与混凝土强度等级之比不应小于1.5。

对于强度等级低的混凝土，粗骨料强度一般都能满足要求，也无需检验，但是，对强度等级较高的混凝土，不是所有的粗骨料强度都能符合要求，因此必须检验。在实际工作中，大部分搅拌站的石子检验报告没有列出石子压碎指标值。

（4）不能及时测定砂、石料的含水量和及时调整水灰比。根据规定，搅拌站应采取相应措施，保持砂石骨料具有稳定的含水率，每工作班至少测定一次含水率，遇到雨雪天气应增加测定次数，并及时调整用水量，满足混凝土强度等级和施工和易性的要求。

目前许多搅拌站没有自动测定砂石含水率的仪器，多数情况下凭经验判断含水率，进行用水量调整，有的干脆不估测也不调整；这样，造成雨雪季节水灰比过大，拌合物的和易性无法保证，更无法保证混凝土强度，既增加了施工难度，也影响工程结构强度。

（5）外加剂使用方法不当。根据《混凝土外加剂应用技术规范》（GB 50119—2003）规定，外加剂的选用要根据混凝土性能要求、施工条件和气候情况，同时结合原材料、配合比等因素综合考虑，并且选用外加剂的品种和掺量应经过试验最后确定。实际使用外加剂时，却很难做到上述要求。这其中有客观因素，更多的则是人为因素。有些搅拌站的负责人和技术人员对外加剂的使用也不十分清楚，不问种类和适用性，也不通过试验确定其掺用量，拿来就用。更有甚者采用具有缓凝、减水或早强的复合外加剂又加入缓凝剂或早强剂，导致外加剂作用相互叠加，既浪费拌料，又达不到改善混凝土性能的目的。

### 2. 预拌混凝土的应用水平不高

在相同材料和工艺条件下，混凝土强度主要取决于水灰比，即混凝土强度随着水灰比增大而降低。有些技术人员和操作工人对现场加水破坏混凝土耐久性和和易性认识不足，以为用水稀释拌合物，增大坍落度，便于搅拌、泵送、浇筑。据有关资料显示，合理水灰比每增加0.05，混凝土强度就可能降低10MPa。另外，搅拌好的混凝土是水与水泥、水泥浆与砂子、砂浆与石子之间彼此包裹和填充的混合结构，向其加水，会加剧混凝土离析和泌水，影响硬化后混凝土强度和耐久性，同时会造成混凝土浇筑过程胀模、跑浆现象，从而产生蜂窝、麻面、露筋等质量问题。

### 3. 预拌混凝土行业的技术人员远远满足不了企业、市场的发展需求

企业技术人员队伍的流动性较大，很难保证产品质量的持续稳定。这些方面给混凝土的质量带来了许多隐患。

### （五）预拌混凝土的行业管理监督体系不完善

预拌混凝土由生产到应用，涉及诸多环节，而每一个环节又都会给混凝土的质量带来不同的影响。各个环节的质量把关靠管理部门的定期检查是远远不够的。如何建立健全行业管理体系，变人治为法治，使加强企业

的质量管理变成企业经营者自主自愿的行为,真正形成"质量责任重于泰山"的质量意识。

### (六)预拌混凝土机械发展现状

混凝土机械是基本建设的"常规武器",需求量大,广泛应用于工业、民用建筑以及国防施工等工程建设。在工业发达国家,混凝土生产者的先进程度,标志着一个国家制造业水平。经过几十年的发展,我国混凝土机械已经成为建设机械的重要组成部分,在整个建设机械行业中占有相当的比重,已形成较大规模的生产能力,产品性能有了较大提高,市场竞争也越来越激烈。

1. 我国混凝土机械行业现有生产企业200多家,已形成多系列、多品种规格的局面。无论是搅拌机、搅拌站(楼)、搅拌输送车还是混凝土泵(泵车)等产品,除大型的和高技术含量的型号外,常规产品已基本能满足施工需要。各生产厂家的生产条件普遍得到了改善,生产能力进一步增强。国外混凝土机械进口数量逐年下降,120$m^3$/h以下的搅拌站、125$m^3$/h以下的输送泵以及搅拌机等国产设备已占主导地位。

2. 机、电、液技术在混凝土搅拌站(楼)、混凝土输送泵(含臂架式泵车)、混凝土搅拌输送车等产品中得到了广泛应用。在控制系统中大多采用了微机自控方式,技术水平有了较大提高,制造质量也得到了改善,产品无论是可靠性、实用性还是经济性均有了显著的提高,部分产品已达到或接近国际同类产品先进水平。如国产混凝土搅拌楼最大已达240$m^3$/h,采用微机控制,对配料能够自动补偿,对数据库能够进行管理并可随时打印出所需数据,能够对砂石含水率进行测定并自动补偿等。

3. 同其他机械行业一样,混凝土机械同样存在着重复生产状况,导致生产过剩,销售不畅,以降价作为促销的手段,从而导致微利甚至无利可图。与此同时,相当一部分混凝土机械生产厂家由于自身技术水平的限制,不重视产品更新和产品的开发,产品多年一贯制,品种规格较少,技术含量较低,仿制产品多,名牌产品少,有专利和特色的产品以及能出口创汇的产品更少。

4. 国外混凝土搅拌站(楼)体现了机电一体化技术,其微控技术成熟可靠,物料的配比、容量变更控制十分准确。有些搅拌站(楼)还增加了搅拌机动态负荷监测、混凝土物料稠度控制、除尘、消声、废水处理等装置。混凝土泵送技术日臻成熟，最大水平泵送距离达 4000m，泵送量达 180m³/h；产品多功能性增强。我国的混凝土搅拌及输送机械尽管性能有了较大提高，但在可靠性等方面与国外相比还有不小差距，主要体现在配套电器、液压、气动元件等方面问题较多。近年来，许多厂家均选用进口优质元器件，对提高我国混凝土机械水平起到了非常重要的作用，但在多功能方面还无法与国外相比。

### （七）混凝土外加剂发展现状

混凝土外加剂是一种在混凝土搅拌之前或拌制过程中加入的、用以改善新拌和硬化混凝土性能的材料。混凝土外加剂的特点是掺量少、作用大。自 20 世纪 30 年代开始使用以来，混凝土外加剂不断得到发展和应用，已成为混凝土配比中不可缺少的组分。其产品的优劣，直接影响到我国每年投资上万亿元的基础设施混凝土工程质量的好坏、耐久性和使用寿命，影响到国家经济建设和社会效益。

混凝土外加剂品种较多，功能各异。使用各种不同品种的外加剂，可以达到不同的效果。近年来，外加剂新品种和应用技术也得到了迅速发展，促进了混凝土施工新技术的发展。现在，几乎所有重要的混凝土工程、所有的混凝土搅拌站均使用各类外加剂。混凝土外加剂是提高和改善混凝土各项性能、满足工程耐久性要求的最佳、最有效、最易行的途径之一，在保证混凝土工程顺利施工和控制质量方面功效巨大，是我国优质工程建设中必不可少的新材料。

1. 萘系高效减水剂合成工艺技术成熟稳定，新品种合成高效减水剂快速发展。合成高效减水剂是混凝土外加剂中最为重要的一类产品，可以单独使用，也可以与其他产品复配使用。到 2005 年底，全国共有合成高效减水剂企业 200 多家，其中规模化企业近 80 家，年产高效减水剂 111 万 t，位居世界第一。其中，萘磺酸盐甲醛缩合物高效减水剂占到全部合成高效减水剂产量的 80%左右。

近五年来，合成高效减水剂产品多样化，是目前高效减水剂技术发展的特色之一。从原来较为单一的萘系产品向氨基磺酸盐、新型三聚氰胺、脂肪族、聚羧酸盐等多品种共存发展，但我国聚羧酸盐高效减水剂生产技术与国外产品在某些性能上还有差距。

2. 混凝土外加剂品种齐全，产品性能不断提高。除各种合成的外加剂品种外，还通过各种不同功能组分的恰当复配，可以得到性能优异的复合型混凝土外加剂，满足工程混凝土多种要求。但由于我国水泥多品种、多标号，再加之我国水泥混合材的多样化造成胶凝材料系统反应的复杂性，丧失了其在普通水泥体系中最初研究的化学组成的最佳化。因此，今后外加剂企业将会面临更多的水泥和外加剂适应性的挑战。

3. 自动化生产刚刚起步，大型企业开始全面自动化生产，中小企业寻求关键工艺的自动化控制。传统外加剂生产过程中，温度控制、反应时间控制、加料、计量等过程都是人工操作，易造成质量波动。利用自动化控制技术，改进传统生产工艺是我国混凝土外加剂生产技术进步的重要标志，也是我国混凝土外加剂生产企业发展的方向。

一批新建和改建生产线的大型企业开始尝试全自动化生产，并取得良好效果；一些外加剂生产企业对合成外加剂关键工艺进行了自动化监控，对于提高产品质量，减小质量波动起到重要作用。

### （八）影响和制约我国预拌混凝土发展的主要因素

1. 对预拌混凝土生产、流通、使用等环节进行行政管理的主体不明确，行业发展缺乏科学规划。
2. 部分地方行业政策执行力度不够，严重阻碍预拌混凝土的发展。
3. 由于建筑施工单位对使用预拌混凝土还缺乏足够的认识，对预拌混凝土难以接受。
4. 建筑施工企业一揽子承包工程的体制给现场搅拌混凝土提供了温床，成为预拌混凝土发展的障碍。

## 二、预拌混凝土发展趋势

预拌混凝土是很常见的典型的复合材料，不仅是无机和有机高分子的复合，还有金属纤维和非金属的复合，活性材料和相对惰性材料的复合，是一个相当复杂的集合体。随着我国经济建设及节能社会建设进程的快速推进，在今后相当长的时期，预拌混凝土将仍然是用量最大也是最经济的结构功能材料。预拌混凝土行业在我国将是长期利好，有广阔的发展前景和市场空间。

## （一）混凝土机械发展趋势

预拌混凝土近年来在我国大中城市有了较大的发展，约占现浇混凝土的15%～20%左右，与发达国家的70%～90%相比还有较大的差距，由此给国内混凝土机械制造厂家提供了一个大的发展机遇。机械工业产品的发展趋势是高附加价值化、智能化和系统化。混凝土机械发展的主导产品是预拌混凝土成套设备。作为"十五"规划中的重点项目，预拌混凝土成套设备尤其是大型站（楼）、车、泵无论从数量上还是质量上都将有一个较大的提高。这些产品将比以往更加注重降低能耗，更加注重安全性、舒适性、维护和使用的经济性。

预拌混凝土成套设备的配套产品以及能够满足用户特殊要求的产品将会在"十一五"期间得到较大发展。如砂石预处理设备、残余混凝土清洗回收装置、高性能混凝土搅拌设备、冷搅拌和热搅拌的混凝土搅拌站、长臂架泵车等。国家实施西部大开发战略，投资规模将超过以往任何大型工程。由于西部开发时间跨度长、东西部经济差距大，不可能集中购买高、精、尖的大型设备，因此适合西部自然环境、经济实用的产品将会有一定市场，如开发经济实用型移动式搅拌站（25～50$m^3$/h）以适应公路、铁路等工程建设。同时，通过技术创新，开发多用途、多功能产品以适应市场需求的变化。"十一五"期间，人们对生活质量要求越来越高，环境保护意识越来越强，那些高效、节能、低噪声、低污染、智能化的环保型混凝土设备也将受到人们的青睐。

## （二）混凝土外加剂市场需求依然很大

目前，我国正处于大规模的建设时期，每年基本建设的投入达2万亿元以上，迫切需要提高我国混凝土的施工技术水平和工程质量，提高工程的耐久性和使用寿命，作为混凝土中重要的原材料——混凝土外加剂已经成为国家基本建设不可缺少的新材料。从全国范围看，掺外加剂的混凝土约占混凝土总量的40%，与国外先进国家60%～80%的比例相比，我国差距还较大，外加剂还有较大的发展空间。为了保护城市环境，提高混凝土质量，我国在124个城市城区限期禁止现场搅拌混凝土，这将有力地推动混凝土外加剂在商品混凝土的应用；另外，近期已经开工和即将开工的西南区水电工程、国家铁路客运专线网等工程都给外加剂企业带来商机。

### （三）预拌混凝土搅拌站发展方向

1. 环保化：目前我国混凝土搅拌站的环保性较低，要从粉尘、噪声和污染三个方面加以改进和提高。在粉尘方面要在粉料的输送途径中加以控制，如水泥筒仓上采用进口的除尘器、主楼加装除尘器、螺旋机送料改为风槽送料以及整个站的封闭等都可将粉尘降低到最低程度；可通过提高主机的性能和封闭站并采取隔声板之类的材料将噪声减少到最低；在污染方面要通过多种途径进行，如修建废水沉淀池以及二次循环过滤装置和骨料的二次使用。

2. 高精度化：高精度化主要指骨料、水泥、水和外加剂的计量的高精度。只有提高了计量精度才能生产出强度等级更高的高强混凝土来。

3. 标准化：搅拌站的标准化是最终的发展方向。我国虽然有搅拌站的行业标准，但远远不能适应当前搅拌站的发展速度，标准相对滞后，行业标准在一定程度上没有起到引导作用。众多的生产厂家百家争鸣，一家一个标准的情况，造成市场混乱，使广大使用单位投资浪费。

4. 国产化：从进口到国产是我国机械设备的发展历程，设备的国产化在很大程度上能降低产品价格，并提高产品的售后服务。进口设备主要是价格昂贵和售后服务不及时，尤其是零配件不能及时供应，针对上述情况国外各大机械制造公司纷纷移址中国组建合资公司或独资公司，这也是一定意义上的国产化，而且可以整体提升我国机械制造业的水平。混凝土搅拌站也不例外，国产化是其发展的必然方向。

5. 中小型化：我国城市基础建设日益完善，随着城市建设规模的相对下降，混凝土的需求量将会在很大程度上减少，如进一步投入大站（楼），成本回收和利润将推迟和减少。从长远眼光来看中小型搅拌站是一种发展的方向。

6. 普及化：西方发达国家的混凝土搅拌站机械化要比我们早 20 年以上，目前其普及程度已相当高，从城市到乡村都已经实现了混凝土机械化。根据我国目前现状来看预拌混凝土的普及还需一个漫长的过程。

## 三、促进我国预拌混凝土发展的建议

### (一) 完善预拌混凝土行业政策体系

除少数地区外，我国推动预拌混凝土现行政策法规多数是部门规章，法律位阶较低，处罚效力较差。建议在循环经济法中列入预拌混凝土内容或出台国务院发展预拌混凝土条例，走依法发展预拌混凝土的道路。其次，利用经济手段构建"水泥混凝土循环生产系统"的激励机制，在这方面，我国已经制定了一些"吃废"、利废政策，但还没有形成系统有效的激励机制。水泥和混凝土企业是"吃废"大户，要采取相应的经济政策，鼓励水泥混凝土企业使用其他企业生产的矿渣、粉煤灰等工业废渣。要进一步贯彻落实《散装水泥专项资金征收和使用管理办法》，修订《资源综合利用目录》，进一步完善资源综合利用鼓励政策。

### (二) 明确监督管理执法主体，提高预拌混凝土生产及使用等环节的监管力度

预拌混凝土涉及生产、流通、使用等诸多环节，市场秩序和产品质量等因素直接影响预拌混凝土的发展。我国预拌混凝土现行政策中并没有明确预拌混凝土的监督管理主体，目前只有少数地区由散装水泥办公室代管，造成了发展预拌混凝土政策法规执行不到位，监管力度较弱，甚至造成无人管理的混乱局面。建议国家出台相关政策，明确监督管理执法主体（考虑到预拌混凝土与散装水泥的关系，建议由各级散装水泥办公室代管），科学制定本地区预拌混凝土发展规划，合理布局，规范市场，强化行业自律，严格避免恶性竞争。

### (三) 避开市场竞争的众矢之的，开辟新的市场领域

预拌混凝土在大城市中发展的高峰期虽然已成为过去，但对于发展中的中小城市，混凝土市场的开发已迫在眉睫。全国散装水泥"十一五"规划指出："以中西部地区和农村推广散装水泥为重点，从使用环节入手，充分发挥散装水泥专项基金的经济杠杆作用，加快发展预拌混凝土和干混砂浆提高散装水泥物流及各环节的技术与装备水平，确保我国水泥散装率

的快速提高。"由此可见，随着行业的发展和国家政策的出台，中小城市和农村建立预拌混凝土搅拌站的热潮将纷纷兴起。在中小城市和农村推广预拌混凝土也是全面推广散装水泥的必由之路，这也给预拌混凝土的发展带来了新的商机。

### （四）生产特种混凝土满足市场的特殊需求

随着混凝土技术的不断发展，目前可以提供高强度、高性能、轻集料混凝土等多种功能型的特种混凝土及预拌砂浆。另外，高层建筑越来越多，强度等级低的混凝土已无法满足施工要求，而且现在一年四季都可以施工，也给预拌混凝土行业的发展提供了新的空间。

### （五）预拌混凝土发展模式建议

建议我国的大型水泥企业，实行水泥工厂（熟料）—粉磨站（水泥和掺合料）—预拌混凝土搅拌站链式发展模式，尽快占领大中城市市场，实行生产销售一条龙，做大做强这个产业链。而东部的大中城市要合理控制建站规模和数量，小城市要创造条件早日建成预拌混凝土生产线。

执笔：中国散装水泥推广发展协会副秘书长　武美燕
中国散协干混砂浆专业委员会常务副主任　王新民

## 附件1：2006～2007年建筑行业最新政策法规概览

1. 2006年8月6日，国务院发布《国务院关于加强节能工作的决定》（国发［2006］28号）。《决定》指出，解决我国能源问题，根本出路是坚持开发与节约并举、节约优先的方针，大力推进节能降耗，提高能源利用效率。要把节能工作作为当前的一项紧迫任务，列入各级政府重要议事日程，切实下大力气，采取强有力措施，确保实现"十一五"能源节约的目标，促进国民经济又快又好地发展。《决定》提出，加快构建节能型产业结构，着力抓好重点领域节能，大力推进节能技术进步，加大节能监督管理力度，建立健全节能保障机制，加强节能管理队伍建设和基础工作。《决定》将"建筑节能"作为要着力抓好的重点节能领域之一，指出："推进建筑节能。大力发展节能省地型建筑，推动新建住宅和公共建筑严格实施节能50%的设计标准，直辖市及有条件的地区要率先实施节能65%的标准。推动既有建筑的节能改造。大力发展新型墙体材料。"

2. 2007年5月23日，国务院印发《节能减排综合性工作方案》（国发［2007］15号）。《方案》明确了节能减排的主要目标，并提出把节能减排作为调整经济结构、转变增长方式的突破口和重要抓手，作为宏观调控的重要目标，综合运用经济、法律和必要的行政手段，控制增量、调整存量，依靠科技、加大投入，健全法制、完善政策，落实责任、强化监管，加强宣传、提高意识，突出重点、强力推进，动员全社会力量，扎实做好节能降耗和污染减排工作，确保实现节能减排约束性指标，推动经济社会又好又快发展。《方案》提出，严格建筑节能管理。大力推广节能省地环保型建筑。强化新建建筑执行能耗限额标准全过程监督管理，实施建筑能效专项测评，对达不到标准的建筑，不得办理开工和竣工验收备案手续，并不准销售使用；从2008年起，所有新建商品房销售时在买卖合同等文件中要载明耗能量、节能措施等信息。建立并完善大型公共建筑节能运行监管体系。深化供热体制改革，实行供热计量收费。今年着力抓好新建建筑施工阶段执行能耗限额标准的监管工作，北方地区地级以上城市完成采暖费补贴"暗补"变"明补"改革,在 25 个示范省市建立大型公共建筑能耗统计、能源审计、能效公示、能耗定额制度,实现节能 1250 万吨标准煤。

3. 2006 年 1 月 26 日,建设部发布《注册监理工程师管理规定》(建设部令第 147 号)。注册监理工程师,是指经考试取得中华人民共和国监理工程师资格证书,并按照本规定注册,取得中华人民共和国注册监理工程师注册执业证书和执业印章,从事工程监理及相关业务活动的专业技术人员。《规定》明确:注册监理工程师实行注册执业管理制度。取得资格证书的人员,经过注册方能以注册监理工程师的名义执业。注册监理工程师依据其所学专业、工作经历、工程业绩,按照《工程监理企业资质管理规定》划分的工程类别,按专业注册。每人最多可以申请两个专业注册。注册监理工程师每一注册有效期为 3 年。取得资格证书的人员,应当受聘于一个具有建设工程勘察、设计、施工、监理、招标代理、造价咨询等一项或者多项资质的单位,经注册后方可从事相应的执业活动。从事工程监理执业活动的,应当受聘并注册于一个具有工程监理资质的单位。注册监理工程师可以从事工程监理、工程经济与技术咨询、工程招标与采购咨询、工程项目管理服务以及国务院有关部门规定的其他业务。工程监理活动中形成的监理文件由注册监理工程师按照规定签字盖章后方可生效。《规定》还明确:注册监理工程师在每一注册有效期内应当达到国务院建设主管部门规定的继续教育要求。继续教育作为注册监理工程师逾期初始注册、延续注册和重新申请注册的条件之一。该《规定》自 2006 年 4 月 1 日起施行。

4. 2006 年 1 月 27 日,建设部发布《房屋建筑工程抗震设防管理规定》(建设部令第 148 号)。《规定》明确:房屋建筑工程的抗震设防,坚持预防为主的方针。国家鼓励采用先进的科学技术进行房屋建筑工程的抗震设防。制定、修订工程建设标准时,应当及时将先进适用的抗震新技术、新材料和新结构体系纳入标准、规范,在房屋建筑工程中推广使用。新建、扩建、改建的房屋建筑工程,应当按照国家有关规定和工程建设强制性标准进行抗震设防。任何单位和个人不得降低抗震设防标准。建设单位、勘察单位、设计单位、施工单位、工程监理单位,应当遵守有关房屋建筑工程抗震设防的法律、法规和工程建设强制性标准的规定,保证房屋建筑工程的抗震设防质量,依法承担相应责任。《规定》还明确:产权人和使用人不得擅自变动或者破坏房屋建筑抗震构件、隔震装置、减震部件或者地震反应观测系统等抗震设施。从事抗震鉴定的单位，应当遵守有关房屋建筑工程抗震设防的法律、法规和工程建设强制性标准的规定，保证房屋建筑工程的抗震鉴定质量，依法承担相应责任。破坏性地震发生后，当地人民政府建设主管部门应当组织对受损房屋建筑工程抗震性能的应急评估，并提出恢复重建方案。该《规定》自2006年4月1日起施行。

5. 2006年3月22日，建设部发布《工程造价咨询企业管理办法》（建设部令第149号）。工程造价咨询企业，是指接受委托，对建设项目投资、工程造价的确定与控制提供专业咨询服务的企业。《办法》明确：工程造价咨询企业应当依法取得工程造价咨询企业资质，并在其资质等级许可的范围内从事工程造价咨询活动。工程造价咨询企业资质等级分为甲级、乙级。工程造价咨询企业资质有效期为3年。工程造价咨询企业依法从事工程造价咨询活动，不受行政区域限制。甲级工程造价咨询企业可以从事各类建设项目的工程造价咨询业务；乙级工程造价咨询企业可以从事工程造价5000万元人民币以下的各类建设项目的工程造价咨询业务。《办法》还明确了工程造价咨询的业务范围：建设项目建议书及可行性研究投资估算、项目经济评价报告的编制和审核；建设项目概预算的编制与审核，并配合设计方案比选、优化设计、限额设计等工作进行工程造价分析与控制；建设项目合同价款的确定（包括招标工程工程量清单和标底、投标报价的编制和审核）；合同价款的签订与调整（包括工程变更、工程洽商和索赔费用的计算）及工程款支付，工程结算及竣工结（决）算报告的编制与审核等；工程造价经济纠纷的鉴定和仲裁的咨询；提供工程造价信息服务等。该《办法》自2006年7月1日起施行。

6. 2006年12月25日，建设部发布《注册造价工程师管理办法》（建设部令第150号）。注册造价工程师，是指通过全国造价工程师执业资格统一考试或者资格认定、资格互认，取得中华人民共和国造价工程师执业资格，并按照本办法注册，取得中华人民共和国造价工程师注册执业证书和执业印章，从事工程造价活动的专业人员。《办法》明确：注册造价工程师实行注册执业管理制度。取得执业资格的人员，经过注册方能以注册造价工程师的名义执业。注册造价工程师执业范围包括：建设项目建议书、可行性研究投资估算的编制和审核，项目经济评价，工程概、预、结算、竣工结(决)算的编制和审核；工程量清单、标底(或者控制价)、投标报价的编制和审核，工程合同价款的签订及变更、调整、工程款支付与工程索赔费用的计算；建设项目管理过程中设计方案的优化、限额设计等工程造价分析与控制，工程保险理赔的核查；工程经济纠纷的鉴定。注册造价工程师应当在本人承担的工程造价成果文件上签字并盖章。注册造价工程师在每一注册期内应当达到注册机关规定的继续教育要求。该《办法》自2007年3月1日起施行。

7. 2006年12月28日，建设部发布《注册建造师管理规定》(建设部令第153号)。注册建造师，是指通过考核认定或考试合格取得中华人民共和国建造师资格证书，并按照本规定注册，取得中华人民共和国建造师注册证书和执业印章，担任施工单位项目负责人及从事相关活动的专业技术人员。《规定》明确：注册建造师实行注册执业管理制度，注册建造师分为一级注册建造师和二级注册建造师。取得资格证书的人员，经过注册方能以注册建造师的名义执业。取得资格证书的人员应当受聘于一个具有建设工程勘察、设计、施工、监理、招标代理、造价咨询等一项或者多项资质的单位，经注册后方可从事相应的执业活动。担任施工单位项目负责人的，应当受聘并注册于一个具有施工资质的企业。注册建造师不得同时在两个及两个以上的建设工程项目上担任施工单位项目负责人。注册建造师可以从事建设工程项目总承包管理或施工管理，建设工程项目管理服务，建设工程技术经济咨询，以及法律、行政法规和国务院建设主管部门规定的其他业务。建设工程施工活动中形成的有关工程施工管理文件，应当由注册建造师签字并加盖执业印章。施工单位签署质量合格的文件上，必须有注册建造师的签字盖章。注册建造师在每一个注册有效期内应当达到国务院建设主管部门规定的继续教育要求。该《规定》自2007年3月1日起施行。

8. 2007年1月11日，建设部发布《工程建设项目招标代理机构资格认定办法》(建设部令第154号)。工程建设项目招标代理，是指工程招标代理机构接受招标人的委托，从事工程的勘察、设计、施工、监理以及与工程建设有关的重要设备(进口机电设备除外)、材料采购招标的代理业务。《办法》规定：从事工程招标代理业务的机构，应当依法取得国务院建设主管部门或者省、自治区、直辖市人民政府建设主管部门认定的工程招标代理机构资格,并在其资格许可的范围内从事相应的工程招标代理业务。工程招标代理机构资格分为甲级、乙级和暂定级。甲级工程招标代理机构资格由国务院建设主管部门认定；乙级、暂定级工程招标代理机构资格由工商注册所在地的省、自治区、直辖市人民政府建设主管部门认定。甲级工程招标代理机构可以承担各类工程的招标代理业务；乙级工程招标代理机构只能承担工程总投资1亿元人民币以下的工程招标代理业务。暂定级工程招标代理机构只能承担工程总投资6000万元人民币以下的工程招标代理业务。工程招标代理机构可以跨省、自治区、直辖市承担工程招标代理业务。《办法》规定了申请工程招标代理资格的机构应当具备的条件,并规定,甲级、乙级工程招标代理机构资格证书的有效期为5年,暂定级工程招标代理机构资格证书的有效期为3年。《办法》还规定了工程招标代理机构在工程招标代理活动中不得从事的行为。该《办法》自2007年3月1日起施行。

9. 2007年1月22日,建设部、商务部联合发布《外商投资建设工程服务企业管理规定》(建设部、商务部令第155号)。外商投资建设工程服务企业,是指在中华人民共和国境内依法设立,并取得相应资质的中外合资经营建设工程服务企业、中外合作经营建设工程服务企业和外资建设工程服务企业。建设工程服务,包括建设工程监理、工程招标代理和工程造价咨询。《规定》明确：外国投资者在中华人民共和国境内设立外商投资建设工程服务企业,从事建设工程服务活动,应当依法取得商务主管部门颁发的外商投资企业批准证书,经工商行政管理部门注册登记,并取得建设主管部门颁发的相应建设工程服务企业资质证书。申请外商投资建设工程服务企业甲级资质的,由国务院建设主管部门审批；申请外商投资建设工程服务企业乙级或者乙级以下资质的,由省、自治区、直辖市人民政府建设主管部门审批。《规定》还明确：申请设立外商投资建设工程服务企业的外方投资者,应当是在其所在国从事相应工程服务的企业、其他经济组织或者注册专业技术人员。申请外商投资建设工程服务企业资质,应当符合相应的建设工程监理、工程招标代理和工程造价咨询企业资质标准要求的条件。该《规定》自2007年3月26日起施行。

10. 2007年6月26日,建设部发布《工程监理企业资质管理规定》(建设部令第158号)。《规定》明确：从事建设工程监理活动的企业,应当按照本规定取得工程监理企业资质,并在工程监理企业资质证书许可的范围内从事工程监理活动。工程监理企业资质分为综合资质、专业资质和事务所资质。其中,专业资质按照工程性质和技术特点划分为若干工程类别。综合资质、事务所资质不分级别。专业资质分为甲级、乙级;其中,房屋建筑、水利水电、公路和市政公用专业资质可设立丙级。工程监理企业资质证书的有效期为5年。《规定》还明确了工程监理企业的资质等级标准和工程监理企业资质相应许可的业务范围。该《规定》自2007年8月1日起施行,2001年8月29日建设部颁布的《工程监理企业资质管理规定》(建设部令第102号)同时废止。

11. 2007年6月26日,建设部发布《建筑业企业资质管理规定》(建设部令第159号)。该规定所称建筑业企业,是指从事土木工程、建筑工程、线路管道设备安装工程、装修工程的新建、扩建、改建等活动的企业。《规定》明确:建筑业企业应当按照其拥有的注册资本、专业技术人员、技术装备和已完成的建筑工程业绩等条件申请资质,经审查合格,取得建筑业企业资质证书后,方可在资质许可的范围内从事建筑施工活动。建筑业企业资质分为施工总承包、专业承包和劳务分包三个序列。施工总承包资质、专业承包资质、劳务分包资质序列按照工程性质和技术特点分别划分为若干资质类别。各资质类别按照规定的条件划分为若干资质等级。建筑业企业可以申请一项或多项建筑业企业资质;申请多项建筑业企业资质的,应当选择等级最高的一项资质为企业主项资质。建筑业企业资质证书有效期为5年。该《规定》自2007年9月1日起施行,2001年4月18日建设部颁布的《建筑业企业资质管理规定》(建设部令第87号)同时废止。

12. 2007年6月26日,建设部发布《建设工程勘察设计资质管理规定》(建设部令第160号)。《规定》明确:从事建设工程勘察、工程设计活动的企业,应当按照其拥有的注册资本、专业技术人员、技术装备和勘察设计业绩等条件申请资质,经审查合格,取得建设工程勘察、工程设计资质证书后,方可在资质许可的范围内从事建设工程勘察、工程设计活动。工程勘察资质分为工程勘察综合资质、工程勘察专业资质、工程勘察劳务资质。工程勘察综合资质只设甲级;工程勘察专业资质设甲级、乙级,根据工程性质和技术特点,部分专业可以设丙级;工程勘察劳务资质不分等级。工程设计资质分为工程设计综合资质、工程设计行业资质、工程设计专业资质和工程设计专项资质。工程设计综合资质只设甲级;工程设计行业资质、工程设计专业资质、工程设计专项资质设甲级、乙级。根据工程性质和技术特点,个别行业、专业、专项资质可以设丙级,建筑工程专业资质可以设丁级。工程勘察、工程设计资质证书有效期为5年。该《规定》自2007年9月1日起施行,2001年7月25日建设部颁布的《建设工程勘察设计企业资质管理规定》(建设部令第93号)同时废止。

13. 为加强政府投资项目管理,完善宏观调控,防止政府投资项目超概算,维护建筑市场秩序,防止拖欠工程款和农民工工资,2006年1月4日,建设部、国家发展和改革委员会、财政部、中国人民银行联合发布《关于严禁政府投资项目使用带资承包方式进行建设的通知》(建市[2006]6号)。《通知》明确要求:政府投资项目一律不得以建筑业企业带资承包的方式进行建设,不得将建筑业企业带资承包作为招投标条件;严禁将此类内容写入工程承包合同及补充条款,同时要对政府投资项目实行告知性合同备案制度。各级发展改革、财政、建设等有关部门,要在各自职责范围内加强对政府投资项目的管理,严禁带资承包。对于使用带资承包方式建设的政府投资项目,一经发现,有关部门要按照有关法律法规对该建设单位进行查处并依法进行行政处罚;建设等部门应停止办理其报建手续,对该项目不予竣工验收备案;发展改革等有关部门对该单位新建项目给予制约;对于在工程建设过程中抽逃资金的,财政部门要立即停止该项目的资金拨付。各地区、各部门及各有关单位要严格政府投资项目管理,有关部门要加强对政府投资项目的监督检查。各有关部门要在职责范围内对政府投资项目是否使用带资承包进行建设情况进行稽察。

14. 2006年3月17日,建设部、中华全国总工会联合发布《关于进一步改善建筑业农民工作业、生活环境切实保障农民工职业健康的通知》(建质[2006]58号)。《通知》强调,建设行政主管部门要加大对安全防护、文明施工措施费用的拨付、使用的监督。要督促施工企业按照规定为农民工配备安全生产和职业病防护设施,强化用人单位职工安全卫生的主体责任,要向新招用的农民工告知劳动安全、职业危害事项,发放符合要求的劳动防护用品。要加快推进工伤保险工作,应为从事危险作业的农民工办理意外伤害保险。各级工会组织要在改善农民工作业、生活环境中发挥积极的作用，把维护农民工生命安全和身体健康作为维护农民工合法权益的首要任务。要监督施工企业（劳务企业）招用农民工时必须依法订立并严格履行劳动合同，建立权责明确的劳动关系，劳动合同中应包含劳动保护条件条款。要监督施工企业是否保证安全专项经费的足额支出。《通知》要求，选用一批长期在施工现场生产一线，熟悉建筑施工安全生产工作，责任心强，文化程度较高的农民工担任建筑安全群众监督员。充分发挥群众监督员的作用，加强对现场施工人员安全生产行为的监督。积极开展安全质量标准化活动，进一步改善建筑业农民工的作业、生活环境。《通知》还要求，积极开展建筑业农民工职业技能和安全教育培训工作，提高农民工队伍整体素质。加强舆论宣传，形成关心农民工的良好氛围。

15. 为适应国家投资体制改革的要求，充分发挥政府宏观调控的作用，健全社会主义市场经济条件下重大建设项目的规划选址制度，进一步整顿和规范建筑市场，实现城乡健康、协调和可持续发展，2006年4月12日，建设部印发了《关于加强区域重大建设项目选址工作，严格实施房屋建筑和市政工程施工许可制度的意见》（建市〔2006〕81号）。《意见》提出，要健全制度，规范程序，加强区域重大建设项目选址的规划管理。各地建设（规划）行政主管部门要严格执行"选址意见书"制度；要进一步规范选址程序，健全社会主义市场经济条件下的规划选址意见书分级管理制度；要结合派驻城乡规划督察员制度和城乡规划效能监察的建立和推广，将区域重大建设项目是否按要求核发选址意见书作为督察和监察的重点内容之一；要加强对建设项目选址的后续管理，对已取得项目选址意见书但建设项目最终未得到审批或核准的，选址意见书自动失效；要按照加强重大建设项目选址工作的需要，充实和加强省级城乡规划的技术支撑，做好项目选址的方案比选和论证，必要时要编制建设项目规划选址论证报告。《意见》还提出，要严格实施房屋建筑和市政工程施工许可制度。高度重视施工许可工作，明确实施建筑工程施工许可范围，严格履行法定施工许可条件，规范行政审批，加强监管，加强层级监督，加强施工许可电子政务建设。

16. 为加快实现符合建筑市场经济发展要求的资质改革目标，适应铁路建设需求，2006年4月14日，建设部、铁道部联合发布《关于继续开放铁路建设市场的通知》（建市〔2006〕87号）。《通知》明确了铁路建设市场设计、施工、监理业务继续开放的范围,并规定,本次准许进入铁路建设市场的设计、施工、监理企业,按照可以从事的业务范围,比照铁路同等级别资质参与投标。

17. 为了贯彻落实国务院关于加强安全管理工作的要求,及时了解掌握建设系统安全工作情况,有序、高效、妥善处置各类安全事故,2006年5月15日,建设部印发《关于进一步加强建设系统安全事故快报工作的通知》(建质〔2006〕110号)。建设领域安全事故分为建设工程施工安全事故、市政公用设施运行(营)安全事故和工程全生命周期质量安全事故。《通知》对发生死亡的安全事故、造成重大经济损失的安全事故、市政公用基础设施发生运行(营)供应中断的事故、其他事故等明确规定了快报时限要求。《通知》规定,安全事故信息报送的内容包括:安全事故发生的时间、地点、伤亡人数、房屋建筑和城市市政公用基础设施的破坏情况、事故损失、事故初步原因分析、是否需要技术支持等基本情况。《通知》还要求,省级建设行政主管部门应根据事故调查处理的进展情况和建设部对事故的反馈意见,在十日之内续报有关情况。各省、自治区、直辖市建设行政主管部门要指定落实专门工作机构具体承担接报、核定、处理、传递、通报、报告、统计和分析有关安全事故的工作任务,同时应建立相应的工作责任追究制度。

18. 2006年6月9日,建设部印发《关于进一步建立健全工作机制落实建设系统安全生产工作责任制的通知》(建质〔2006〕132号)。《通知》强调要充分认识做好安全生产工作的极端重要性。各地建设主管部门要坚持以人为本,以科学发展观统领安全生产工作,牢固树立安全发展的观念,坚持"安全第一、预防为主、综合治理"的方针,不断增强做好安全工作的责任意识,以建立健全责任体系为基础,完善责任制度为核心,强化责任追究为保障,不断加强机制和制度建设,坚持不懈地把安全生产工作抓实抓细抓好。《通知》要求,强化安全生产行政首长负责制,建立健全协调运行机制,建立形势分析制度和重点防控机制,建立健全安全信息系统和监测预警体系,建立安全事故快报责任制度,建立和完善突发事件应急处置机制,建立重大事故分析评估制度,建立健全行政审批和监管责任追究制度,建立安全工作目标责任体系。

19. 为加快我国建筑业技术进步的步伐,全面提高技术创新能力,

2006年7月11日,建设部印发《关于进一步加强建筑业技术创新工作的意见》(建质〔2006〕174号)。《意见》明确:到"十一五"期末,建筑业技术创新的主要目标是:基本形成与市场经济相适应的建筑业技术创新体系和工程项目组织管理方式;基本形成工程技术咨询体系和知识产权得到有效保护的技术市场体系;在主要工程技术领域达到国际先进水平,企业的研发能力和信息化水平有较大幅度的提高;培育一批具有国际竞争能力的工程总承包龙头企业,带动一大批中小型专业企业向"专、精、特"方向发展;建筑业科技贡献率提高6%~7%,劳动生产率提高10%。《意见》提出,建立健全建筑业技术创新体系,建立并完善知识产权保护与建筑技术转移机制,切实发挥工程设计咨询在建筑业技术创新中的主导作用,改革现行的设计施工生产组织管理方式,引导和推动建筑业走新型工业化道路,加强建筑业新技术、新工艺、新材料、新设备的研发和推广应用,发挥技术标准在技术创新中的促进作用,加速建筑业人力资源的开发与整合,进一步完善有利于建筑业技术创新的配套政策措施。

20. 为进一步做好民用建筑工程节能质量监督管理工作,保证建筑节能法律法规和技术标准的贯彻落实,2006年7月31日,建设部印发〈民用建筑工程节能质量监督管理办法》(建质〔2006〕192号)。民用建筑,是指居住建筑和公共建筑。《办法》规定了建设单位、设计单位、施工图审查机构、施工单位、监理单位、工程质量检测机构等单位应当履行的质量责任和义务,并规定,达不到节能要求的工程项目,不得参加各类评奖活动。

21. 为贯彻落实《国务院关于加强节能工作的决定》的精神,加强建筑节能和城市公共交通节能工作,实现"十一五"期间建设领域节能目标,2006年9月15日,建设部印发了"建设部关于贯彻《国务院关于加强节能工作的决定》的实施意见"(建科〔2006〕231号)。《意见》明确了建筑节能的工作目标:到"十一五"期末,实现节约1.1亿吨标准煤的目标。其中:通过加强监管,严格执行节能设计标准,推动直辖市及严寒寒冷地区执行更高水平的节能标准,严寒寒冷地区新建居住建筑实现节能2100万吨标准煤,夏热冬冷地区新建居住建筑实现节能2400万吨标准煤,夏热冬暖地区新建居住建筑实现节能220万吨标准煤,全国新建公共建筑实现节能280万吨标准煤,共实现节能7000万吨标准煤;通过既有建筑节能改造,深化供热体制改革,加强政府办公建筑和大型公共建筑节能运行管理与改造,实现节能3000万吨标准煤,大城市完成既有建筑节能改造的面积要占既有建筑总面积的25%,中等城市要完成15%,小城市要完成10%;通过推广应用节能型照明器具,实现节能1040万吨标准煤;太阳能、浅层地能等可再生能源应用面积占新建建筑面积比例达25%以上。《意见》提出,建立新建建筑市场准入门槛制度。对超过2万平方米的公共建筑和超过20万平方米的居住建筑小区,实行建筑能耗核准制。《意见》对完善建筑节能标准体系,抓好建筑节能重点工作,加快城镇供热体制改革,组织实施国家建筑节能重点工程、重大关键技术研究项目,加强政策法规建设,加强组织领导,建立建筑节能目标考核评价体系等方面的工作提出了明确要求。

22. 为认真贯彻《建设工程安全生产管理条例》,指导和督促工程监理单位落实安全生产监理责任,做好建设工程安全生产的监理工作,切实加强建设工程安全生产管理,2006年10月16日,建设部印发了《关于落实建设工程安全生产监理责任的若干意见》(建市〔2006〕248号)。《意见》对建设工程安全监理的主要工作内容、工作程序、建设工程安全生产的监理责任以及落实安全生产监理责任的主要工作提出了明确要求。

23. 为了加强对既有建筑幕墙的安全管理,有效预防城市灾害,保护人民生命和财产安全,2006年12月5日,建设部印发《既有建筑幕墙安全维护管理办法》(建质〔2006〕291号)。既有建筑幕墙,是指各类已竣工验收交付使用的建筑幕墙。《办法》规定:既有建筑幕墙的安全维护,实行业主负责制。建筑物为单一业主所有的,该业主为其建筑幕墙的安全维护责任人;建筑物为多个业主共同所有的,各业主应共同协商确定一个安全维护责任人,牵头负责建筑幕墙的安全维护。既有建筑幕墙的安全维护责任主要包括:按国家有关标准和《建筑幕墙使用维护说明书》进行日常使用及常规维护、检修;按规定进行安全性鉴定与大修;制定突发事件处置预案,并对因既有建筑幕墙事故而造成的人员伤亡和财产损失依法进行赔偿;保证用于日常维护、检修、安全性鉴定与大修的费用;建立相关维护、检修及安全性鉴定档案。《办法》对既有建筑幕墙的维护与检修、安全性鉴定等作出了相应的规定,同时明确规定,国家对既有建筑幕墙的安全维护实行监督管理制度。

24. 2006年12月7日，建设部印发《关于在建设工程项目中进一步推行工程担保制度的意见》（建市〔2006〕326号）。《意见》提出了明确的工作目标：2007年6月份前，省会城市和计划单列市在房地产开发项目中推行试点；2008年年底前，全国地级以上城市在房地产开发项目中推行工程担保制度试点，有条件的地方可根据本地实际扩大推行范围；到2010年，工程担保制度应具备较为完善的法律法规体系、信用管理体系、风险控制体系和行业自律机制。同时，《意见》还就加强工程担保市场监管，规范工程担保行为，实行保函集中保管制度，加快信用体系建设等方面的工作作出了相应的规定。

25. 2007年1月5日，建设部、国家发展和改革委员会、财政部、监察部、审计署联合发布《关于加强大型公共建筑工程建设管理的若干意见》（建质〔2007〕1号）。大型公共建筑一般指建筑面积2万平方米以上的办公建筑、商业建筑、旅游建筑、科教文卫建筑、通信建筑以及交通运输用房。《意见》要求，从事建筑活动，尤其是进行大型公共建筑工程建设，要贯彻落实科学发展观，推进社会主义和谐社会建设，坚持遵循适用、经济，在可能条件下注意美观的原则。要以人为本，立足国情，弘扬历史文化，反映时代特征，鼓励自主创新。要确保建筑全寿命使用周期内的可靠与安全，注重投资效益、资源节约和保护环境，以营造良好的人居环境。要完善并严格执行建设标准，提高项目投资决策水平；规范建筑设计方案评选，增强评审与决策透明度；强化大型公共建筑节能管理，促进建筑节能工作全面展开；推进建设实施方式改革，提高工程质量和投资效益；加强监督检查，确保各项规定的落实。

26. 为进一步规范建筑市场秩序，健全建筑市场诚信体系，加强对建筑市场各方主体的动态监管，营造诚实守信的市场环境，2007年1月12日，建设部印发《建筑市场诚信行为信息管理办法》（建市〔2007〕9号）。《办法》明确了建筑市场主体的范围，即建设单位和参与工程建设活动的勘察、设计、施工、监理、招标代理、造价咨询、检测试验、施工图审查等企业或单位以及相关从业人员；明确了诚信行为信息包括良好行为记录和不良行为记录；对建设部、省、市、县各级监管部门的工作职责进行了界定，并提出行业协会要协助政府部门做好诚信行为记录、信息发布和信用评价等工作；重点对不良行为记录信息的采集与共享提出了明确要求，强调采集主要通过市县建设行政主管部门及其委托的执法监督机构,结合市场检查、质量安全监督及政府的各类执法检查、监督、举报和投诉等工作来实现;同时,强调各地建设行政主管部门要通过资源整合和组织协调,完善建筑市场和工程现场联动的业务监管体系,在健全建筑市场综合监管信息系统的基础上,建立向社会开放的建筑市场诚信信息平台,做好诚信信息的发布工作。诚信信息平台的建设可依托各地有形建筑市场(建设工程交易中心)的资源条件,避免重复建设和资源浪费。《办法》还明确规定,不良行为记录信息的公布时间为行政处罚决定做出后7日内,公布期限一般为6个月至3年;良好行为记录信息公布期限一般为3年,法律、法规另有规定的从其规定。公布内容应与建筑市场监管信息系统中的企业、人员和项目管理数据库相结合,形成信用档案,内部长期保留。属于《全国建筑市场各方主体不良行为记录认定标准》范围的不良行为记录除在当地发布外,还将由建设部统一在全国公布。

27. 为规范对施工总承包特级企业的资质管理,引导企业成为技术含量高,融资能力强,管理水平高的龙头企业,促进建筑业企业向工程总承包发展,2007年3月13日,建设部印发《施工总承包企业特级资质标准》(建市〔2007〕72号)。《标准》对企业资信能力、企业主要管理人员和专业技术人员、科技进步水平、代表工程业绩以及承包范围作出了明确的规定。

28. 2007年3月29日,建设部印发《工程设计资质标准》(建市〔2007〕86号)。《标准》分为工程设计综合资质、工程设计行业资质、工程设计专业资质、工程设计专项资质四个序列。工程设计综合资质只设甲级;工程设计行业资质、工程设计专业资质设甲、乙两个级别;根据行业需要,建筑、市政公用、水利、电力(限送变电)、农林和公路行业设立工程设计丙级资质,建筑工程设计专业资质设丁级。建筑行业根据需要设立建筑工程设计事务所资质。工程设计专项资质根据需要设置等级。《标准》主要对企业资历和信誉、技术条件、技术装备及管理水平进行考核。

29. 2007年5月21日,建设部印发《工程监理企业资质标准》(建市〔2007〕131号)。《标准》规定:工程监理企业资质分为综合资质、专业资质和事务所三个序列。综合资质只设甲级。专业资质原则上分为甲、乙、丙三个级别,并按照工程性质和技术特点划分为14个专业工程类别;除房屋建筑、水利水电、公路和市政公用四个专业工程类别设丙级资质外，其他专业工程类别不设丙级资质。事务所不分等级。《标准》对资质标准和业务范围作了明确规定。

（整理：许瑞娟）

# 附件2：国家认定企业技术中心管理办法

（国家发展和改革委员会、科学技术部、财政部、
海关总署、国家税务总局 第53号令）
二零零七年四月十九日

## 第一章 总 则

第一条 为贯彻落实《中共中央关于制定国民经济和社会发展第十一个五年规划的建议》和《中共中央、国务院关于实施科技规划纲要增强自主创新能力的决定》，充分发挥国家认定企业技术中心在建立以企业为主体、市场为导向、产学研相结合的技术创新体系中的重要作用，规范和加强国家认定企业技术中心的认定和评价工作，依据《中华人民共和国科学技术进步法》，特制定本办法。

第二条 为推进企业技术中心建设，确立企业技术创新和科技投入的主体地位，对国民经济主要产业中技术创新能力较强、创新业绩显著、具有重要示范作用的企业技术中心，国家予以认定，并给予相应的优惠政策，以鼓励和引导企业不断提高自主创新能力。

第三条 国家发展改革委、科技部、财政部、海关总署、国家税务总局负责国家认定企业技术中心的认定工作。国家发展改革委牵头对企业技术中心建设进行宏观指导，并牵头负责国家认定企业技术中心认定的具体组织工作和评价工作。

## 第二章 认 定

第四条 国家认定企业技术中心的认定每年组织一次，受理认定申请的截止日期为每年5月15日。

第五条 申请企业应具备以下基本条件：

（一）有较强的经济技术实力和较好的经济效益，在国民经济各主要行业中具有显著的规模优势和竞争优势。

（二）领导层重视技术创新工作，具有较强的市场和创新意识，能为技术中心建设创造良好的条件。

（三）具有较完善的研究、开发、试验条件，有较强的技术创新能力和较高的研究开发投入，拥有自主知识产权的核心技术、知名品牌，并具有国际竞争力，研究开发与创新水平在同行业中处于领先地位。

（四）拥有技术水平高、实践经验丰富的技术带头人，拥有一定规模的技术人才队伍，在同行业中具有较强的创新人才优势。

（五）技术中心组织体系健全，发展规划和目标明确，具有稳定的产学研合作机制，建立了知识产权管理体系，技术创新绩效显著。

（六）企业两年内（指申请国家认定企业技术中心当年的5月15日起向前推算两年）未发生下列情况：1.因偷税、骗取出口退税等税收违法行为受到行政刑事处理；2.涉嫌涉税违法已被税务部门立案审查；3.走私行为。

（七）已认定为省市（部门）认定企业技术中心两年以上。

（八）科技活动经费支出额、专职研究与试验发展人员数、技术开发仪器设备原值等三项指标不低于限定性指标的最低标准。

第六条 认定程序：

（一）地方企业向省、自治区、直辖市、计划单列市相关主管部门（以下简称"相关主管部门"）提出申请并按要求上报申请材料，申请材料包括：《国家认定企业技术中心申请报告》和《企业技术中心评价材料》。

（二）相关主管部门会同同级科技、财政、海关、税务等部门对企业上报的申请材料进行审查，按照国家有关要求，确定推荐企业名单。相关主管部门会同同级科技部门将推荐企业的申请材料（一式三份）在规定时间内上报国家发展改革委，同时将推荐企业名单抄报科技部、抄送同级财政部门、主管海关、国家税务局。

（三）国务院有关部门、计划单列企业集团、中央管理企业可按要求将推荐企业的申请材料直接上报国家发展改革委，同时将推荐企业名单抄送科技部、财政部、海关总署、国家税务总局。

（四）国家发展改革委委托中介评估机构，按照《企业技术中心评价指标体系》对企业申请材料进行初评。

（五）依据初评结果，国家发展改革委牵头商科技部、财政部、海关总署、国家税务总局等有关部门，组织专家择优进行综合评审。

（六）国家发展改革委会同科技部、财政部、海关总署、国家税务总局依据国家产业政策、国家进口税收税式支出的总体原则及年度方案、初评结果、专家评审意见等进行综合审查后，择优确定国家认定企业技术中心名单。

第七条　已是国家认定企业技术中心的企业，其控股子公司企业技术中心如具备国家认定企业技术中心条件，且从事业务领域与母公司不同，可申请作为该企业国家认定企业技术中心的分中心，申请材料和认定程序与国家认定企业技术中心相同。

第八条　国家发展改革委会同科技部、财政部、海关总署、国家税务总局对认定结果（含国家认定企业技术中心分中心），以公告形式颁布。

第九条　国家认定企业技术中心认定结果从国家发展改革委受理申请之日起，90个工作日之内颁布。

## 第三章　评　价

第十条　依据企业技术中心评价指标体系，对国家认定企业技术中心每两年进行一次评价。

第十一条　评价程序：

（一）数据采集。国家认定企业技术中心应于当年4月15日前将评价材料报相关主管部门。评价材料包括：《国家认定企业技术中心年度工作总结》和《企业技术中心评价材料》等。

（二）数据初审。相关主管部门对国家认定企业技术中心上报的评价材料进行审查，并出具审查意见，加盖公章后于当年5月15日前报国家发展改革委；国务院有关部门、计划单列企业集团、中央管理企业可直接上报国家发展改革委（评价材料一式三份）。

（三）数据核查。国家发展改革委委托中介评估机构对国家认定企业技术中心上报的评价材料及相关情况进行核查，核查方式包括召开核查会和实地核查等。

（四）数据计算与分析。国家发展改革委委托中介评估机构对核查后的数据按照企业技术中心评价指标体系进行计算、分析，得出评价结果，并形成评价报告。

第十二条 评价结果分为优秀、合格、不合格。

（一）评价得分 90 分及以上为优秀。

（二）评价得分 60 分（含 60 分）至 90 分之间为合格。

（三）有下列情况之一的评价为不合格。

1. 评价得分低于 60 分；

2. 连续两次评价得分在 65 分（含 65 分）至 60 分之间；

3. 逾期一个月不上报评价材料的企业技术中心；

4. 企业科技活动经费支出额、企业专职研究与试验发展人员数、企业技术开发仪器设备原值三项指标中任何一项低于评价指标体系规定的最低标准。

第十三条 国家发展改革委会同科技部、财政部、海关总署、国家税务总局对评价结果和评价报告进行审核确认。由国家发展改革委以公告形式颁布评价结果。

第十四条 国家认定企业技术中心评价结果从上报评价材料截止之日起，70 个工作日内颁布。

## 第四章 调 整 与 撤 销

第十五条 集团公司技术中心被认定为国家认定企业技术中心的，其下属公司的原有国家认定企业技术中心资格应予调整，其中具有独立法人资格，且从事业务领域与集团公司不同的，可调整为集团公司国家认定企业技术中心的分中心；从事业务领域与集团公司一致的取消其国家认定企业技术中心资格，不再单独享受优惠政策。

第十六条 有下列情况之一的撤销其国家认定企业技术中心资格：

（一）评价不合格；

（二）国家认定企业技术中心所在企业自行要求撤销其国家认定企业技术中心；

（三）国家认定企业技术中心所在企业被依法终止；

（四）由于技术原因发生重大质量、安全事故的企业；

（五）国家认定企业技术中心所在企业将享受科技开发用品免征进口税

收优惠政策的进口货物擅自转让、移作他用或者进行其他处置被依法追究刑事责任的；

（六）国家认定企业技术中心所在企业涉税违法被依法追究刑事责任的。

第十七条　国家发展改革委会同科技部、财政部、海关总署、国家税务总局对调整与撤销的国家认定企业技术中心，以公告形式颁布。

## 第五章　管理与政策

第十八条　企业上报的申请材料和评价材料内容和数据应真实可靠。提供虚假材料的企业，经核实后，申请国家认定企业技术中心的企业三年内不得申请国家认定；已是国家认定企业技术中心的企业撤销其国家认定企业技术中心资格，三年内不得申请国家认定。

第十九条　因第十六条原因被撤销国家认定企业技术中心资格的，两年内不得重新申请国家认定。

第二十条　对于评价得分65分(含65分)至60分的国家认定企业技术中心，给予警告，并由相关主管部门、国务院有关部门、计划单列企业集团、中央管理企业负责督促整改。

第二十一条　各直属海关对国家认定企业技术中心所在企业和申请国家认定企业技术中心所在企业是否存在走私行为进行核查，核查具体要求由海关总署另行通知。

第二十二条　税务部门每年对国家认定企业技术中心所在企业和申请国家认定企业技术中心所在企业是否存在涉税违法行为进行核查，核查具体要求由国家税务总局另行通知。

第二十三条　国家认定企业技术中心所在企业将享受科技开发用品免征进口税收优惠政策的进口货物擅自转让、移作他用或者进行其他处置被依法追究刑事责任的，从违法行为发现之日起停止享受有关进口税收优惠政策；尚不够追究刑事责任的，从违法行为发现之日起停止享受优惠政策一年。

第二十四条　有偷税、骗取出口退税等涉税违法行为的国家认定企业技术中心所在企业，尚不够追究刑事责任的，停止享受科技开发用品免征进口税收优惠政策一年(从发布停止享受优惠政策公告之日算起)。

第二十五条　国家认定企业技术中心所在企业发生更名、重组等重大调整的，应在办理相关手续后30个工作日内由相关主管部门、国务院有关部门、计划单列企业集团、中央管理企业将有关情况报国家发展改革委，同时抄报科技部、财政部、海关总署、国家税务总局。

第二十六条　国家发展改革委会同科技部、财政部、海关总署、国家税务总局每年对企业更名情况进行审核确认，并公告一次国家认定企业技术中心名单。

第二十七条　国家认定企业技术中心（含分中心）根据《科技开发用品免征进口税收暂行规定》（财政部 海关总署 国家税务总局［2007］第44号令），享受相关优惠政策。国家认定企业技术中心的异地分支机构需满足第五条第八款，并经核准后方可享受相关优惠政策。

第二十八条　国家发展改革委通过企业技术中心创新能力建设专项、科技部通过企业技术中心科技专项计划对国家认定企业技术中心给予资金支持，以引导和鼓励企业加大技术创新投入，加强自主创新，促进国家认定企业技术中心的建设和发展。

第二十九条　国家认定企业技术中心所在企业每年要填报《享受国家认定企业技术中心政策进口科技开发用品免税情况表》，并于每年2月15日前报各主管部门及省级财政部门，各主管部门及省级财政部门汇总后于2月底前分别报国家发展改革委和财政部。

## 第六章　附　　则

第三十条　各省市及国务院有关部门可结合本地区（部门）实际，参考本办法，制定相应政策，开展省市（部门）认定企业技术中心的认定和评价工作，并对企业技术中心建设给予相应支持。

第三十一条　本办法自2007年5月20日起施行。2005年发布的《国家认定企业技术中心管理办法》（国家发展改革委　财政部　海关总署　国家税务总局　第30号令）同时废止。

第三十二条　本办法由国家发展改革委会同科技部、财政部、海关总署、国家税务总局负责解释。

## 附件3：工程建设工法管理办法

(建质〔2005〕145号)
二零零五年八月三十一日

第一条 为推进我国工程建设工法的开发和应用，促进企业加大技术创新力度和技术积累，提升我国整体施工技术管理水平和工程科技含量，加强对工法的管理，制定本办法。

第二条 本办法适用于工程建设工法的开发、申报、评审和成果管理。

第三条 本办法所称的工法是以工程为对象，工艺为核心，运用系统工程原理，把先进技术和科学管理结合起来，经过一定的工程实践形成的综合配套的施工方法。

工法分为房屋建筑工程、土木工程、工业安装工程三个类别。

第四条 工法必须符合国家工程建设的方针、政策和标准、规范，必须具有先进性、科学性和实用性，保证工程质量和安全，提高施工效率，降低工程成本，节约资源，保护环境等特点。

第五条 工法分为国家级、省(部)级和企业级。

企业根据承建工程的特点、科研开发规划和市场需求开发、编写的工法，经企业组织审定，为企业级工法。

省(部)级工法由企业自愿申报，由省、自治区、直辖市建设主管部门或国务院主管部门(行业协会)负责审定和公布。

国家级工法由企业自愿申报，由建设部负责审定和公布。

第六条 国家级工法每两年评审一次，评审数量原则上不超过120项。国家级工法具体评审工作委托中国建筑业协会承担。

第七条 国家级工法的申报条件：

(一) 已公布为省(部)级的工法。

(二) 工法的关键性技术属于国内领先水平或达到国际先进水平；工法

中采用的新技术、新工艺、新材料尚没有相应的国家工程建设技术标准的，应已经国务院建设行政主管部门或者省、自治区、直辖市建设行政主管部门组织的建设工程技术专家委员会审定。

（三）工法经过工程应用，经济效益和社会效益显著。

（四）工法的整体技术立足于国内，必须是申报单位自行研制开发或会同其他单位联合研制开发。

（五）工法编写内容齐全完整，应包括：前言、工法特点、适用范围、工艺原理、施工工艺流程及操作要点、材料与设备、质量控制、安全措施、环保措施、效益分析和应用实例。

第八条 建设部负责建立国家级工法评审专家库。评审专家须从专家库中选取。工法评审专家具有高级技术职称，并满足多专业、多学科的需要。评审专家应有丰富的施工实践经验和坚实的专业基础理论知识，担任过大型施工企业技术负责人或大型项目负责人，年龄不超过70周岁。院士、获得省（部）级以上科技进步奖和优质工程奖的专家优先选任。专家库专家每四年进行部分更换。

第九条 国家级工法的评审应严格遵循国家工程建设的方针、政策和工程建设强制性材料，评审专家应坚持科学、公正、公平的原则，严格按照评审标准开展工作，所有评审专家都应对所提出的评审意见负责，保证工法评审的严肃性和科学性，同时要注意工法技术的保密性。

第十条 国家级工法的评审程序：

（一）从专家库中抽取专家组成国家级工法评审委员会。评审委员会设主任委员一名，副主任委员三名，委员若干名。评审委员会内设房屋建筑工程、土木工程、工业安装工程三个类别的评审组，各由一名委员兼任组长；每个评审组的评审专家不少于7人。

（二）国家级工法的评审实行主、副审制。由评审组组长指定每项工法的主审一人，副审两人。每项工法在评审会召开前由主、副审详细审阅材料，并由主、副审提出基本评审意见。

（三）评审组审查材料，观看项目施工录像，听取主、副审对工法的基本评审意见；在项目主、副审基本评审意见基础上提出专业评审组初审意见；在评审中，评审组内少数持不同意见的专家，可保留意见报评审委员会备案。评审组初审通过的工法项目提交评审委员会审核。

（四）评审委员会全体成员听取评审组初审意见，进行问题答辩。采取无记名投票，有效票数的三分之二（含）以上同意通过，形成评审委员会审核意见。

（五）评审委员会提出审核意见，经评审委员会主任委员签字后，报主管部门。

第十一条　经评审的国家级工法及工法评审的主、副审专家在相关媒体及建设部网站进行公示，公示时间为10天。经公示无不同意见，由建设部将工法予以公布。

对获得国家级工法的单位和个人，颁发证书。

第十二条　已批准的国家级工法有效期为六年。

第十三条　已批准的国家级工法如发现有剽窃作假等重大问题，经查实后，撤消其国家级工法称号，五年内不再受理其单位申报国家级工法。

第十四条　工法编制企业应注意技术跟踪，加大技术创新力度，及时对原编工法进行修订，以保持工法技术的先进性和适用性。

第十五条　工法所有权企业可根据国家相关法律、法规的规定有偿转让工法。工法中的关键技术，凡符合国家专利法、国家发明奖励条例和国家科学技术进步奖励条例的，应积极申请专利、发明奖和科学技术进步奖。

第十六条　各级建设行政主管部门对开发和应用工法有突出贡献的企业和个人，应给予表彰。

企业应对开发编写和推广应用工法有突出贡献的个人予以表彰和奖励。

第十七条　各地建设行政主管部门应积极推动企业将技术领先、应用广泛、效益显著的工法纳入相关的国家标准、行业技术和地方标准。

第十八条　各地区、各部门可参照本办法制定省（部）级工法管理办法。

第十九条　本办法由建设部负责解释。

第二十条　本办法自发布之日起施行。原《建筑施工企业工法管理办法》（建建［1996］163号）同时废止。

# 附件4：国家级工法编写与申报指南

## （建协〔2007〕5号）

为指导建筑业企业编写国家级工法，规范国家级工法的编制内容和申报程序，根据建设部《工程建设工法管理办法》（建质〔2005〕145号），制定本指南。

一、国家级工法的编写原则

建筑业企业在编写国家级工法时，应当遵守以下原则：

1. 工法必须是经过工程实践并证明是属于技术先进、效益显著、经济适用、符合节能环保要求的施工方法。未经工程实践检验的科研成果，不属工法的范畴。

2. 国家级工法编写应主要针对某个单项工程，也可以针对工程项目中的一个分部，但必须具有完整的施工工艺。

3. 工法应当按照《工程建设工法管理办法》第七条规定的内容和顺序进行编写。

工法的编写顺序是工法特点、工艺原理在前，最后引用一些典型工程实例加以说明。

二、国家级工法的选题分类

1. 通过总结工程实践经验，形成有实用价值、带有规律性的新的先进施工工艺技术，其工艺技术水平应达到国内领先或国际先进水平。

2. 通过应用新技术、新工艺、新材料、新设备而形成的新的施工方法。

3. 对类似现有的国家级工法有所创新、有所发展而形成的新的施工方法。

三、国家级工法编写内容

国家级工法的编写内容，分为前言、工法特点、适用范围、工艺原理、施工工艺流程及操作要点、材料与设备、质量控制、安全措施、环保措施、效益分析和应用实例等 11 项。

1. 前言：概括工法的形成原因和形成过程。其形成过程要求说明研究开发单位、关键技术审定结果、工法应用及有关获奖情况。

2. 工法特点：说明工法在使用功能或施工方法上的特点，与传统的施工方法比较，在工期、质量、安全、造价等技术经济效能等方面的先进性和新颖性。

3. 适用范围：适宜采用该工法的工程对象或工程部位，某些工法还应规定最佳的技术经济条件。

4. 工艺原理：阐述工法工艺核心部分（关键技术）应用的基本原理，并着重说明关键技术的理论基础。

5. 施工工艺流程及操作要点：

（1）工艺流程和操作要点是工法的重要内容。应该按照工艺发生的顺序或者事物发展的客观规律来编制工艺流程，并在操作要点中分别加以描述。对于使用文字不容易表达清楚的内容，要附以必要的图表。

（2）工艺流程要重点讲清基本工艺过程，并讲清工序间的衔接和相互之间的关系以及关键所在。工艺流程最好采用流程图来描述。对于构件、材料或机具使用上的差异而引起的流程变化，应当有所交代。

6. 材料与设备：说明工法所使用的主要材料名称、规格、主要技术指标，以及主要施工机具、仪器、仪表等的名称、型号、性能、能耗及数量。对新型材料还应提供相应的检验检测方法。

7. 质量控制：说明工法必须遵照执行的国家、地方（行业）标准、规范名称和检验方法，并指出工法在现行标准、规范中未规定的质量要求，并要列出关键部位、关键工序的质量要求，以及达到工程质量目标所采取的技术措施和管理方法。

8. 安全措施：说明工法实施过程中，根据国家、地方（行业）有关安全的法规，所采取的安全措施和安全预警事项。

9. 环保措施：指出工法实施过程中，遵照执行的国家和地方（行业）有关环境保护法规中所要求的环保指标，以及必要的环保监测、环保措施和在文明施工中应注意的事项。

10. 效益分析：从工程实际效果（消耗的物料、工时、造价等）以及文明施工中，综合分析应用本工法所产生的经济、环保、节能和社会效益

(可与国内外类似施工方法的主要技术指标进行分析对比)。

另外，对工法内容是否符合满足国家关于建筑节能工程的有关要求，是否有利于推进(可再生)能源与建筑结合配套技术研发、集成和规模化应用方面也应有所交代。

11. 应用实例：说明应用工法的工程项目名称、地点、结构形式、开竣工日期、实物工作量、应用效果及存在的问题等，并能证明该工法的先进性和实用性。一项成熟的工法，一般应有三个工程实例(已成为成熟的先进工法，因特殊情况未能及时推广的可适当放宽)。

对于在工艺原理、工艺流程、材料与设备的主要技术指标中涉及技术秘密的内容，在编写工法时可予以回避。申报国家级工法时，须在申报材料中加以说明，但有关部门在审定时，应当按照知识产权的有关规定对企业秘密加以保护。

按上述内容编写的工法，层次要分明，数据要可靠，用词用句应准确、规范。其深度应满足指导项目施工与管理的需要。

四、国家级工法文本要求

1. 工法内容要完整，工法名称应当与内容贴切，直观反映出工法特色，必要时冠以限制词。

2. 工法题目层次要求：

　　　　　　　　工法名称
　　　　　　　　完成单位名称
　　　　　　　　主要完成人

3. 工法文本格式采用国家工程建设标准的格式进行编排。

(1) 工法的叙述层次按照章、节、条、款、项五个层次依次排列。"章"是工法的主要单元，"章"的编号后是"章"的题目，"章"的题目是工法所含11部分的题目；"条"是工法的基本单元。编号示例说明如下：

(2) 工法中的表格、插图应有名称，图、表的使用要与文字描述相互呼应，图、表的编号以条文的编号为基础。如一个条文中有多个图或表时，可以在条号后加图、表的顺序号，例如图1.1.1-1，图1.1.1-2…。插图要符合制图标准。

(3) 工法中的公式编号与图、表的编号方法一致，以条为基础，公式要居中。格式举例如下：

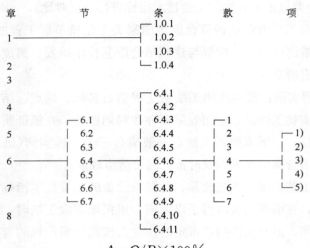

$$A = Q/B \times 100\% \qquad (1.1.1\text{-}1)$$

式中 $A$——安全事故频率；

$B$——报告期平均职工人数；

$Q$——报告期发生安全事故人数。

4. 工法文稿中的单位要采用法定计量单位，统一用符号表示，如 m、$m^2$、$m^3$、kg、d、h 等。专业术语要采用行业通用术语，如使用专用术语应加注解。

5. 文稿统一使用 A4 纸打印，稿面整洁，图字清晰，无错字、漏字。

五、国家级工法的申报

1. 国家级工法申报必须经省(部)级工法的批准单位向建设部推荐。

2. 申报国家级工法应提交以下资料：

（1）国家级工法申报表；

（2）工法具体内容材料；

（3）省(部)级工法批准文件复印件；

（4）关键技术审定证明或与工法内容相应的国家工程技术标准复印件。工法中采用的新技术、新工艺、新材料尚没有相应的国家工程建设技术标准的，其关键技术应经省、自治区、直辖市建设主管部门，国务院主管部门(全国性行业协会、国资委管理的企业)等单位组织的建设工程技术专家委员会审定；

（5）三份工法应用证明和效益证明：工法应用证明由使用该工法施工

的工程监理单位或建设单位提供；效益证明由申报单位财务部门提供；

（6）当关键技术属填补国内空白时，应有科技查新报告。科技查新报告由技术情报部门提供；

（7）关键技术专利证明及科技成果奖励证明复印件；

（8）反映工法实际施工的录像光盘（重点是反映工法工艺操作程序），2005～2006年度国家级工法申报可提供反映工法施工工艺操作程序中关键点的照片（以 powerpoint 格式报送，不少于10张照片）代替施工录像。

3. 已批准的国家级工法其有效期已超过六年，但工法内容仍具先进性并符合国家级工法的申报条件，可重新申报国家级工法。

4. 国家级工法申报材料必须齐全且打印装订成册。

5. 申报前工法完成单位和主要完成人的排序有争议，且争议尚未解决的工法不予受理。

六、国家级工法评审及公告时间

国家级工法每两年评审一次，一般在单数年度内进行申报和评审。

申报时间：单数年度内年初发布申报国家级工法的通知，申报截止日期一般在5月或6月底。

评审时间：一般在申报年度内的10月。

评审结果公示时间：一般在申报年度内的11月，刊登在建设部网和中国建筑业协会网上，公示期限为10个工作日。

评审结果公布时间：一般在申报年度内的12月。

## 附件 5：2006 年勘察设计企业营业收入 100 强

### （依据勘察设计企业 2006 年营业收入排名）

| 营业收入排名 | 企 业 名 称 | 全年营业收入总计（万元） |
|---|---|---|
| 1 | 中国石化工程建设公司 | 556522.00 |
| 2 | 中冶京诚工程技术有限公司 | 554430.00 |
| 3 | 海洋石油工程股份有限公司 | 549076.00 |
| 4 | 中冶赛迪工程技术股份有限公司 | 343311.81 |
| 5 | 中国石化集团宁波工程有限公司 | 296882.00 |
| 6 | 中船第九设计研究院工程有限公司 | 279901.00 |
| 7 | 中冶南方工程技术有限公司 | 255351.00 |
| 8 | 中国石化集团洛阳石油化工工程公司 | 252141.00 |
| 9 | 中铝国际工程有限责任公司 | 203393.00 |
| 10 | 山东电力工程咨询院 | 198002.18 |
| 11 | 天津水泥工业设计研究院有限公司 | 189237.00 |
| 12 | 中冶焦耐工程技术有限公司 | 185299.00 |
| 13 | 北京国电华北电力工程有限公司 | 184915.64 |
| 14 | 中国电力工程顾问集团西北电力设计院 | 182398.00 |
| 15 | 中国建筑技术集团有限公司 | 173142.00 |
| 16 | 中国石油集团工程设计有限责任公司 | 167270.00 |
| 17 | 合肥水泥研究设计院 | 167132.00 |
| 18 | 中国航天建筑设计研究院(集团) | 166407.56 |
| 19 | 铁道第四勘察设计院 | 161022.00 |
| 20 | 长江水利委员会长江勘测规划设计研究院 | 158100.00 |
| 21 | 上海现代建筑设计(集团)有限公司 | 156942.66 |
| 22 | 中国联合工程公司 | 155583.00 |
| 23 | 上海市基础工程公司 | 155566.90 |
| 24 | 铁道第三勘察设计院 | 153935.00 |
| 25 | 铁道第一勘察设计院 | 153560.00 |

续表

| 营业收入排名 | 企　业　名　称 | 全年营业收入总计（万元） |
|---|---|---|
| 26 | 中国成达工程公司 | 153097.00 |
| 27 | 铁道第二勘察设计院 | 152918.00 |
| 28 | 中国水电顾问集团成都勘测设计研究院 | 148526.00 |
| 29 | 中国京冶工程技术有限公司 | 146257.39 |
| 30 | 中材国际工程股份有限公司 | 146169.00 |
| 31 | 北京首钢设计院 | 130700.36 |
| 32 | 中国建材国际工程有限公司 | 123400.00 |
| 33 | 中国恩菲工程技术有限公司 | 123054.00 |
| 34 | 中国石油天然气管道工程有限公司 | 121538.00 |
| 35 | 上海市政工程设计研究总院 | 118734.88 |
| 36 | 中国建筑设计研究院(集团) | 117868.00 |
| 37 | 中交第四航务工程勘察设计院有限公司 | 115763.40 |
| 38 | 五环科技股份有限公司 | 113001.61 |
| 39 | 广东省电力设计研究院 | 111732.18 |
| 40 | 中冶华天工程技术有限公司 | 111481.00 |
| 41 | 中冶长天国际工程有限责任公司 | 110996.00 |
| 42 | 中国天辰化学工程公司 | 107713.00 |
| 43 | 中国中元国际工程公司 | 105880.46 |
| 44 | 五洲工程设计研究院(中国兵器工业第五设计研究院) | 100543.00 |
| 45 | 中国石化集团上海工程有限公司 | 97363.00 |
| 46 | 中国电力工程顾问集团中南电力设计院 | 94744.00 |
| 47 | 中国水电顾问集团昆明勘测设计研究院 | 93973.90 |
| 48 | 中冶东方工程技术有限公司 | 90978.00 |
| 49 | 中国公路工程咨询集团有限公司 | 90776.00 |
| 50 | 中国寰球工程公司 | 87733.00 |
| 51 | 中冶北方工程技术有限公司 | 82096.00 |
| 52 | 化学工业第二设计院 | 81026.00 |
| 53 | 成都建筑材料工业设计研究院有限公司 | 79201.00 |
| 54 | 中国海诚工程科技股份有限公司 | 78059.00 |
| 55 | 国电机械设计研究院 | 76712.00 |
| 56 | 江苏省电力设计院 | 75013.95 |
| 57 | 江南重工股份有限公司 | 74973.37 |
| 58 | 上海宝钢工程技术有限公司 | 74291.90 |

续表

| 营业收入排名 | 企业名称 | 全年营业收入总计（万元） |
| --- | --- | --- |
| 59 | 重庆交通科研设计院 | 74205.00 |
| 60 | 同济大学建筑设计研究院 | 74170.00 |
| 61 | 大庆油田工程有限公司 | 74049.50 |
| 62 | 中国航空工业规划设计研究院 | 73893.00 |
| 63 | 华陆工程科技有限责任公司 | 72296.00 |
| 64 | 中国移动通信集团设计院有限公司 | 71959.00 |
| 65 | 中国电子工程设计院 | 71507.00 |
| 66 | 中国煤炭地质总局华盛水文地质勘察工程公司 | 70352 |
| 67 | 信息产业电子第十一设计研究院有限公司 | 70006.00 |
| 68 | 中国水电顾问集团西北勘测设计研究院 | 69921.73 |
| 69 | 中国水电顾问集团华东勘测设计研究院 | 69717.00 |
| 70 | 中国水电工程顾问集团中南勘测设计研究院 | 69287.00 |
| 71 | 中交第一公路勘察设计研究院有限公司 | 68900.00 |
| 72 | 山东省筑港总公司 | 66536.00 |
| 73 | 胜利油田胜利工程设计咨询有限责任公司 | 64325.00 |
| 74 | 中铁工程设计咨询集团有限公司 | 63303.80 |
| 75 | 五洲大气社工程有限公司 | 61469.90 |
| 76 | 深圳市南利装饰工程有限公司 | 60292.00 |
| 77 | 中煤国际工程集团北京华宇工程有限公司 | 59889.00 |
| 78 | 北京全路通信信号研究设计院 | 59373.00 |
| 79 | 上海市机电设计研究院有限公司 | 59210.00 |
| 80 | 中交第二航务工程勘察设计院有限公司 | 58743.00 |
| 81 | 兰州石油机械研究所 | 58432.00 |
| 82 | 中冶连铸技术工程股份有限公司 | 58170.00 |
| 83 | 北方设计研究院（中国兵器工业第六设计研究院） | 58125.00 |
| 84 | 中国电力工程顾问集团西南电力设计院 | 57296.00 |
| 85 | 中色科技股份有限公司（原洛阳有色院） | 56761.00 |
| 86 | 中交第一航务工程勘察设计院有限公司 | 56093.00 |
| 87 | 北京市建筑设计研究院 | 55728.00 |
| 88 | 河北建设勘察研究院有限公司 | 55068.70 |
| 89 | 东华工程科技股份有限公司 | 54451.00 |
| 90 | 北京中丽制机化纤工程技术有限公司 | 53841.00 |
| 91 | 浙江省电力设计院 | 52822.00 |
| 92 | 冶金自动化研究设计院 | 51724.00 |

续表

| 营业收入排名 | 企 业 名 称 | 全年营业收入总计（万元） |
|---|---|---|
| 93 | 广州杰赛科技股份有限公司 | 51187.00 |
| 94 | 河南省地矿建设工程(集团)有限公司 | 49892.00 |
| 95 | 广西电力工业勘察设计研究院 | 49731.50 |
| 96 | 中交第二公路勘察设计研究院有限公司 | 48486.00 |
| 97 | 中交水运规划设计院有限公司 | 48218.20 |
| 98 | 中国电力工程顾问集团华东电力设计院 | 48216.00 |
| 99 | 中国原子能科学研究院 | 47917.17 |
| 100 | 河南省电力勘测设计院 | 47562.00 |